はじめに——ありかたとつくりかた

この本は、ぼくたちが
これまで設計してきた35の住宅について
「ありかた」と「つくりかた」のふたつの本が
一冊に折り重ねられているようなつくりです。
山をスイッチバックで行ったり来たりしながら
登る鉄道のように、
7つの住宅の「ありかた」が
イラストで示された16頁と、
図面や写真、プロセスの模型写真などが
ぎゅうぎゅうに詰め込まれた
「つくりかた」が16頁、交互に5回、
連なっています。

Chapter		Keyword
床と床のあいだで In between Floor and Floor	005	反復と連続 | Repetition and Continuity 机で棚で床 | Desk as a Shelf as a Floor ツリーハウスのように | Like a Treehouse みえたりかくれたり | A Glimpse of 中庭のように | Binding the Air 一瞬 そとに飛び出すような階段 | Staircase that Juts Out for a Moment 単純な迷宮 | Simple Maze
内と外のあいだで In between Inside and Outside	037	屋根のない部屋 | Room without Roof 都市の中で | City Dwelling 地域の建ち方に倣って | Following the Local Architectural Norms 家の中と外 | Inner Outside/Outer Inside さまざまな光 | Particles of Light 隣地とのすきま | Mind the Gap 家の中の外 | Inner Garden
家具と建築のあいだで In between Furniture and Architecture	069	土との距離 | Soil and Residents 家のまわりに空をわけあたえる | Edit the Environment 家具と階段 | Furniture and Architecture たくさんのものと活き活きと暮らす | Living Lively with Many Belongings 切り刻んでずらして | Chop and Shift わずかなすきまへ葉を広げる植物のように | Like a Plant Spreading Its Leaves into the Slightest Crevice それぞれ異なる外の環境との関係 | Diverse Relations with Outer Situations
これまでとこれからのあいだで In between Past and Future	101	ちいさな予感をつなげて | Linking Tiny Hints 境界を越えていく階段 | Stair Across the Border 道具箱のように | Like a Toolbox 浮かんだ家 | In the Air ばらばらに解きほぐして | Loosen into Fragments 境界を越えて | Beyond the Border 階のあいだ | Between the Floors
自律と他律のあいだで In between Autonomy and Otherness	133	地形に合わせて | Adapting to the Topography 関係の設計 | Design the Distance 家型を並べて | House-Shaped Scape 大きさを見誤らせる | Beguile the Scale 空き地をシェア | Create Space ななめにつながる | Diagonal Connection 透過と反射 | Transmission and Reflection

Houses	Illustration Part	Data Part
宮本町の住居	006-007	022-023
白川の住居	008-009	024-025
白楽の住居	010-011	026-027
少路の住居	012-013	028-029
大島の住居	014-015	030-031
武庫川の住居	016-017	032-033
高槻の住居	018-019	034-035
香椎の住居	038-039	054-055
京都のアトリエ/住居	040-041	056-057
ハミルトンの住居	042-043	058-059
園部の住居	044-045	060-061
灘の住居	046-047	062-063
月見山の住居	048-049	064-065
垂水の住居	050-051	066-067
山崎町の住居	070-071	086-087
北野町の住居2	072-073	088-089
伊丹の住居	074-075	090-091
豊中の住居	076-077	092-093
松ノ木の住居	078-079	094-095
武蔵小山の住居	080-081	096-097
諏訪山の住居	082-083	098-099
呉川町の住居	102-103	118-119
鎌倉の住居	104-105	120-121
六甲の住居	106-107	122-123
譲葉山の住居	108-109	124-125
石切の住居	110-111	126-127
川西の住居	112-113	128-129
朝霧の住居	114-115	130-131
滝山の住居	134-135	150-151
塩屋の住居2	136-137	152-153
比叡平の住居	138-139	154-155
彦根の住居	140-141	156-157
明石の住居	142-143	158-159
防府の住居と事務所	144-145	160-161
北摂の住居	146-147	162-163

Column	
はじめに——ありかたとつくりかた	001
スキップフロアの設計方法	020
建具/窓について	021
建築のようにキッチンを設計する	052
外壁について	084
内装について	085
あかりについて	116
バスルームをつくるいくつかの方法	148
おわりに	165

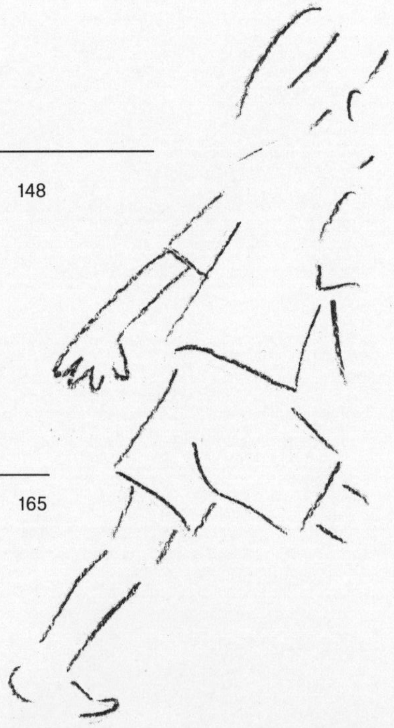

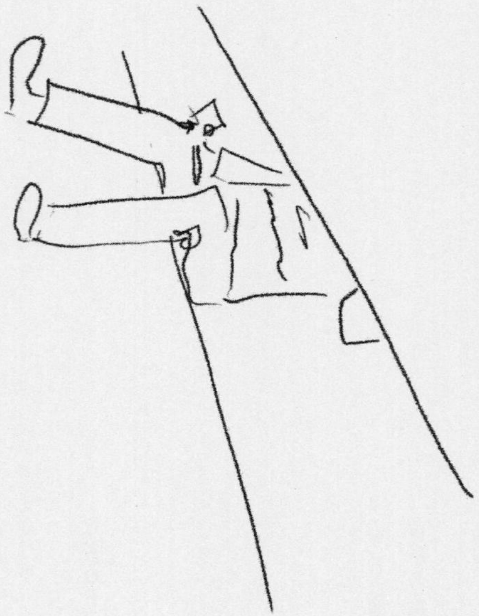

床と床のあいだで

In between Floor and Floor

住宅の1階と2階をすっきりと分けるやり方は、それぞれの階の質を異なるものにして、それぞれの良さを高められるので、僕たちもよく使います。しかし、設計している敷地、家族によっては、そうした機能的な切り分けが、ずるずるとつながる日々の生活にはそぐわないと感じることがあります。敷地に十分な大きさがあれば平屋のようにずるずるとつなげてしまえるのですが、敷地の大きさが十分でないとそれも困難です。敷地の大きさに合わせてさまざまな部屋を組み合わせはじめたのは「二子新地の住居」と、その発展形とも言える「呉川町の住居」［PP.102–103］ですが、いくつかのプロジェクト段階で終わった住宅案を経て「宮本町の住居」［PP.006–007］以降、いくつもの住宅で試みることとなりました。

狭小敷地の場合は、それぞれの床から、違う階の床を同時に見ることができるので実際の床面積以上のひろがりを感じさせることができます。実際以上のひろがりという面では、行き止まりをつくらず、「ぐるぐるとまわれる」こと、つまり回遊性も重要で、「宮本町の住居」では螺旋状に重ねられたスキップフロアを2つ重ねています。この方法は、重なった部分の床を大きくすることができるので、機能上重要なLDK等をその場所に置くと、自動的に動線上も重要な結節点とすることができます。スキップフロアを使うと屋上までずるずるとつなげることができるので、屋上を緑化して庭と一体化するような住宅をいつか実現したいと夢見ています。

反復と連続

Repetition and Continuity

反復と連続する床は
どこまでも続いているよう
ちょうど机の高さで
上がっていく床たちは
ふたつのらせんを描いて
つらなっていく

家具のように置かれた
ちいさな階段で
こちらの床から
あちらの床へ

どこかの床が
家族によって塞がれていたら
ちがう道を使って

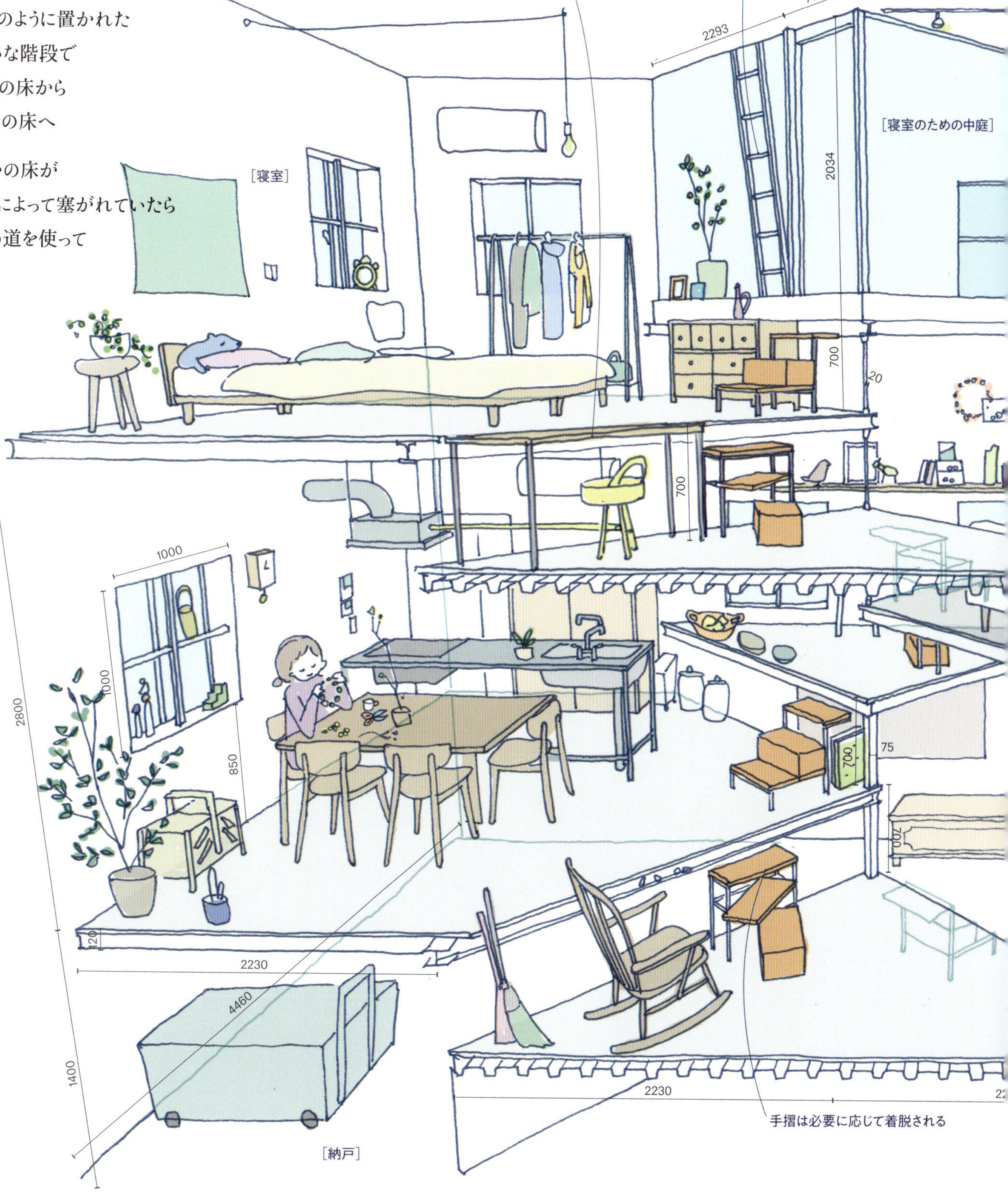
寝室のための中庭には
梯子がかけられていて屋上に登れる
下に家具が置かれない場合は
床と同じ高さの机が用意されている
[寝室]
[寝室のための中庭]
2293
750
2034
700
20
700
1000
1000
850
2800
75
700
700
120
2230
4460
1400
2230
[納戸]
手摺は必要に応じて着脱される

01 | 宮本町の住居
House in Miyamoto

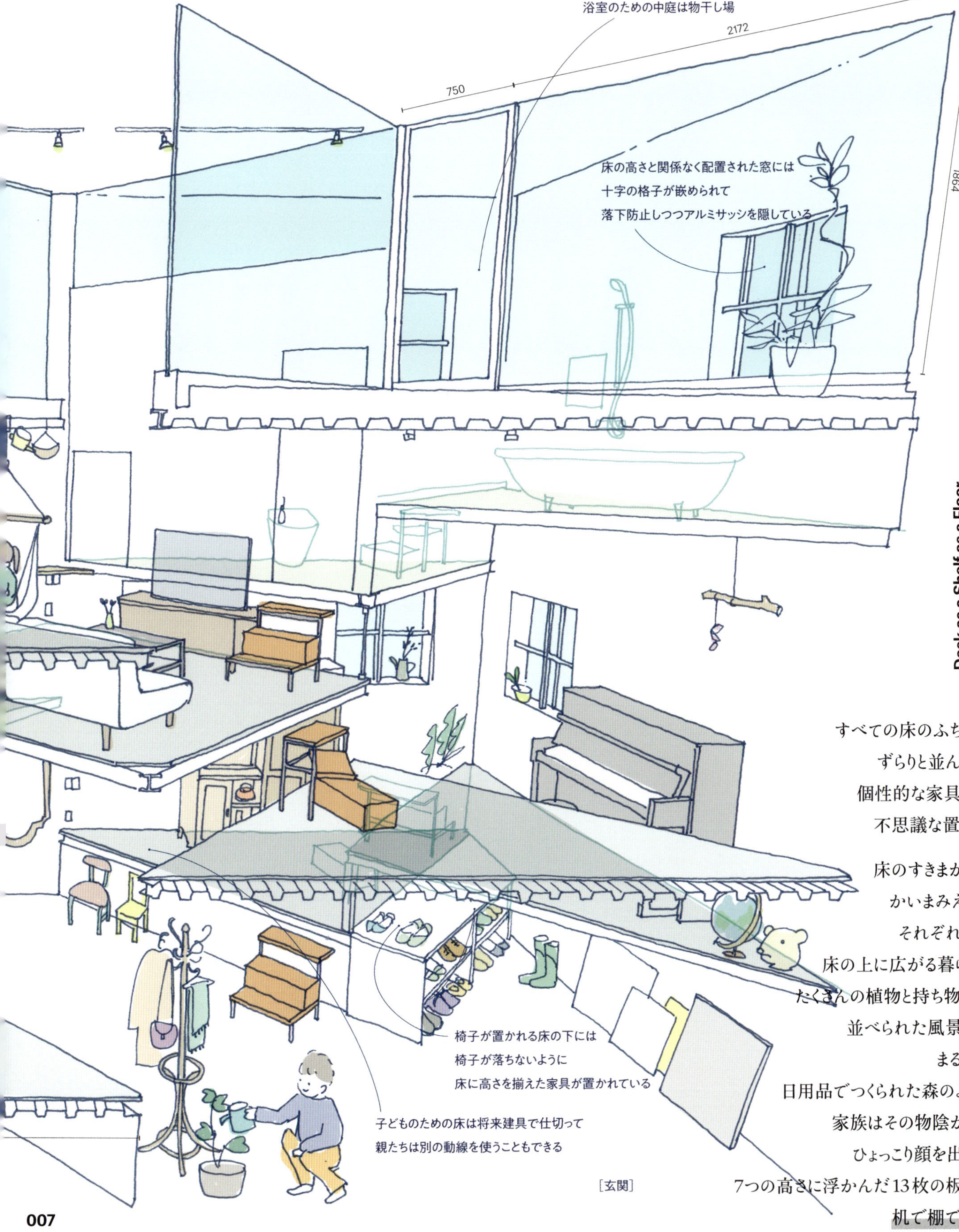
浴室のための中庭は物干し場
2172
750
1864
床の高さと関係なく配置された窓には
十字の格子が嵌められて
落下防止しつつアルミサッシを隠している
椅子が置かれる床の下には
椅子が落ちないように
床に高さを揃えた家具が置かれている
子どものための床は将来建具で仕切って
親たちは別の動線を使うこともできる
[玄関]

机で棚で床

Desk as a Shelf as a Floor

すべての床のふちに
ずらりと並んだ
個性的な家具や
不思議な置物

床のすきまから
かいまみえる
それぞれの
床の上に広がる暮らし
たくさんの植物と持ち物が
並べられた風景は
まるで
日用品でつくられた森のよう
家族はその物陰から
ひょっこり顔を出す
7つの高さに浮かんだ13枚の板は
机で棚で床

机で棚で床な
たくさんの段差
この家では
床が机になったり
隣の階の床に肘をかけて
お話できたり

ちいさな家の中にある
さまざまな距離

机で棚で床
Desk as a Shelf as a Floor

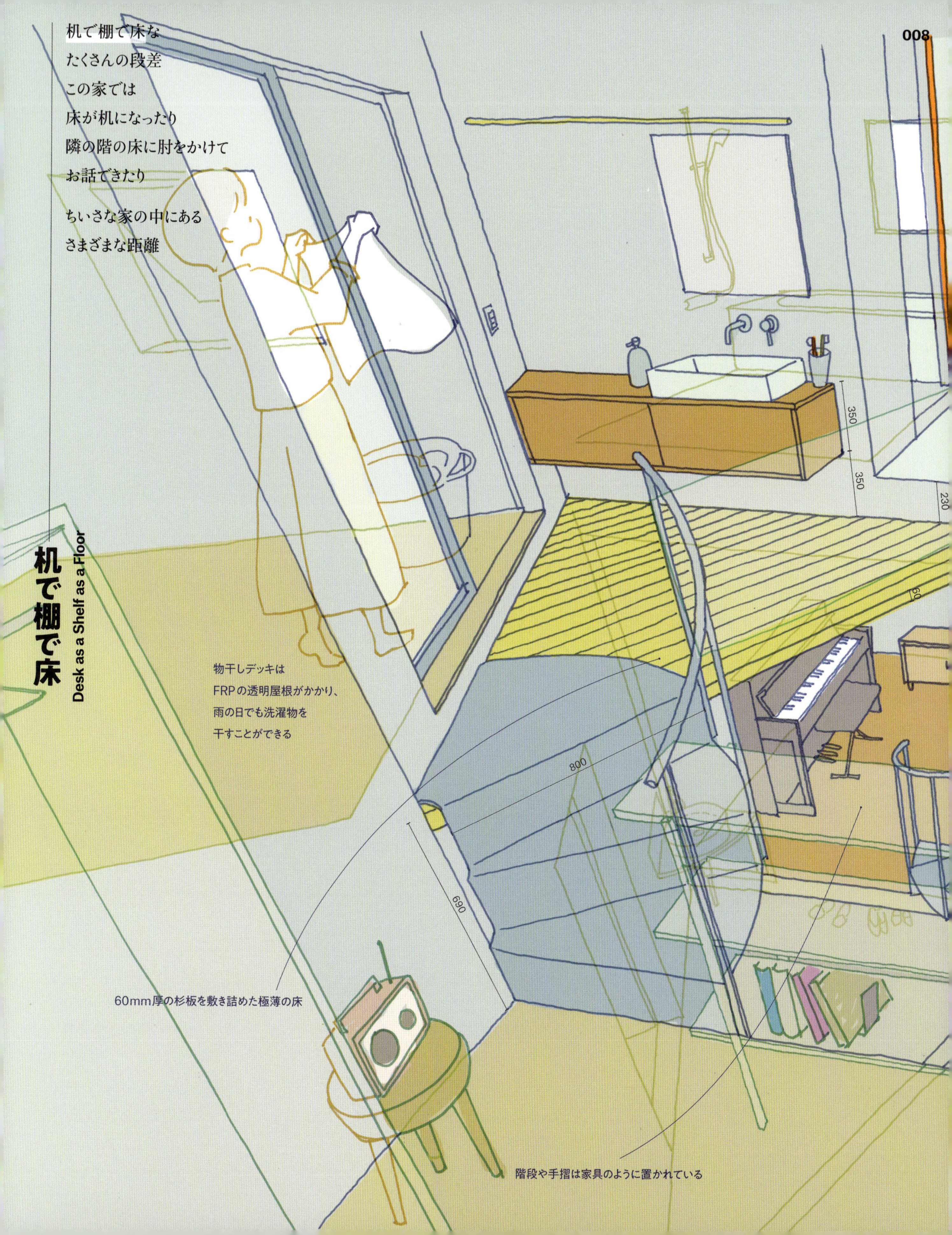
350
350
230
60
800
690
物干しデッキは
FRPの透明屋根がかかり、
雨の日でも洗濯物を
干すことができる
60mm厚の杉板を敷き詰めた極薄の床
階段や手摺は家具のように置かれている

02 | 白川の住居
House in Shirakawa

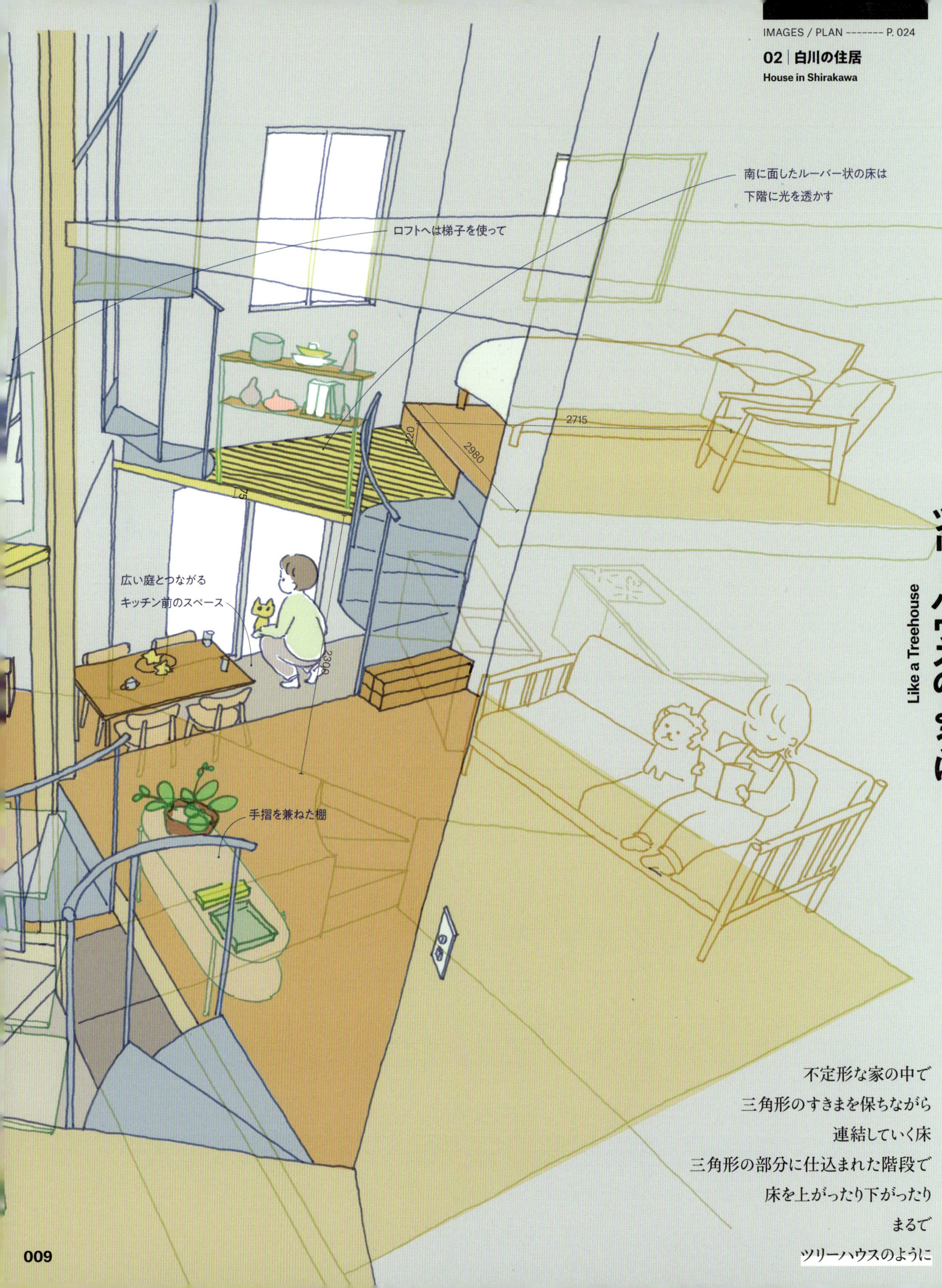

ツリーハウスのように
Like a Treehouse

不定形な家の中で
三角形のすきまを保ちながら
連結していく床
三角形の部分に仕込まれた階段で
床を上がったり下がったり
まるで
ツリーハウスのように

ツリーハウスのように
林立する柱と台形の床

その床に壁が建てられたり、階段が掛けられて
そのすきまにさまよう視線

朝目覚めて
東のおおきな窓から、遠くの風景を見ながら
まっすぐにダイニングに向かおうか
西から本棚でも眺めながら
ゆっくりおりていこうか

気分にまかせて

ツリーハウスのように
Like a Treehouse

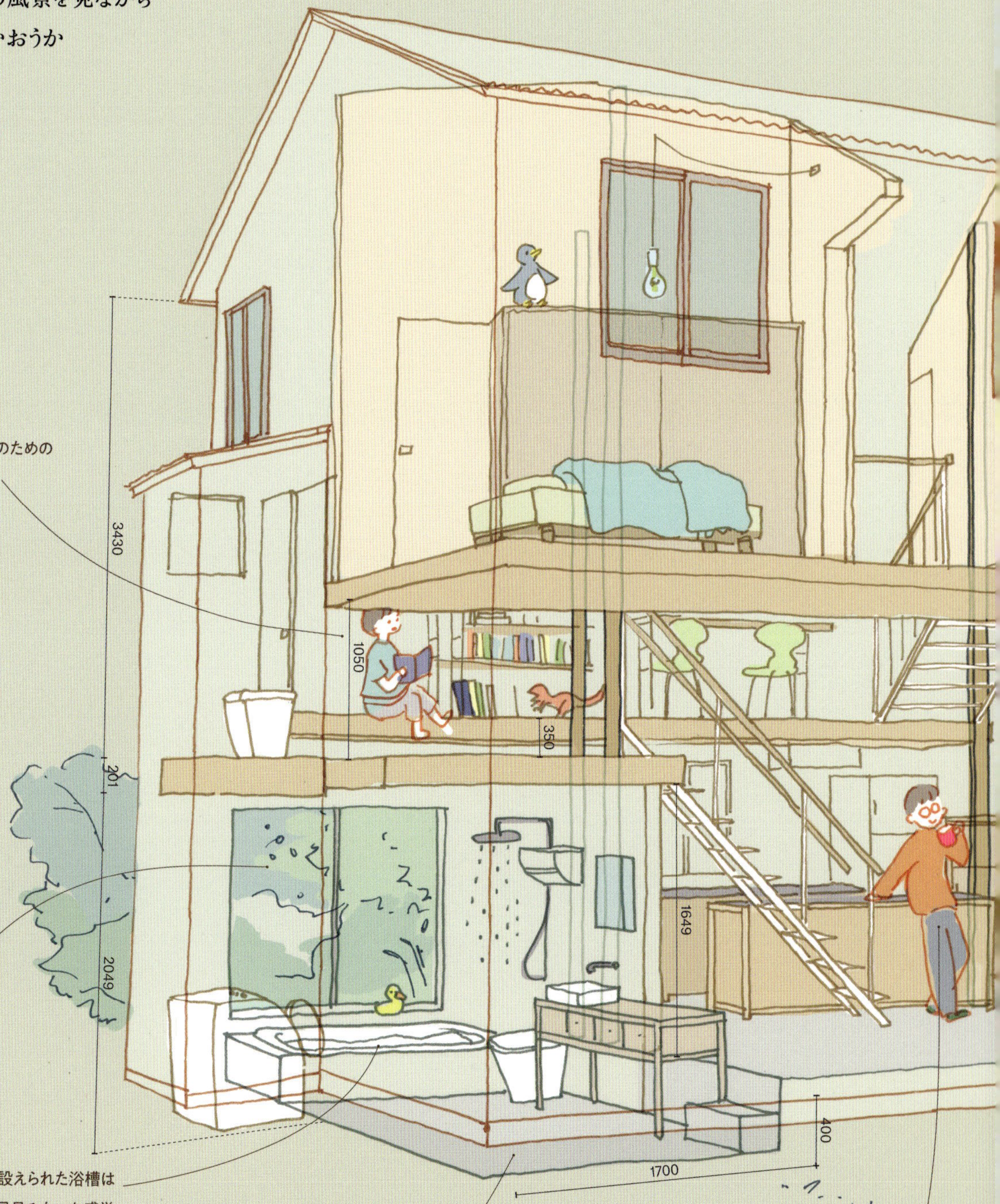
3430
1050
350
201
2049
1649
400
1700
本好きな家族のための
読書スペース
庭の植栽が光をうけて、
昼間の浴室はグリーンに染まる
地面と同じ高さに設えられた浴槽は
露天風呂みたいな感覚
作業のできる洗面スペース・脱衣室・浴室までを一続きでつくっている
ついたて状の壁で直接LDKから見えないものの、空間的にはLDKとつながっている
家のほとんどの場所が感じられる、
見晴らしの良いキッチン

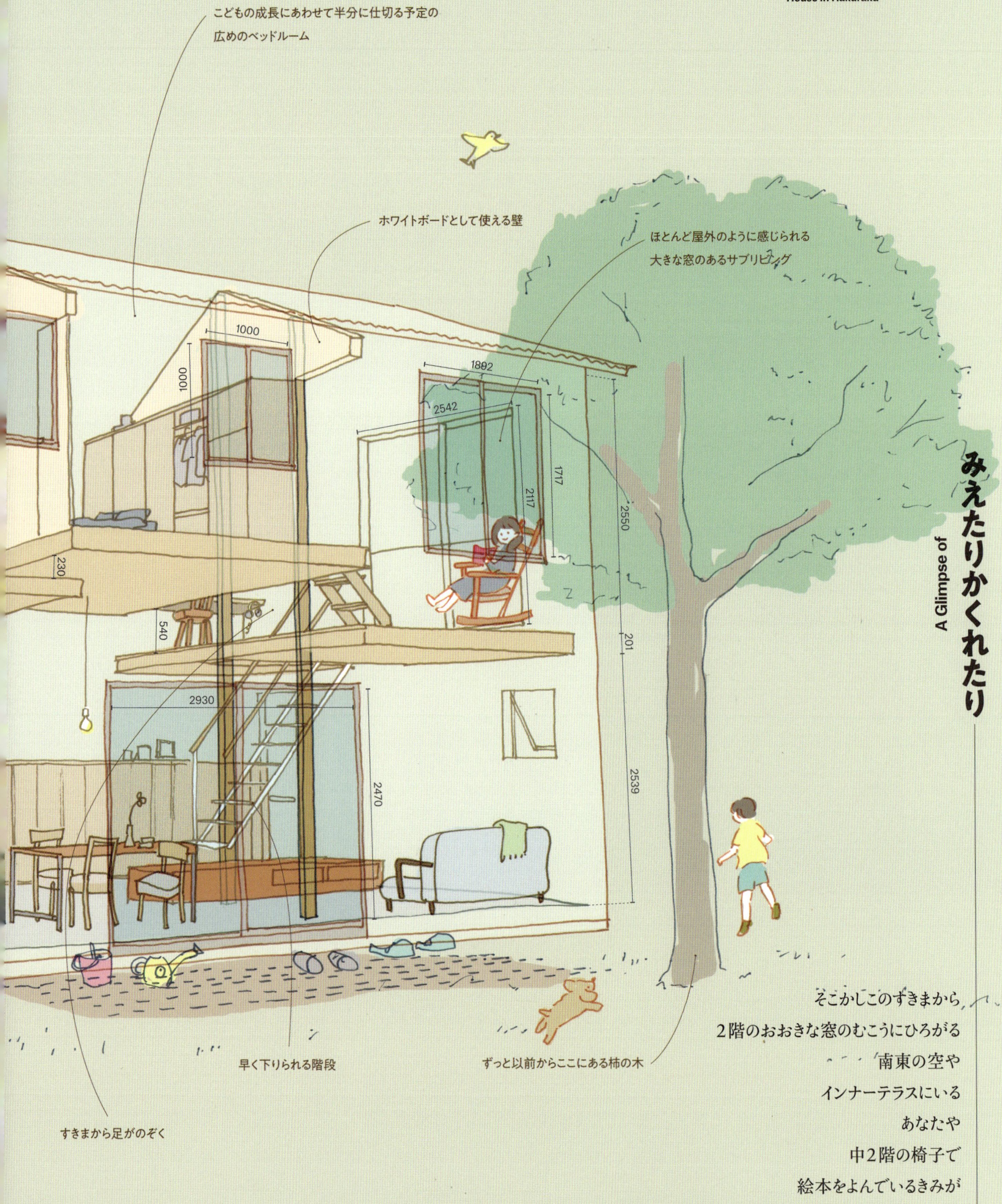
こどもの成長にあわせて半分に仕切る予定の
広めのベッドルーム
ホワイトボードとして使える壁
ほとんど屋外のように感じられる
大きな窓のあるサブリビング
1000
1000
1892
2542
1717
2117
2550
230
540
201
2930
2470
2539
早く下りられる階段
ずっと以前からここにある柿の木
すきまから足がのぞく

みえたりかくれたり
A Glimpse of

そこかしこのすきまから
2階のおおきな窓のむこうにひろがる
南東の空や
インナーテラスにいる
あなたや
中2階の椅子で
絵本をよんでいるきみが
みえたりかくれたり

A Glimpse of みえたりかくれたり

みえたりかくれたりする
家族を感じながら
それぞれの場所で過ごす

それぞれの居場所は
ちいさな階段でつながっているけれど

むかいがわの場所へは
おおきな吹き抜けを
ぐるりと渡っていかないと
たどり着かない

ちかくて遠い
それぞれの場所は
視線で
気配で
つながる

中庭のように
Binding the Air

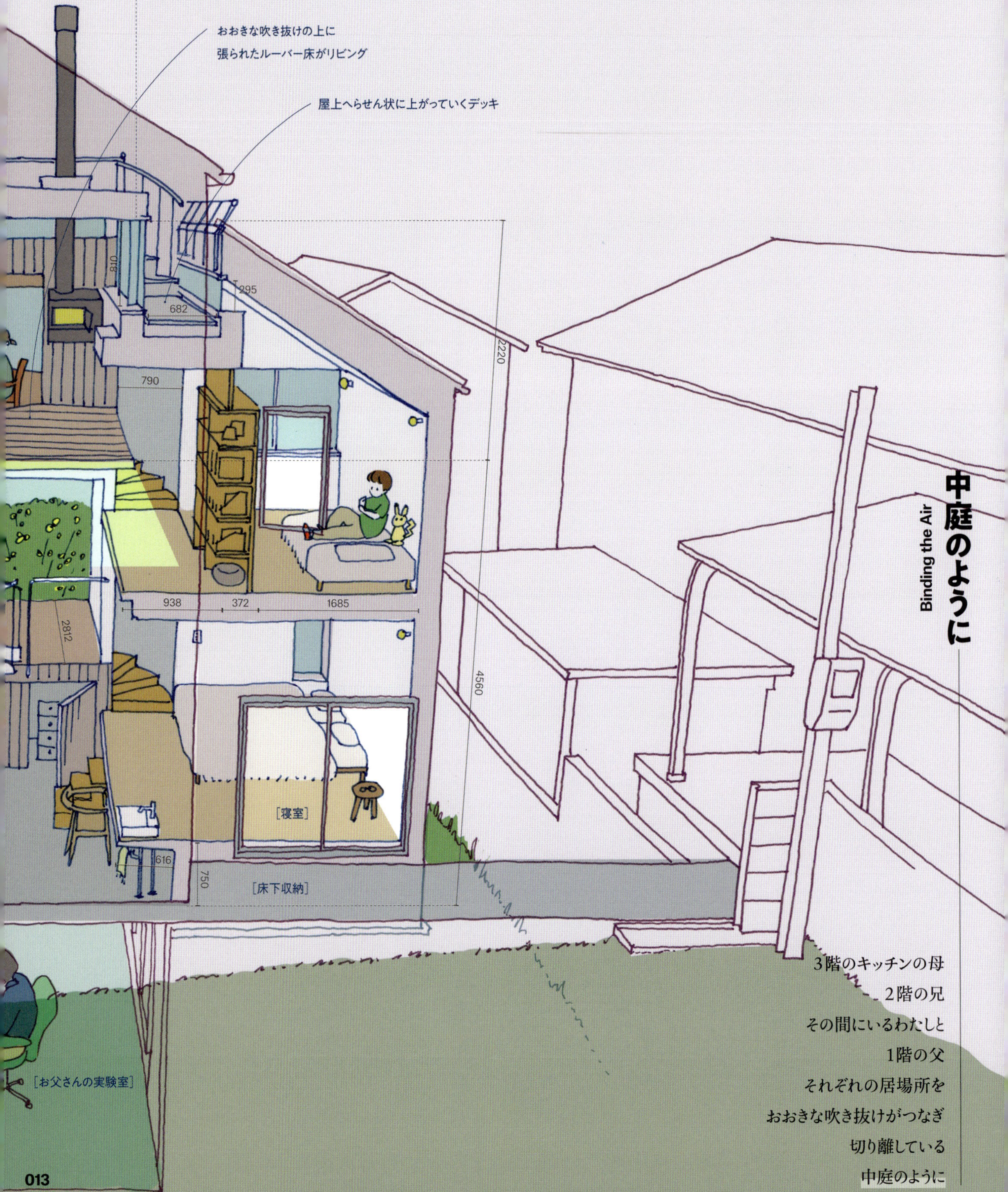

3階のキッチンの母
2階の兄
その間にいるわたしと
1階の父
それぞれの居場所を
おおきな吹き抜けがつなぎ
切り離している
中庭のように

中庭のように

Binding the Air

中庭のように
ぐるりと部屋に取り囲まれた庭へ
洗面室の下をくぐって
近所のおばさんが
野菜を持ってくることも

それぞれの場所から
庭のみどりを挟んで
林のみどりと、空を流れる雲と
別の場所にいる家族の姿が
いっしょに見える

05 | 大島の住居
House in Oshima

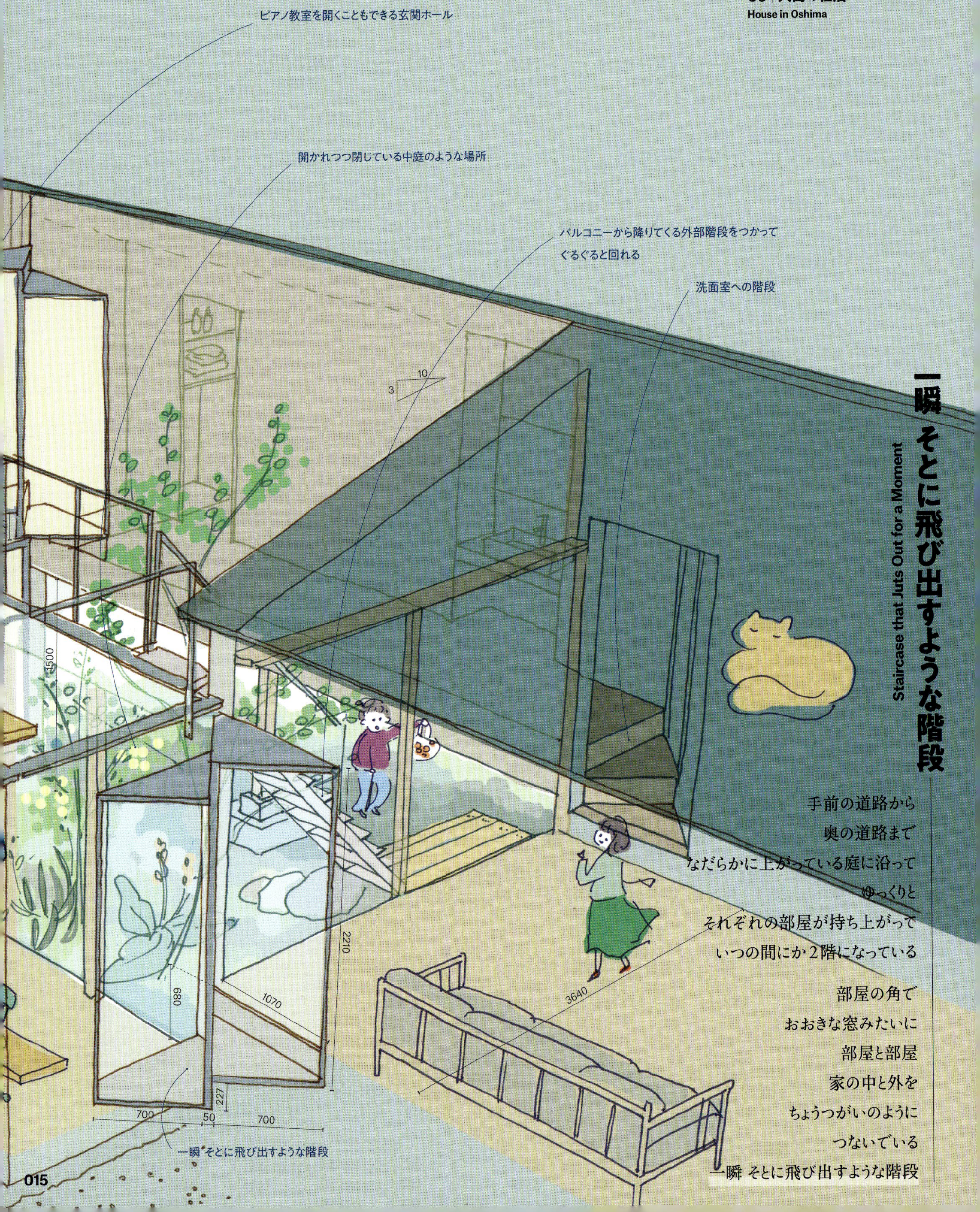

一瞬 そとに飛び出すような階段

Staircase that Juts Out for a Moment

手前の道路から
奥の道路まで
なだらかに上がっている庭に沿って
ゆっくりと
それぞれの部屋が持ち上がって
いつの間にか2階になっている

部屋の角で
おおきな窓みたいに
部屋と部屋
家の中と外を
ちょうつがいのように
つないでいる
一瞬 そとに飛び出すような階段

一瞬 そとに飛び出すような階段で
らせん状につながれている床

だいたい同じ大きさの
床から床へ移るとき
90度くるりとまわる
そんな
単純な体験を何度か
くり返すだけで
自分がどちらに向いているのかわからなくなってしまう
だから
階段から見える外は
いつも新鮮

一瞬 そとに飛び出すような階段
Staircase that Juts Out for a Moment

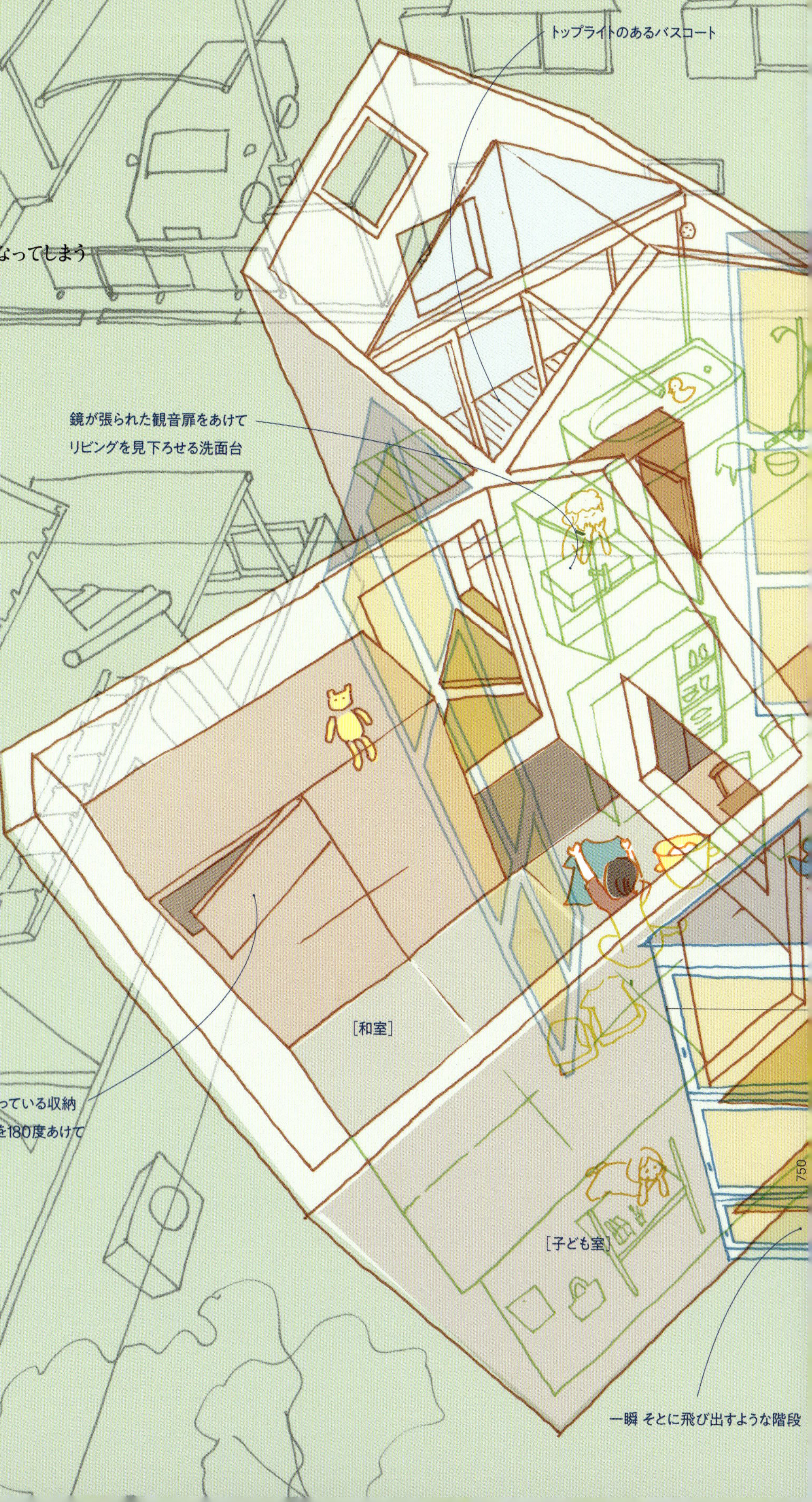

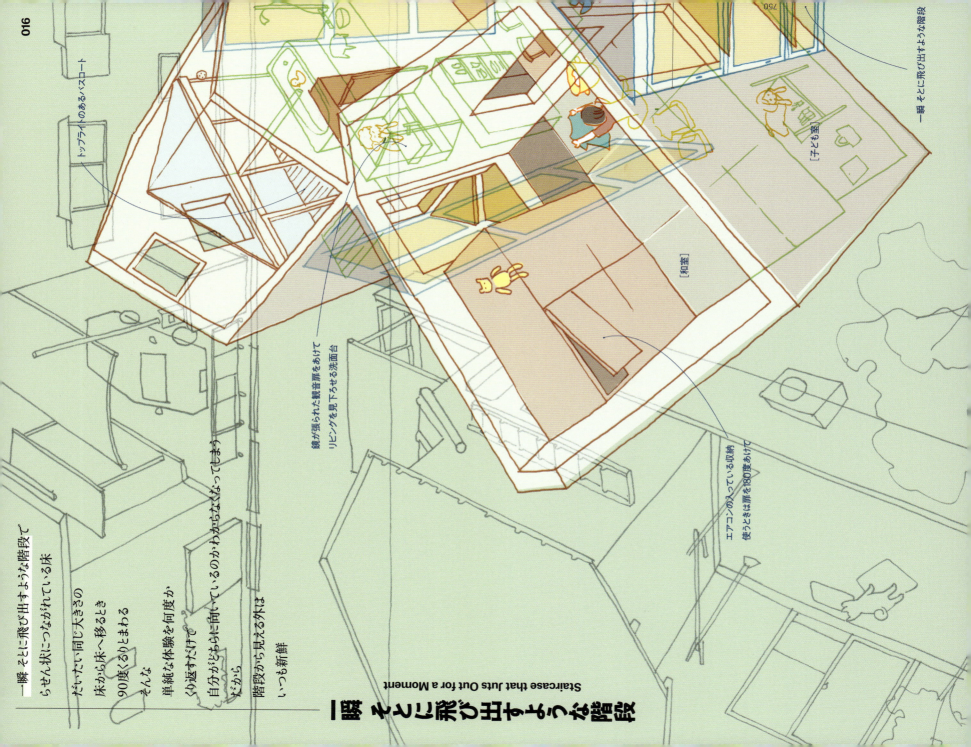

単純な迷宮
Simple Maze

道路から少し上がった玄関から
下りると家族の個室
上がるとみんなで使う部屋が並んでいる
同じ形の部屋が階段で連なっているだけなのに
ぐるぐるとまわり続けているうちに
部屋がどこまでも続いているような気になる
単純な迷宮

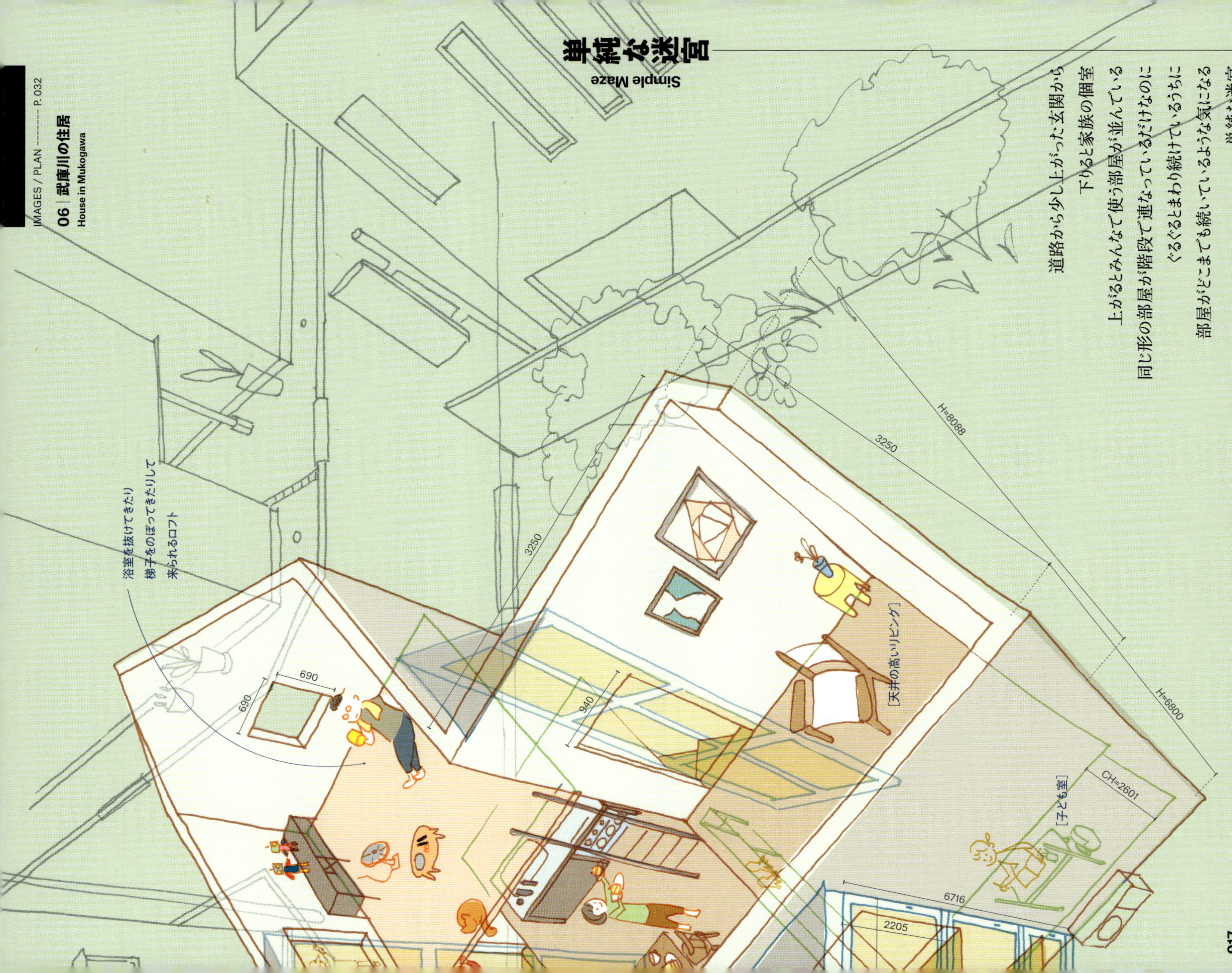

単純な迷宮

Simple Maze

単純な迷宮とは
不思議な言い方だけれど
玄関から
2つの方向にらせん状に上がっていく
それぞれの床の連なりが
食卓で合流して
またわかれて
ふたたび屋上で出会う
何度もついたり離れたりする
ふたつのらせんを
回り続けると
まだ部屋がどこかに
続いている
ような気になる

屋上からゆるやかにつながるサブリビング
敷地の角をあけて、そこにちいさな庭を用意して
窓を開けることで周辺から距離を取っている
ふたつのらせんの結び目としての
キッチン・ダイニング
1450
720
780
1120
1790
3855
700
890

07 | 高槻の住居
House in Takatsuki

屋根のない部屋
Room without Roof

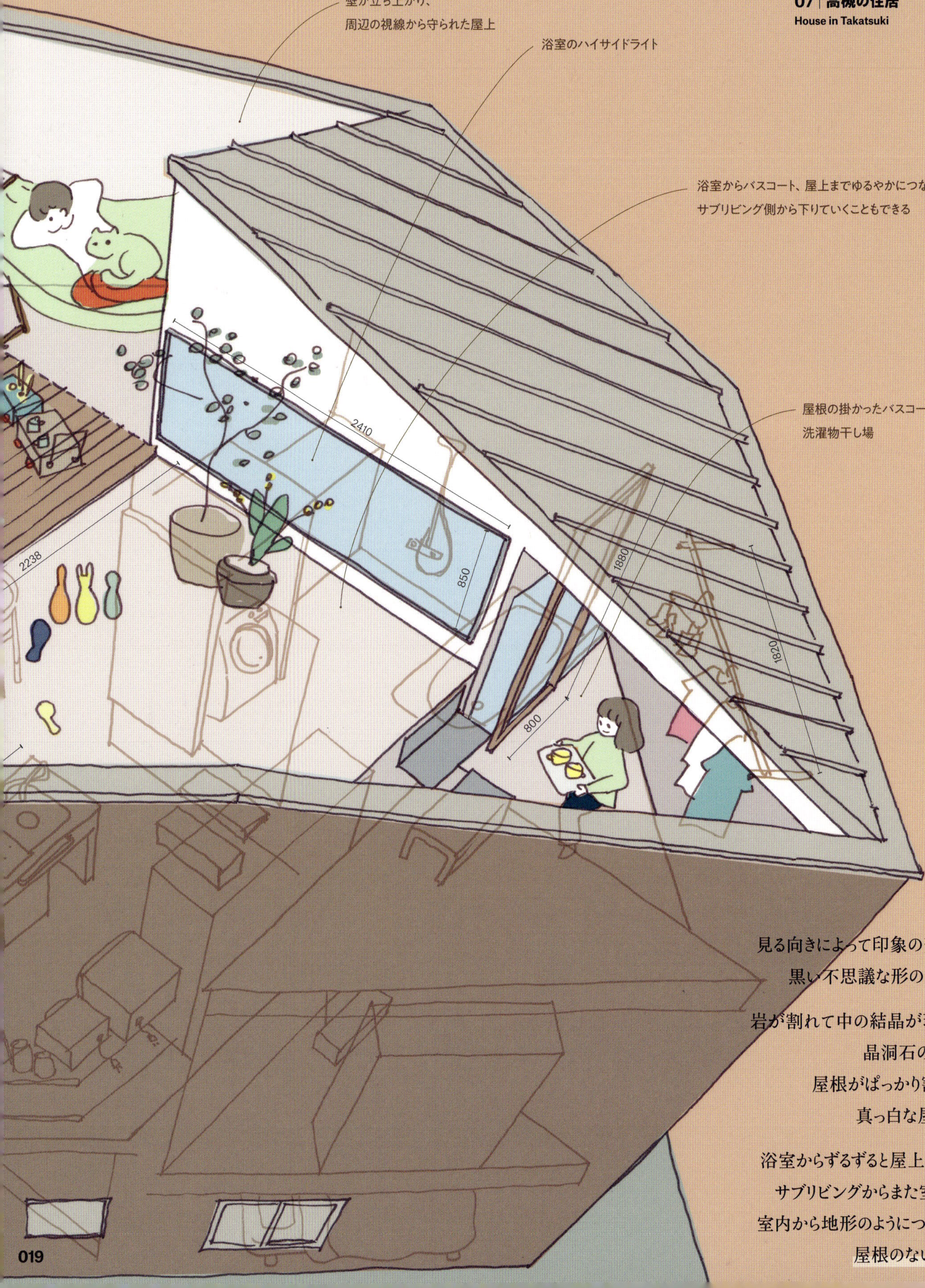
壁が立ち上がり、
周辺の視線から守られた屋上
浴室のハイサイドライト
浴室からバスコート、屋上までゆるやかにつながり、
サブリビング側から下りていくこともできる
屋根の掛かったバスコートは
洗濯物干し場
2410
850
2238
1880
1820
800

見る向きによって印象の変わる
黒い不思議な形のこの家

岩が割れて中の結晶が現れる
晶洞石のように
屋根がぱっかり割れて
真っ白な屋上が

浴室からずるずると屋上に出て
サブリビングからまた室内へ
室内から地形のようにつながる
屋根のない部屋

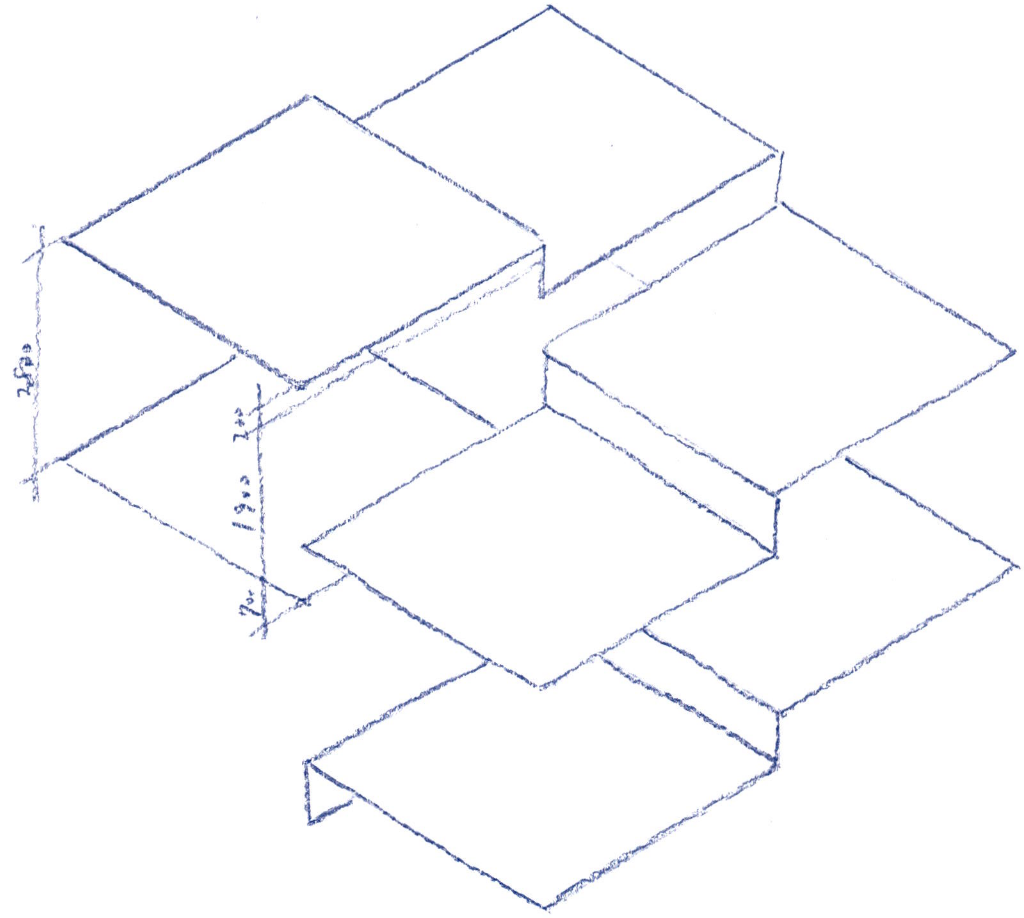

COLUMN

スキップフロアの設計方法

スキップフロアを設計する場合は、階同士の関係、距離を設計しているとも言える。スキップフロアを試み始めた「呉川町の住居」[PP. 118-119]や「白楽の住居」[PP. 026-027]など、いくつかの住宅では自在にスキップフロアの間隔を変えているのだけれど、狭小な住宅の場合は積層の効率を高めるために等間隔スキップフロアとすることが多い。「宮本町の住居」[PP. 022-023]は机とほぼ同じ高さの700 mmで、これだと床を4つに割って螺旋状に上げていった場合に1階になる1枚目の床と2階になる4枚目の床の間隔は700×4＝2800 mmとなって床厚を200 mmとすると、天井高が2800-200＝2600 mmになって丁度良い。すると隣の床との間に(段差)700×3-(床厚)200＝1900 mmの隙間ができて通り抜けられる。

ただ、700 mmの段差だと階段を3段にしようとすると233.33 mmとなってキリが悪く、法で定められた住宅の階段の蹴上げの最大寸法230 mmを超えてしまうので、その後の「高槻の住居」[PP. 034-035]では690 mmの段差を使った。この寸法は便利で、「武蔵小山の住居」[PP. 096-097]等でも使っている。

より自由な構成は無いかと探しているうちに、階段を構造体の外に飛び出させてしまう形式が生まれた。それが「武庫川の住居」[PP. 032-033]、「大島の住居」[PP. 030-031]、「少路の住居」[PP. 028-029]で、この順に発展し複雑な構成になってきている。武庫川・大島は、三角形の2段の階段を大きな窓のように使っている。少路ではそれが螺旋階段になり、窓としての機能は担っていない。

構造体の外に階段が飛び出るスキップフロアはその後「明石の住居」[PP. 158-159]ではスキップフロアの段差が1400 mm等間隔となり、「鎌倉の住居」[PP. 120-121]では700 mmと1800 mmの混合型スキップフロアだ。鎌倉の形式だと、ほとんどスキップフロアの感覚は薄れるが、それでも階同士は緩やかにつながる。「宮本町の住居」や「高槻の住居」、「武蔵小山の住居」の等間隔スキップフロアの形式の発展形として「白川の住居」[PP. 024-025]では、動線が枝分かれしたり、階間距離も変化したりと、より自由な設計となっている。

● 北野町の住居2

IMAGES / PLAN --- PP. 088-089

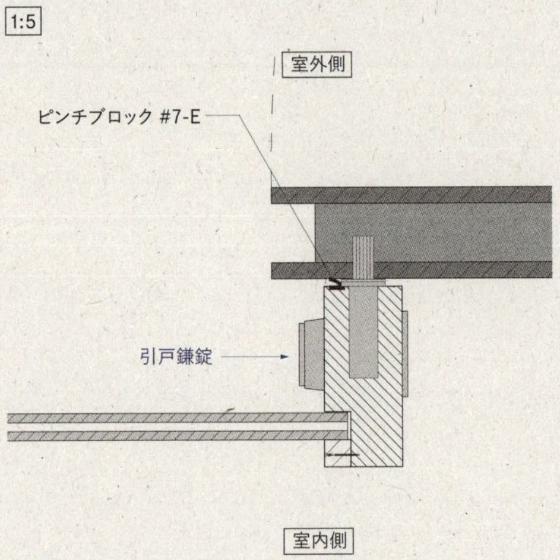

● 滝山の住居

IMAGES / PLAN --- PP. 150-151

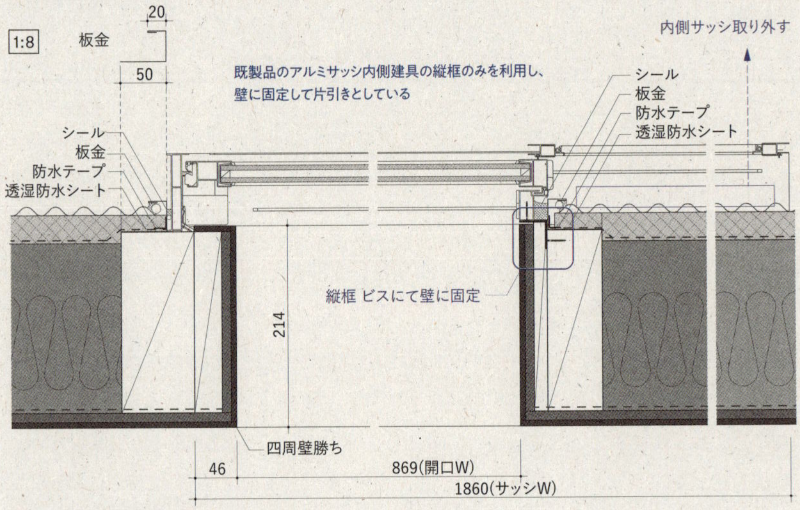

● 標準引戸詳細図

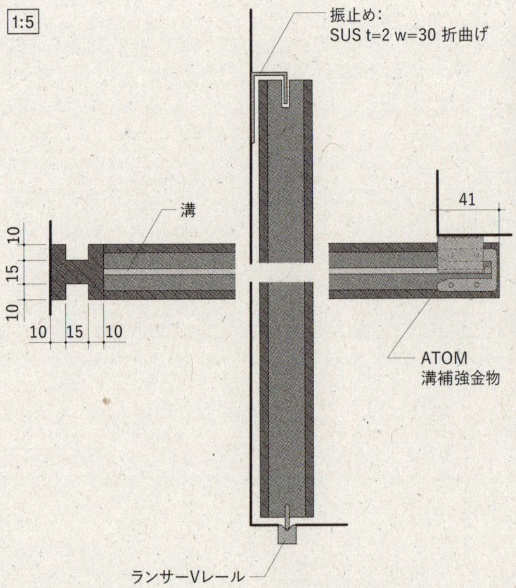

● 宮本町の住居

IMAGES / PLAN --- PP. 022-023

浴室扉断面詳細図
凝った建具の一例、トイレの扉を極力目立たせたくなく、
引手と鍵を兼ねた金物を制作した。
ハンドルがくるりと回転して鍵になる。
外側にはごく小さな穴だけが空いていて、
緊急時にはマイナスドライバーで
回転させると解錠できる

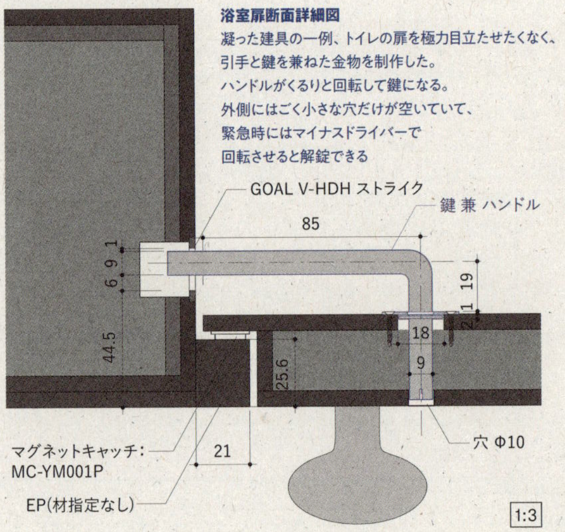

浴室扉室内側
ハンドルがくるりと回転して鍵になる

浴室扉室外側
ごくちいさな穴だけが空いていて、
緊急時にはマイナスドライバーで
回転させると解錠できる

COLUMN

建具/窓について

建具の凝った仕組を考えるのは設計者としては楽しいが、本当に長く使い続けられるのか、空間のためになっているのかは自問自答しておかないといけない。

ドアはさまざまな要求が集約されるので凝った設計となることがあるが建具の中でも重い部類なので慎重に行いたい。例えば「北野町の住居2」[PP.088-089]などでの、鎌錠を側面に入れて鍵穴が正面にでてこない方法は、僕たちのオリジナルというわけではなく、多くの設計者が試みている方法だとは思うが、鍵穴や引手など人体スケールと密着したものの位置は、スケール間の尺度となりやすいので隠してしまう方が上手くいく場合がある。また、鍵穴を隠すのは防犯的にも意味があると考えている。引手の位置もスケール感に影響を与えるので、室内の間仕切りでも最初期から一貫してフラッシュ建具の端の大手を伸ばして引手としている。上から下までの引手はどんな身長でも扱いやすく、反り止めとしても機能する。まれに特徴的なドアノブを使う事もあるが、それは空間の重心を下げるために意図的に使っている。機構的には多くの場合床にVレールを仕込んで簡単に振れ止めだけをつけている。性能的にはソフトクローズの付いた上吊りレールなんかを仕込めば良いのだろうが、どの様に荒く使っても上手に受け止めてしまう「よくできた」感じより、シンプルな機構のものを丁寧に使ってもらう方が好ましいと思っているが、クライアントに合わせて使っている。

凝った設計という訳では無いが、窓は外付けのアルミサッシを改造して片引きで付けるのは長くやり続けている。室内からはサッシフレームが消え、外部から見てもサッシが分解され機能的な部品として見える。アルミサッシを引違いのまま付ける事も増えてきたが、その際は木製の十字枠を入れると落下防止の手すりがわりになり、窓の位置を自由にできると同時にアルミサッシのフレームをフィルタリングし、室内風景を整えることができる。

01｜宮本町の住居

>>> P. 006

どこにいても家族が間近に感じられること

3人の家族と沢山のモノのための住宅である「宮本町の住居」では、どこにいても家族が間近に感じられることが求められていた。また、閉じこもられると寂しいので個室は不要、モノをしまい込みたくないので収納も不要との要望だった。モノと人の居場所を確保しつつ、ワンルームのように家全体を感じ取れる形式を探した結果、700mmの段差で床を連ねていくことにした。その結果、床は1段下の床からは机のように、2段下の床からは棚のように使われ、モノの居場所となる。床は2つの螺旋状に積み重ねられ、それぞれの螺旋はリビングで一旦重なり、また分かれて2つの中庭状の屋上デッキまでたどり着く。2つの螺旋を組み合わせることで経路を複数化しているので、一部を建具などで仕切って個室としても、家族の生活は変わらない。

GL+5050 Plan

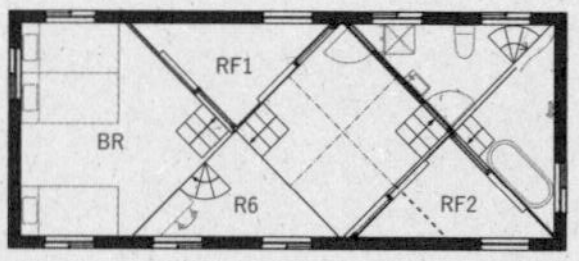

GL+2950 Plan

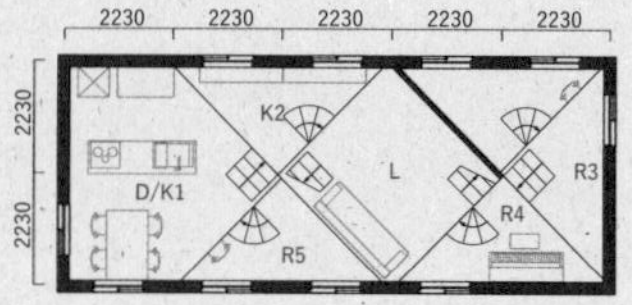

GL+150 Plan

1:300

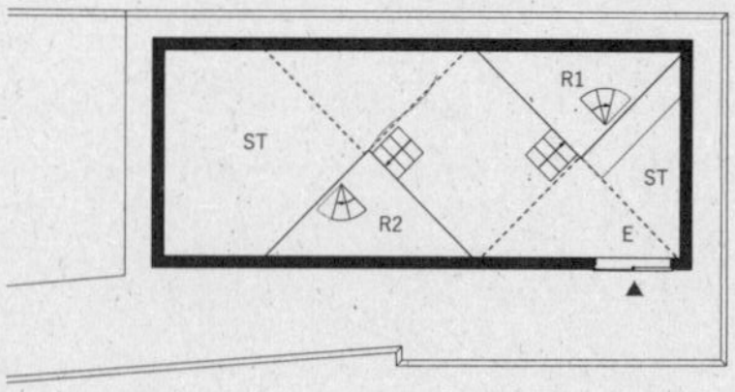

E：玄関
ST：ストレージ
R1,2,3,5,6：室
R4：音楽室
BR：寝室
D：ダイニング
K：キッチン
L：リビング
RF：屋上デッキ

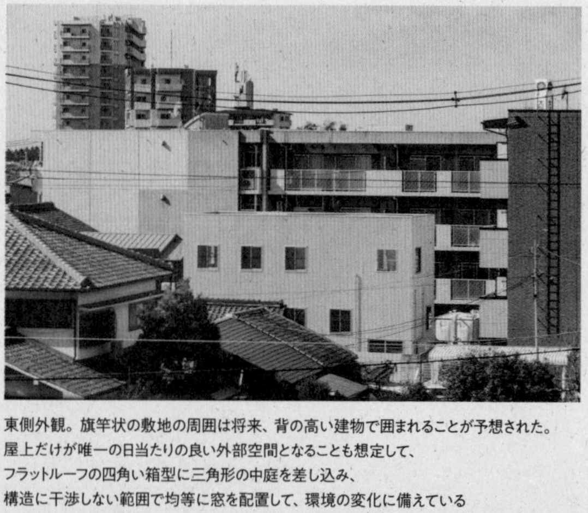

東側外観。旗竿状の敷地の周囲は将来、背の高い建物で囲まれることが予想された。屋上だけが唯一の日当たりの良い外部空間となることも想定して、フラットルーフの四角い箱型に三角形の中庭を差し込み、構造に干渉しない範囲で均等に窓を配置して、環境の変化に備えている

Section

1:40

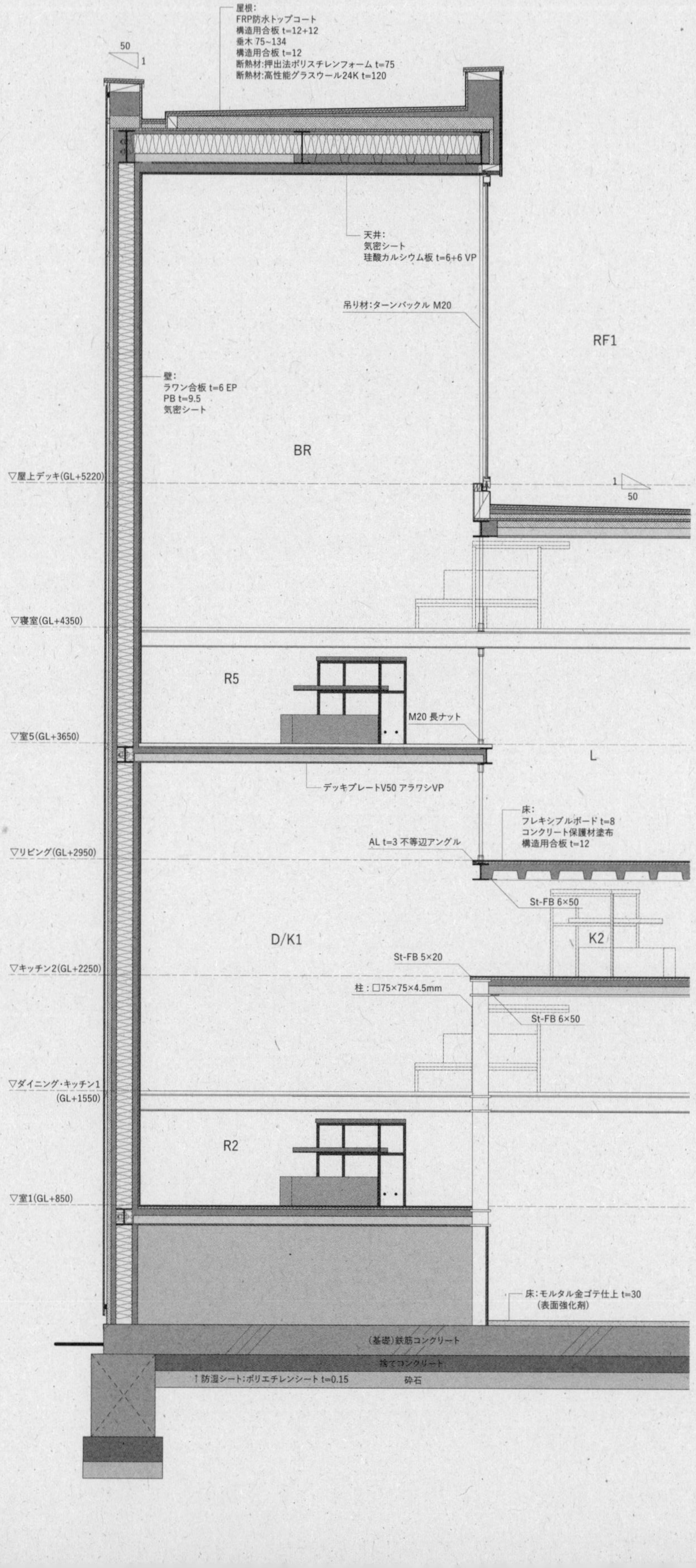

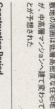

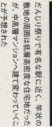

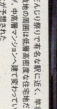

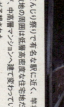

ダイニングからリビング方向を見る（入居前）
上から7枚の床は屋根梁から20mmの鋼材で吊られ、
下から6枚の床は75mm角の鋼管で支えられ、ダイニングからは支持材無しで見通せる

上下とも：ダイニングからリビング方向を見る（入居後）

DRAWING -------- P. 006

House in Miyamoto
Location: Kishiwada, Osaka
Type: Single Family House
Main structure: Steel; Two-storey
Site Area: 128.19m^2
Building Area: 49.73m^2
(38.79% of max 80%)
Total Floor Area: 94.49m^2
(73.71% of max 400%)

Site Walk_Miyamoto

だんじり祭りで有名な駅に近く、竿状の敷地の周囲は低層高密度な住宅地だったが、中高層マンションへ建て変わっていくことが予想された

Study Process

①

②

③

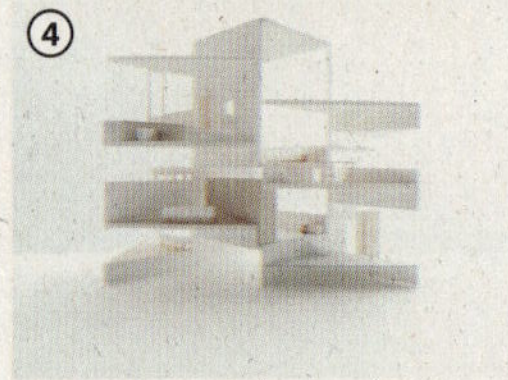
④

当初案は間仕切りや収納も多く、屋上までスムースにつながって降りてくる案①-③だったが、予算やクライアントの要望から、収納や個室は無くなり、リビングの天井高を優先することに④

スラブ小口納まり 1:5

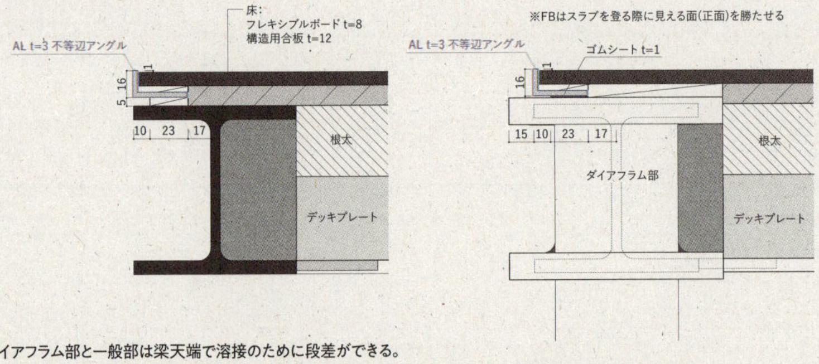

床：
フレキシブルボード t=8
構造用合板 t=12
AL t=3 不等辺アングル
5
16
1
10
23
17
根太
デッキプレート
※FBはスラブを登る際に見える面（正面）を勝たせる
AL t=3 不等辺アングル
ゴムシート t=1
16
1
15
10
23
17
ダイアフラム部
根太
デッキプレート

ダイアフラム部と一般部は梁天端で溶接のために段差ができる。
それをスッキリと整えるために、鉄骨梁天端から隙間を空けて床小口にフラットバーを廻して、床材を収めている

構造ダイアグラム

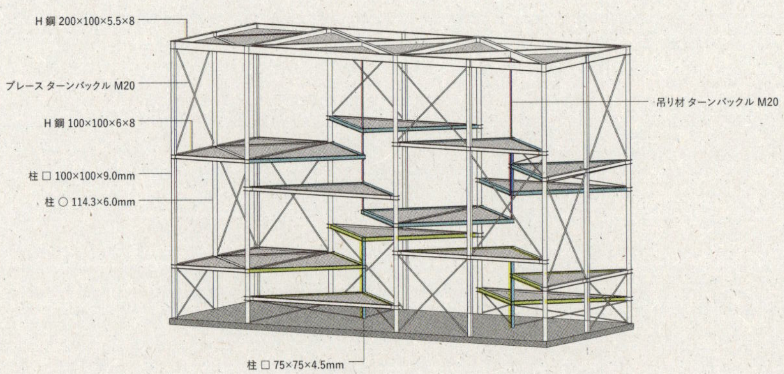

H鋼 200×100×5.5×8
ブレース ターンバックル M20
H鋼 100×100×6×8
柱 □ 100×100×9.0mm
柱 ○ 114.3×6.0mm
吊り材 ターンバックル M20
柱 □ 75×75×4.5mm

防火地域であることなどの法規上の理由から
鉄骨造とした天井高6900mmの空間の中に13枚の床が7つの高さで漂っている

Construction Period

Elevation 1:400

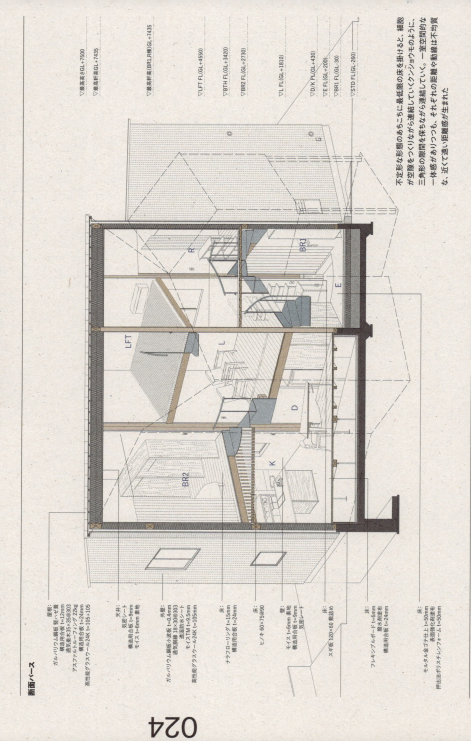

02｜白川の住居

>>> P. 008

不均質な距離の設計

建築の設計とは、外部では隣地や周辺、内部では各部屋や各階の距離を設計することで周辺との関係や家族同士の関係を調整することだと言える。

敷地は1970年代に山を切り開いて造成された住宅地で、周囲の建ち方は敷地にオモテとウラをつくり出していた。そこで南北を通り抜けられるようにして両側の道をつなぎつつ、なるべく隣地との間に空隙をつくった。そうすることで、さまざまな方向に窓を開けることができ、植物が育てば、住宅地全体の環境を向上させるだろう。

平面は「北摂の住居」[PP. 146–147]の、正方形と正三角形を組み合わせた「コリンズ格子」を少し崩した形式だ。スキップフロアの構成もこれまで試みた単純な螺旋的な動線でなく、途中で枝分かれしながら上がっていく。この住宅では距離感が一様でなくなるように均質さを少し崩し、小さな住宅にさまざまな場所をつくり出そうとした。

南側外観。でき上がった構成にシンプルな屋根を架け、波板で一体に包んだ結果、バラバラと増築したようにも一体的にも見える、不定形な外観となった

断面パース

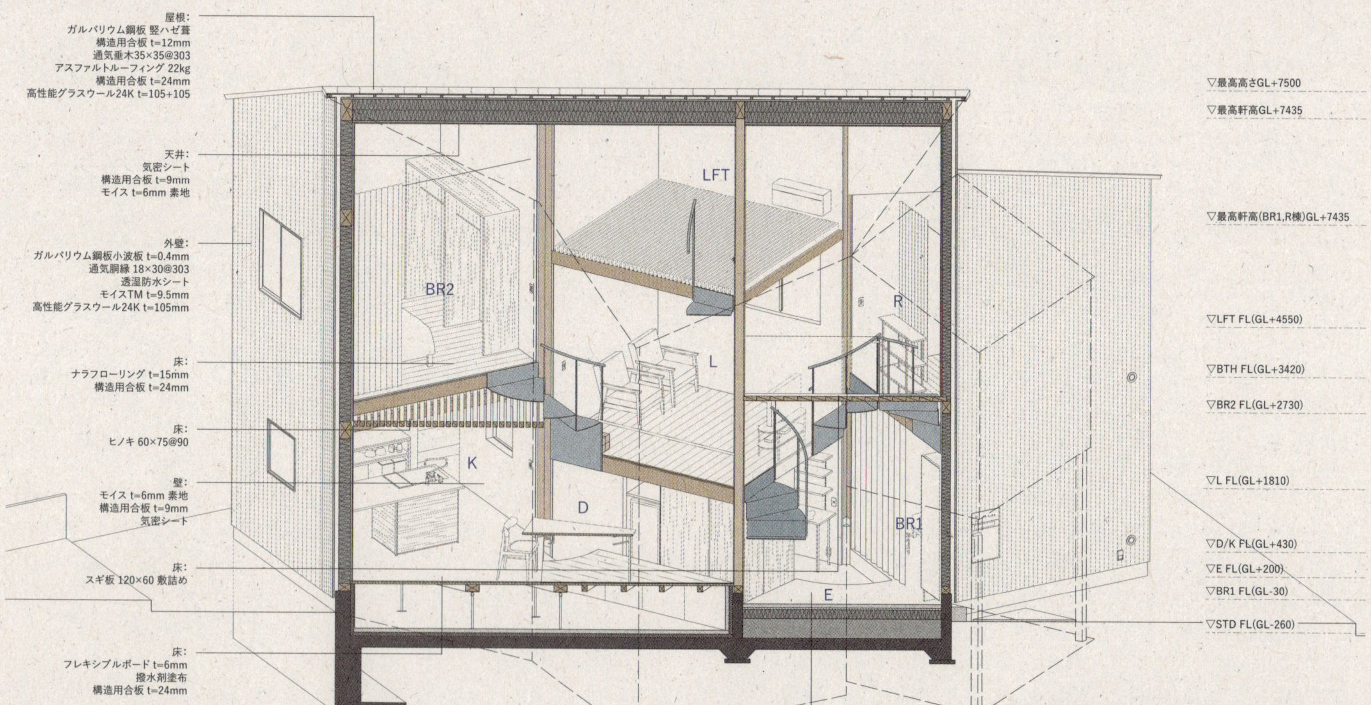
屋根:
ガルバリウム鋼板 竪ハゼ葺
構造用合板 t=12mm
通気垂木35×35@303
アスファルトルーフィング 22kg
構造用合板 t=24mm
高性能グラスウール24K t=105+105
天井:
気密シート
構造用合板 t=9mm
モイス t=6mm 素地
外壁:
ガルバリウム鋼板小波板 t=0.4mm
通気胴縁 18×30@303
透湿防水シート
モイスTM t=9.5mm
高性能グラスウール24K t=105mm
床:
ナラフローリング t=15mm
構造用合板 t=24mm
床:
ヒノキ 60×75@90
壁:
モイス t=6mm 素地
構造用合板 t=9mm
気密シート
床:
スギ板 120×60 敷詰め
床:
フレキシブルボード t=6mm
撥水剤塗布
構造用合板 t=24mm
床:
モルタル金ゴテ仕上 t=50mm
表面強化剤塗布
押出法ポリスチレンフォーム t=50mm
LFT
BR2
R
L
K
D
BR1
E
▽最高高さGL+7500
▽最高軒高GL+7435
▽最高軒高(BR1,R棟)GL+7435
▽LFT FL(GL+4550)
▽BTH FL(GL+3420)
▽BR2 FL(GL+2730)
▽L FL(GL+1810)
▽D/K FL(GL+430)
▽E FL(GL+200)
▽BR1 FL(GL-30)
▽STD FL(GL-260)

不定形な形態のあちこちに最低限の床を掛けると、細胞が空隙をつくりながら連結していくクンショウモのように、三角形の隙間を保ちながら連結していく。一室空間的な一体感がありつつも、それぞれの距離や動線は不均質な、近くて遠い距離感が生まれた

1F Plan　2F Plan　3F Plan　1:300

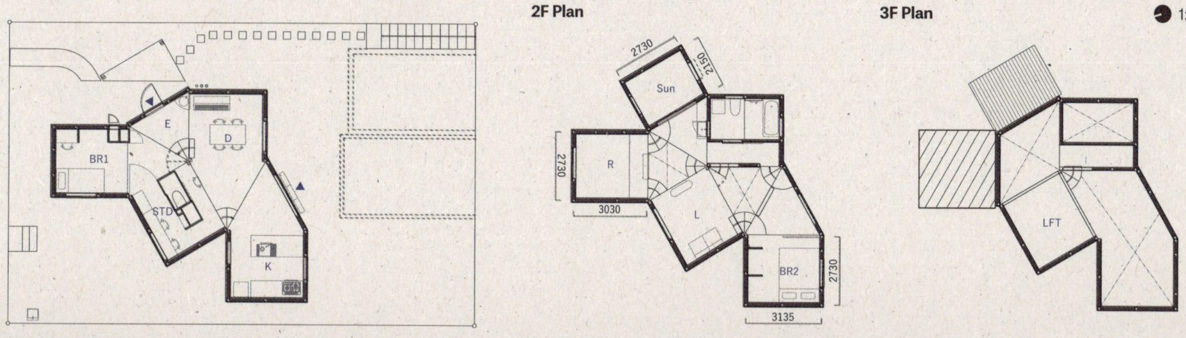
BR1
E
D
STD
K
Sun
R
L
BR2
LFT
2730
2150
3030
3135

E：玄関
D：ダイニング
K：キッチン
STD：スタディルーム
BR1：予備室
BR2：寝室
L：リビング
R：子ども室
Sun：サンルーム
LFT：ロフト

アクソメトリック

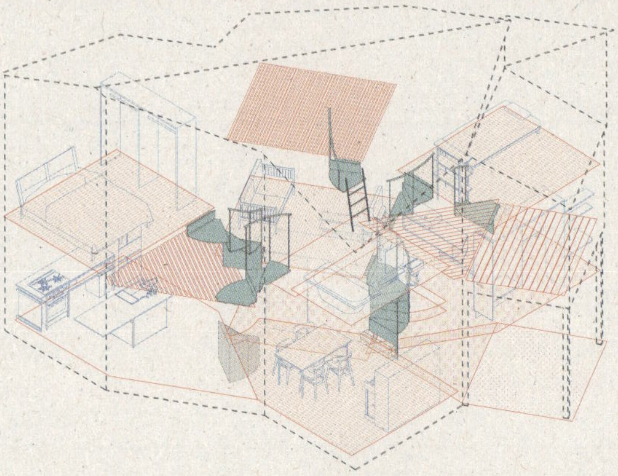

階段詳細

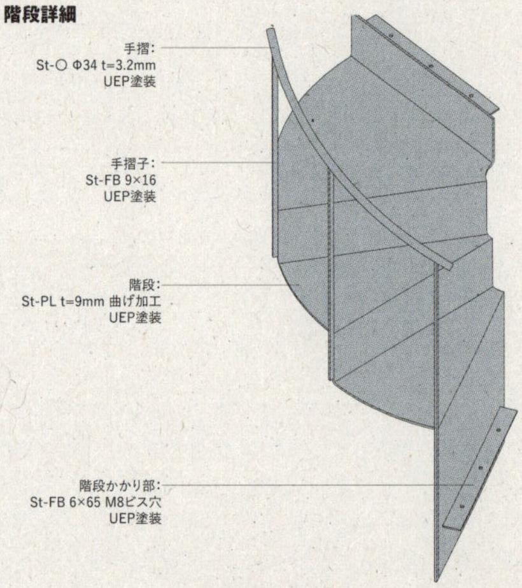
手摺:
St-○ Φ34 t=3.2mm
UEP塗装
手摺子:
St-FB 9×16
UEP塗装
階段:
St-PL t=9mm 曲げ加工
UEP塗装
階段かかり部:
St-FB 6×65 M8ビス穴
UEP塗装

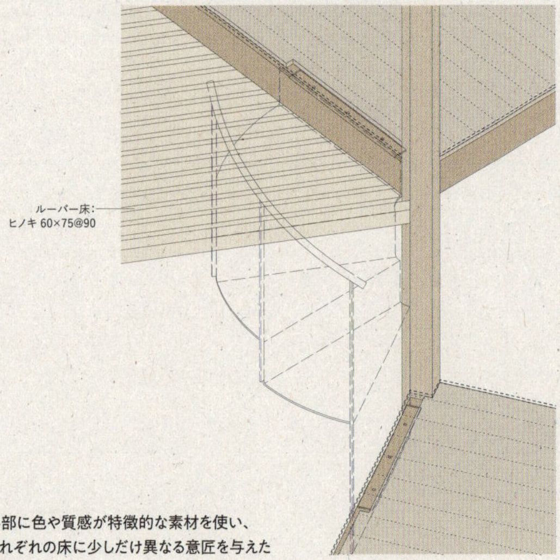
ルーバー床:
ヒノキ 60×75@90

各部に色や質感が特徴的な素材を使い、
それぞれの床に少しだけ異なる意匠を与えた

上:玄関から。左にDK、右奥にスタディルームが見える
中:子ども室からリビングを見る。右奥に寝室、正面奥が洗面と浴室
下:ロフトからダイニングを見下ろす

床に引っ掛けられ、
オブジェのように配された階段

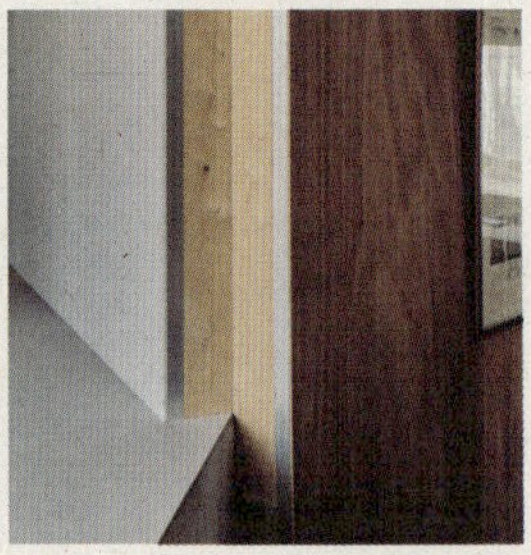

ツリーハウス的に柱を強調するためもあり
柱を現しにして壁を張ったような意匠とした

DRAWING -------- P. 008

House in Shirakawa

Location: Kobe, Hyogo
Type: Single Family House
Main structure: Timber; Two-storey
Site Area: 227.89m^2
Building Area: 56.10m^2
(39.80% of max 50%)
Total Floor Area: 113.54m^2
(49.20% of max 100%)

Site Walk_Shirakawa

敷地は南北の道路に接道していて、車庫付きの南側道路からは一段上がっている。閑静な北側道路は植栽が植えられた遊歩道で、南側に広い庭を設けた形式の住宅が建ち並ぶ。既存ガレージに構造的負担をかけない配置を考える必要があった

Construction Period

Study Process

① 近隣に倣い、東西方向に幅一杯建てた案。シンプルな吹き抜けと階高の操作だけででき ていて予算に合いそうだったが、クライアントはより複雑な、それぞれの居場所の距離の設計を求めている事がわかり、別案に

② ①の場合に問題になる採光や通風を解決するために中庭を内包した案へ。北側の半外部空間や、不格好に生成されたような外観等に可能性を感じつつ敷地にオモテとウラをつくり出してしまうことが気になった

③ ②の中庭を発展させ、コリンズ格子の平面形状と、床の外に出窓階段を設けたスキップフロアによる断面構成を掛け合わせた。複数の中庭を内包する案には不思議な迷宮感が生まれた

④ ③は複雑で、予算に比べて床面積が大きすぎることから4個の正方形に絞った案。だが中庭を使うのは予算面でも性能面でも不合理だったため中庭を室内化した最終案に至った

Elevation

1:400

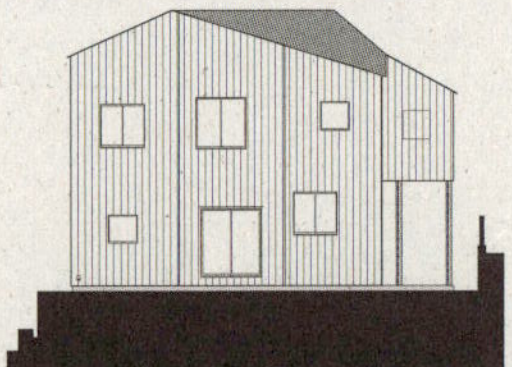

03 | 白楽の住居

>>> P. 010

林立する柱と、さまざまな高さで架け渡された床

「白楽の住居」では、どこにいても家族の気配が感じられることが希望されていた。また、住まい方の変化に伴って部屋をつくったり、動線を変更できたりする事が必要だと考えた。そこで、建ち方はこの敷地に建っていた生家の配置を踏襲し、内部では、空のひらけている南東方向に向かって柱を並べ、梁を掛けてスキップフロアとした。大きな家型の空間に階段と踊り場のような場所がばらまかれ、その一部は部屋になっている。将来、さらに部屋を切り分けたり、増やしたりすることも可能だが、それも通り過ぎる踊り場の一部となる。

街並みに倣った外殻と、地勢に向けた内部の柱梁、そのせめぎ合いによって生まれた空間。室内に林立する柱と、様々な高さで架け渡された床、その上のツリーハウスのような部屋をくるくると動き回りながら暮らす家族のための家だ。

2F Plan_top

E:玄関　L1:リビング　L2,L3:サブリビング　D:ダイニング　K:キッチン　STD:勉強室　BR:寝室　T:インナーテラス　H:離れ

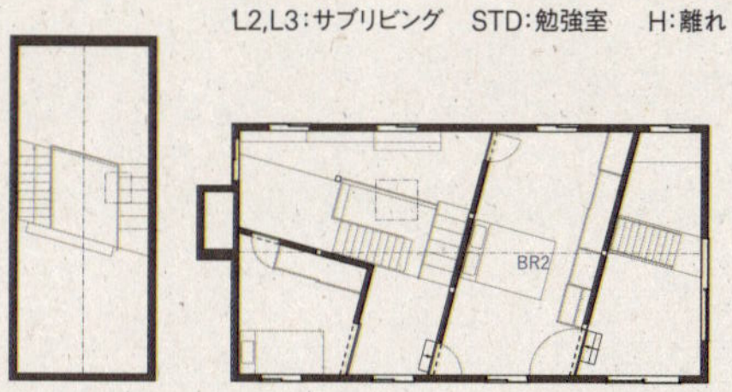

2F Plan_middle

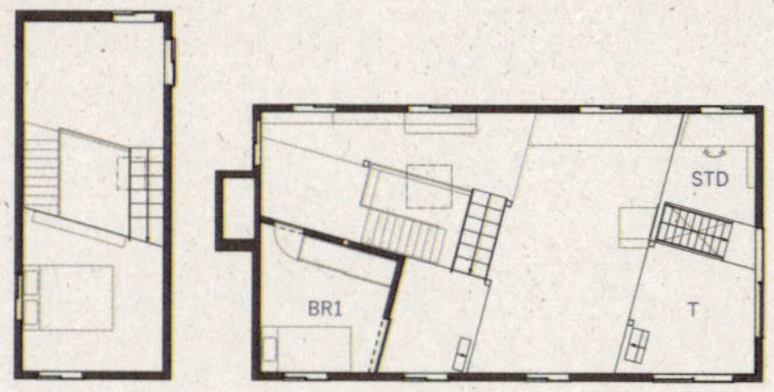

2F Plan_bottom

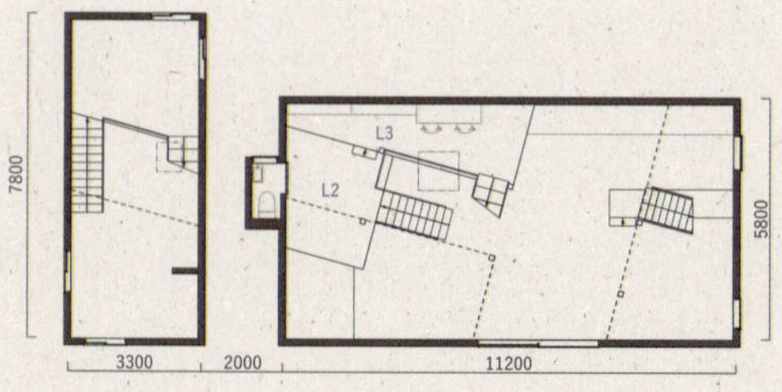

1F Plan　1:300

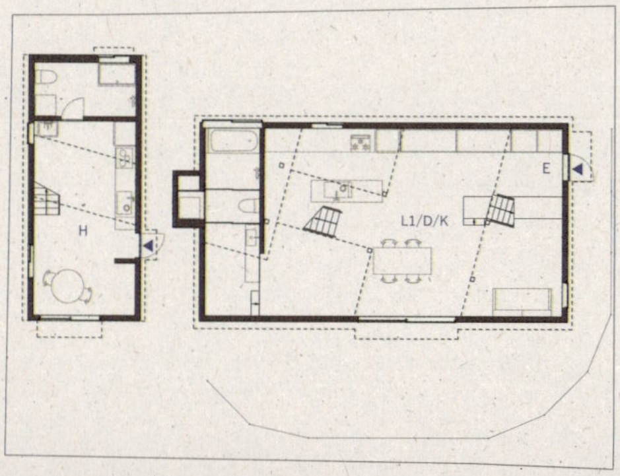

上:キッチン前から玄関、リビング方向を見る。リビングの上の勉強室はサブリビング的に使われる
下:キッチン横に浴室。浴槽上端は庭とほぼ同じ高さとなる

East wing section　1:120

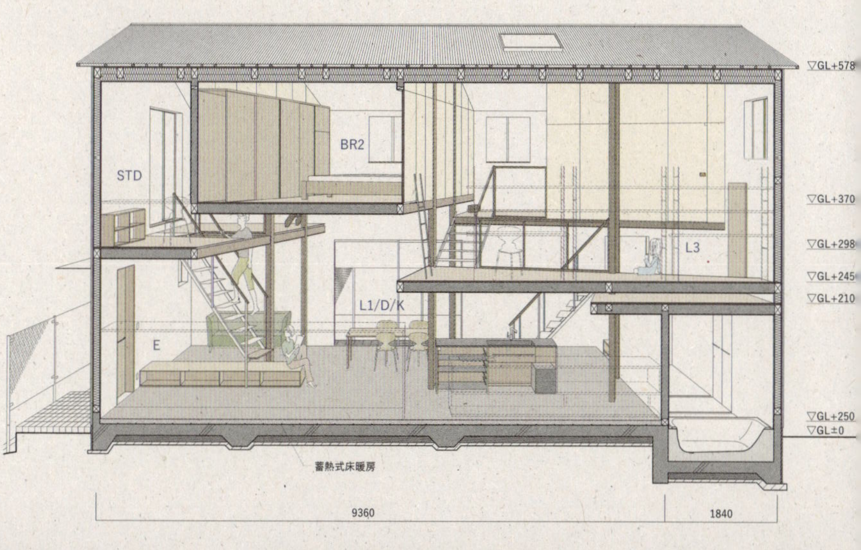

スキップフロアに引っ掛けたような階段

1階と2階のあいだには階段3つ、梯子が1つ、踏み台が4つあり、成長にあわせて子ども室を仕切っても、それぞれのルートが確保できるようにしている。階段はスキップフロアに対して単純に引っ掛けているような見え方とするため、25×50のフラットバー桁材から25角の小さな脚を伸ばして取り付けている

階段1

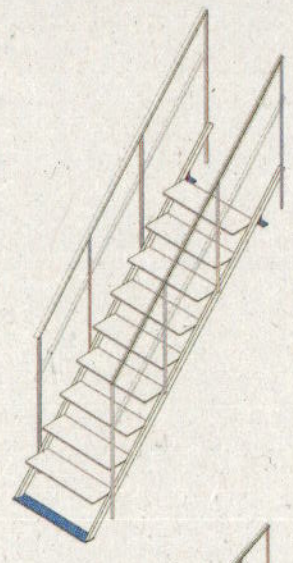

階段2

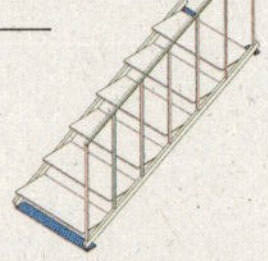

階段3

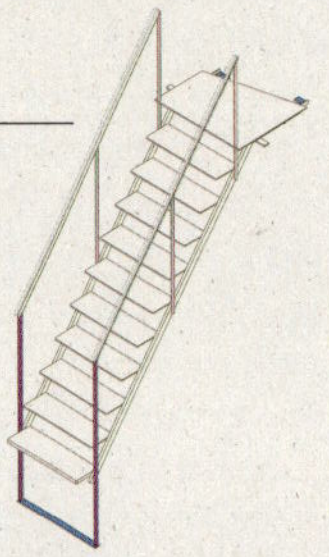

階段1取付部断面図 1:30

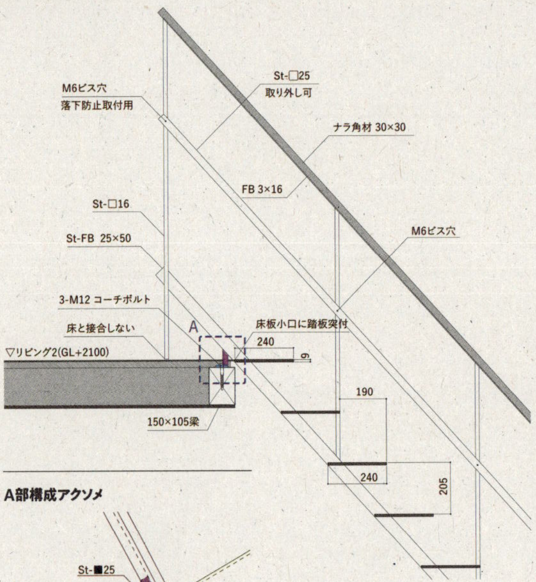

A部構成アクソメ

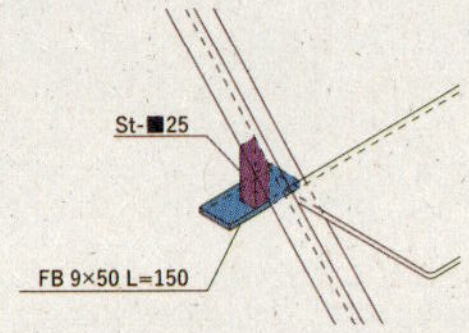

スキップフロア一般部詳細図 1:20

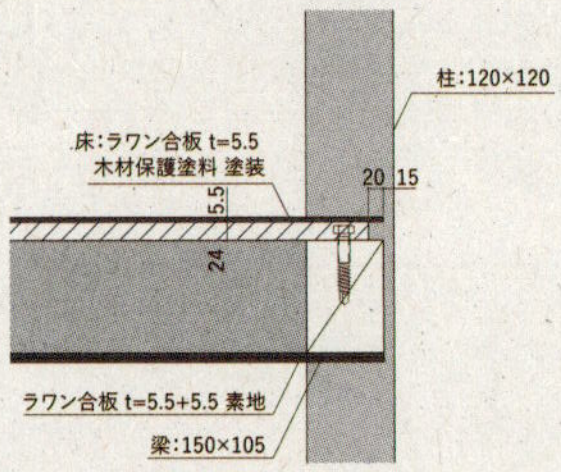

スキップフロア壁面部詳細図 1:20

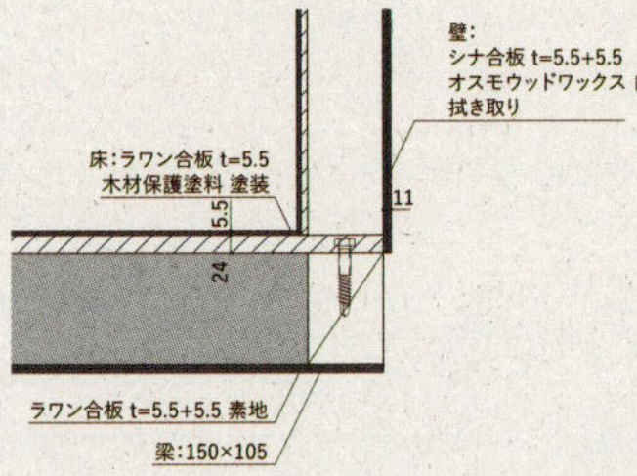

林立する柱に梁が掛けられ、その上に仕上げが乗っているように見せるために、梁は柱より控え、床仕上げ/壁仕上げも柱梁を現すように設計している

階段2取付部断面図 1:30

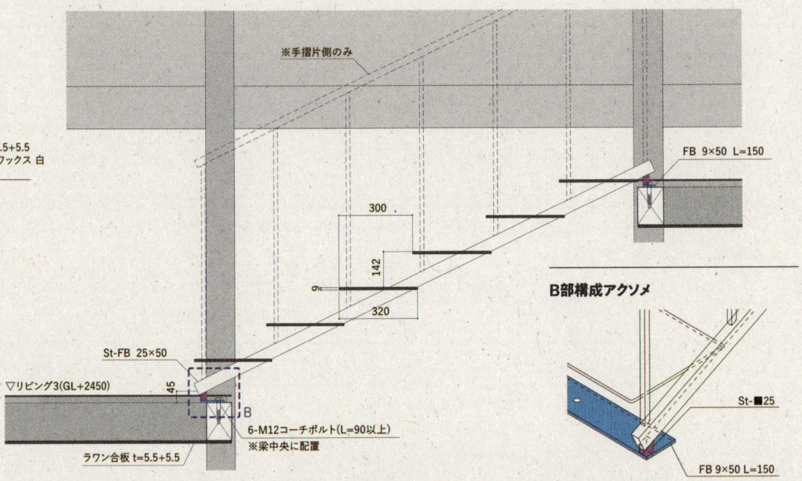

B部構成アクソメ

Study Process

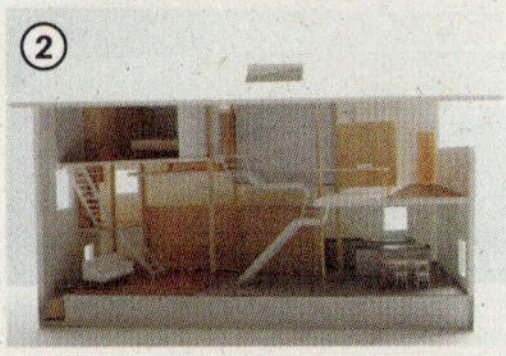

スタディは枝分かれし林立する構造体に床が掛かっているイメージから発展した①②。斜材は構造でうまく働かないことがわかり、斜材を無くしてさまざまな経路を選択可能な案③を経て最終案④に行き着いた

勉強室から寝室を見る。
寝室は将来2つに切り分け可能で、その場合は奥の梯子が入口となる

DRAWING -------- P. 010

House in Hakuraku

Location: Yokohama, Kanagawa
Type: Single Family House
Main structure: Timber; Two-storey
Site Area: 243.09m^2
Building Area: 91.90m^2
Main House 66.16m^2
(37.81% of max 40%)
Total Floor Area: 178.39m^2
Main House 129.95m^2
(73.39% of max 80%)

Site Walk_Hakuraku

懐かしさを感じる駅前商店街から、釣堀のある公園を横目に坂道を上った先にある敷地は、大きく南東に視界が広がる。敷地周辺は閑静な住宅地で、これからも大きくは変わらない安定した環境が予想された。「老朽化した生家」と借家の建つ敷地を、同じように自宅と借家に建て替える計画だったので、以前の配置や形態を参照して切妻のボリュームを並べ、庭の柿の木も残して街の記憶をなるべく引き継ぐことにした

Construction Period

Elevation 1:400

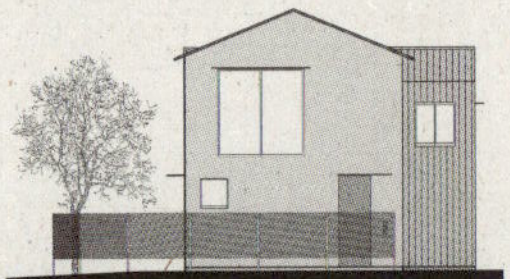

04｜少路の住居

>>> P. 012

適切な距離を見つけ出す

この住宅では、研究者であるクライアントの作業室や、家族それぞれの居場所に適切な距離を見つけ出すことが重要に思えた。そこで、螺旋状に動線を引き伸ばし、半透明のフィルターによってプライバシーを保ちつつ気配を伝える事を考えた。敷地はひな壇造成された段差の狭間にあり、2つの異なる高さの道路に接している。南側では2つの道路を斜面でつないで間をピロティとし、北側では坪庭をつくり出した。両側に隣地が迫る住宅地だったため、中央をピロティから入れる土間とつながる大きな吹き抜けとしている。その吹き抜けに掛けられたルーバー床やポリカーボネイト複層板といったフィルターと、引き伸ばされた動線は、家族の気配を伝えつつも、高校生、大学生になる子どもたちと、その父母たちそれぞれの居場所に適切な距離感をつくり出す。周辺環境とスケールを合わせるために分節されたボリュームと中央の空隙がさまざまなレベルの地上から屋上までの庭やベランダと室内が絡み合いながら居場所をつくり出している。

左：寝室からピロティを見る。十字型平面の中心に設けた吹き抜けを囲むように各室がスキップフロアで連なる。
寝室1は土間から750mm上がっており、寝室1から寝室3までは650mmずつ上がる｜右：東側立面 焼杉で覆われたボリュームからブリッジが吊られている

アクソノメトリック

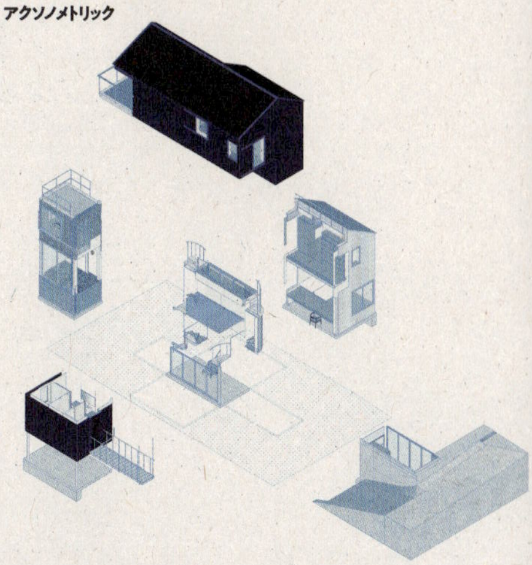

3F Plan

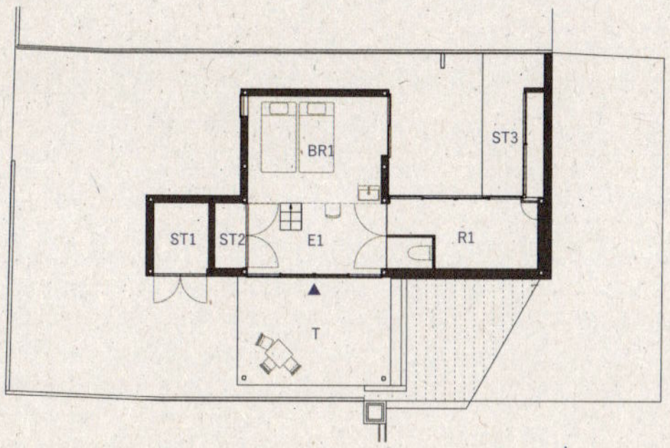

2F Plan

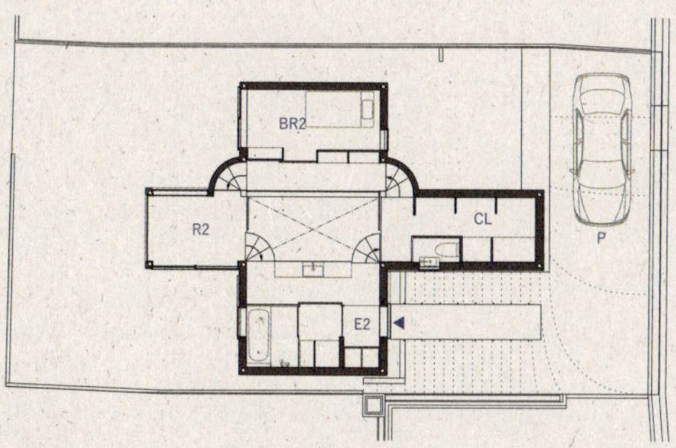

1F Plan

1:300

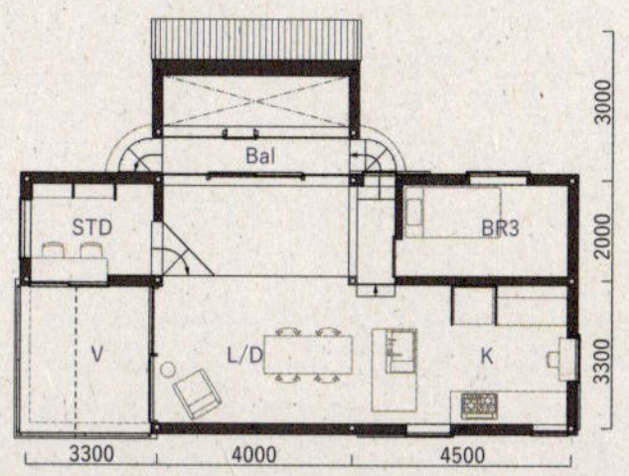

T：ピロティ
E1：土間
E2：エントランス
R1：作業室
R2：ホール
CL：クローゼット
ST：収納
BR：寝室
P：駐車場
STD：スタディ

L：リビング
D：ダイニング
K：キッチン
V：ベランダ
Bal：屋上

Elevation

1:150

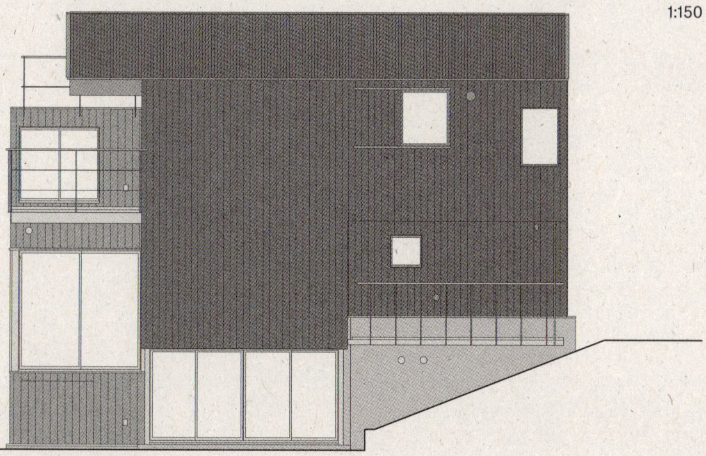

Section

1:150

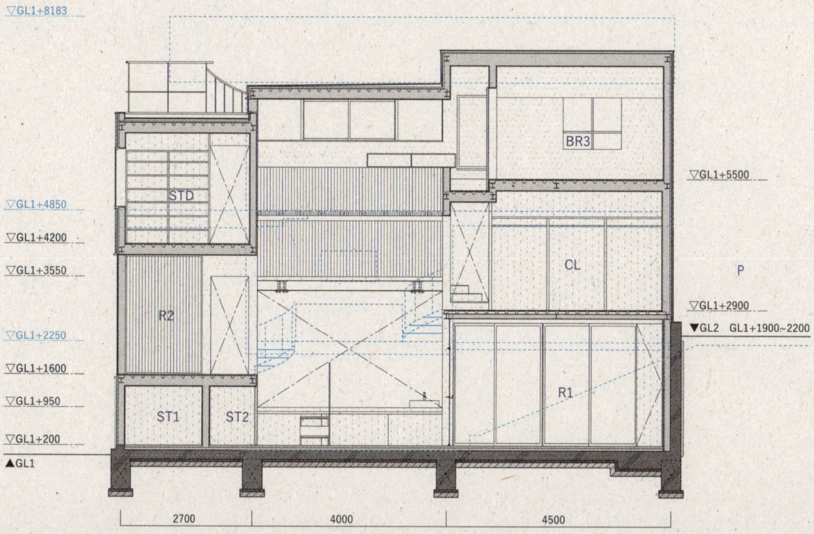

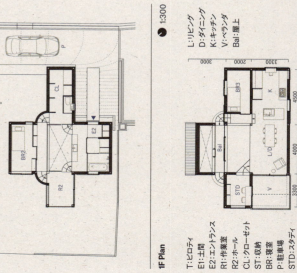

階段詳細図

1:40

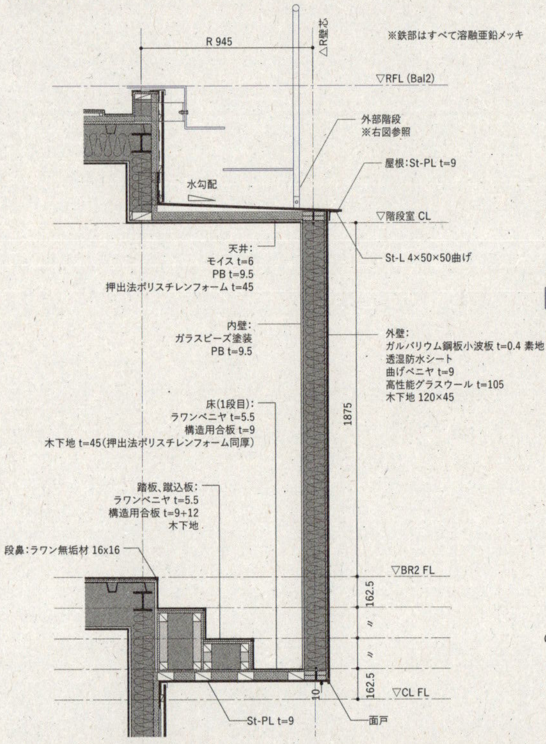

外部階段 構成アクソメ

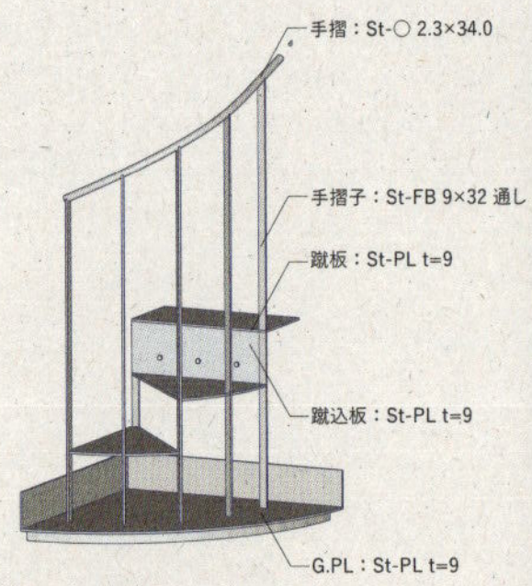

外部階段壁面側アクソメ

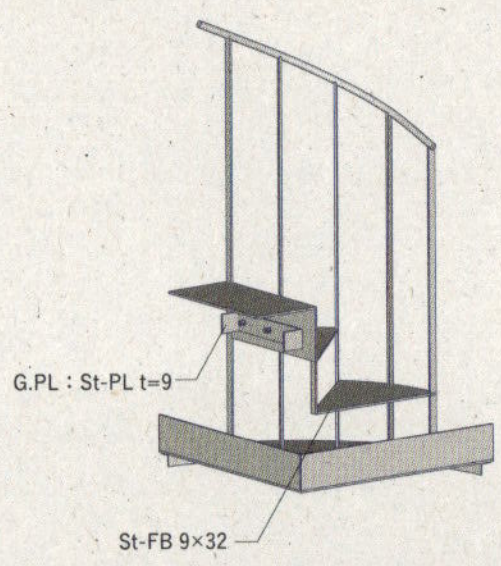

リビングダイニングから寝室3の前を通って屋上へと上がる階段。
左図の階段が上下に重なっている

DRAWING -------- P. 012

House in Shoji

Location: Toyonaka, Osaka
Type: Single Family House
Main structure: Steel; Three-storey
Site Area: 177.94m^2
Building Area: 66.57m^2
(37.42% of max 40%)
Total Floor Area: 138.52m^2
(76.81% of max 80%)

Site Walk_Shoji

敷地は丘陵に沿って造成された住宅地で、約1階分高さの違う2面に接道している。クライアントは北西側には北摂山地に向かう眺望を望んでいたので、なるべくリビングを持ち上げつつ、ボリューム感の出ない建ち方を考えた

左:斜面に吊られたブリッジ状のエントランス | 中:2階エントランスから吹き抜け側を見る。上部にルーバー床のリビングが見える | 右:スタディからリビングを見る

Construction Period

Study Process

第1案は建築が敷地の斜面をなぞるように考えていたが、より眺望を求めるクライアントの要望で考え直すことに

最終案に近づいてきているが、さらに天井高を求める要望があった

ボリュームは最終案に近づいてきたが、外装はまだ紆余曲折していく

Elevation 1:400

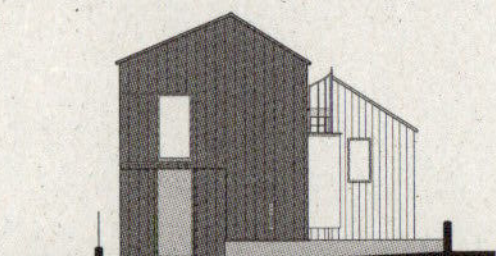

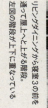

05｜大島の住居

>>> P. 014

開放的な中庭

敷地の中央を庭として、それを取り囲むように配置された室を徐々に2階の高さまで持ち上げることで、東側の鬱蒼とした森と西側の造船所という周辺の状況に適応することを考えた。結果として市松状に配された室内空間に大きな庇をもつ縁側空間が取り付き、三角形の階段が室同士をスキップフロア状につないでいく住宅となった。三角階段は山側では外へ、道路側では中庭側へ突き出ているため、玄関から山側の風景を見ながら移動してリビングに入り、子ども室からは中庭越しにリビングへ視線が抜ける。中庭は近隣の人が建物をくぐって庭からふらっと訪れることもできる開かれた場所であり、ピアノ教室なども行われる玄関ホールは、庭と一体となって地域の交流の場となる。

三角階段構成アクソメ

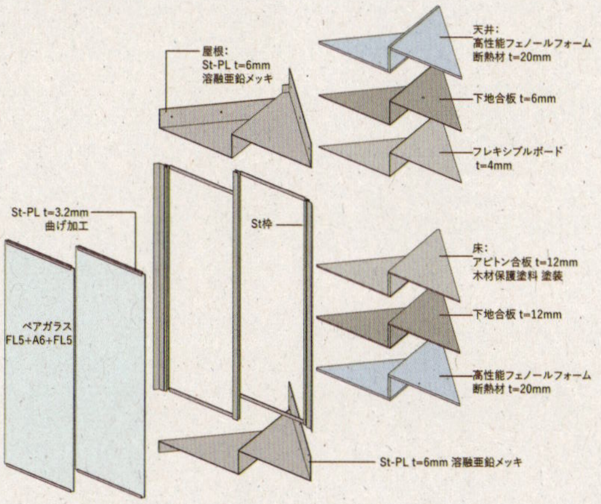

三角階段は移動空間であると同時に大きな窓でもある。
庭と共にある室内と庇下空間を立体的な回廊と三角階段でつなぐことで、
スケールは異なるものの、庭と広縁や渡り廊下と居住空間で
構成された古典的な日本建築のようでありながら、新鮮な体験を生み出すことができた

上:芸予諸島南端の大島に建つ。隣はクライアントの親世帯が住んでおり、屋上デッキは周辺の自然と親世帯の庭を借景している。
市松状のボリュームを少しずつもち上げた構成で、ボリューム同士は三角形の階段がつなぐ
下:東側外観。2階ベランダ(V2)は、クライアントの父母が住む隣家(右)のベランダの庇と呼応するように大きな庇とした。
玄関ホールや寝室にはハイサイドライトが回っている

リビングより中庭を見る。三角階段をぐるりと上っていくと屋上デッキまでつながり、
手前の鉄骨階段で中庭やリビング、ダイニングキッチンに降りられる、回遊性のある構成

2F Plan

1:300

E:玄関
R:玄関ホール
BR1:寝室
BR2:子ども室
STD:書斎
L:リビング
D:ダイニング
K:キッチン
G:中庭
V:ベランダ
Bal:屋上デッキ

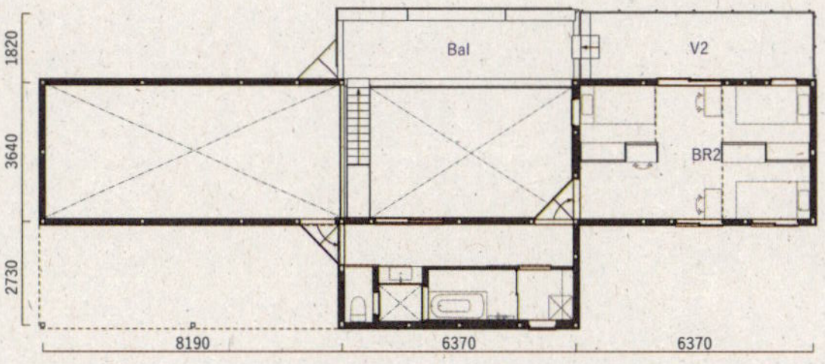

1F Plan

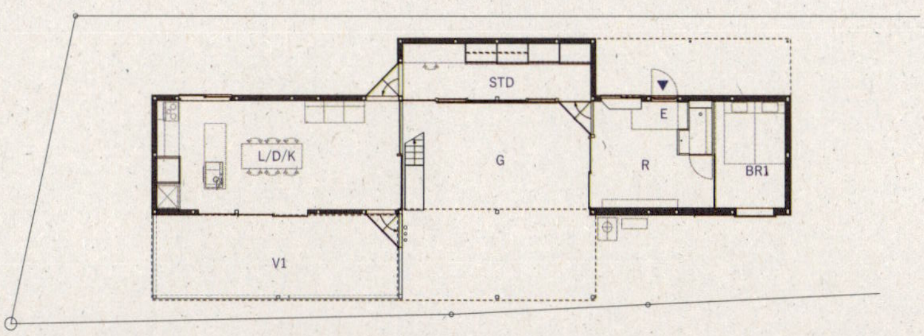

ベランダに飛び出た、リビングから洗面室へつながる三角階段を通して、中庭の階段と空が見える

玄関ホールより中庭を通してリビング方向を見る。ボリュームは反時計回りに680mmずつ上がっている。夏はバショウやサルスベリなどの葉が日差しを遮り、冬は落葉して陽だまりをつくる

DRAWING -------- P. 014

House in Oshima

Location: Imabari, Ehime
Type: Single Family House
Main structure: Timber; Two-storey
Site Area: 424.37m^2
Building Area: 116.46m^2
(27.44%)
Total Floor Area: 110.94m^2
(26.14%)

Site Walk_Oshima

クライアントの生家南側にある敷地は、愛媛県と広島県の間に広がる芸予諸島南端の豊かな自然に恵まれた大島にある。ただ、眼前には巨大な造船所のクレーンが立ち並んでいて、ヒューマンスケールを超えた茫洋とした風景だった。稀に起こるという高潮などから家を守るために完全に高床とする案も考えたのだが、高所恐怖症という家族や足の悪い犬のために、東から西の山林側へとなだらかに上がる地形に沿いながら、低く浮かんでいるような建ち方を探すことにした

Section 1:70

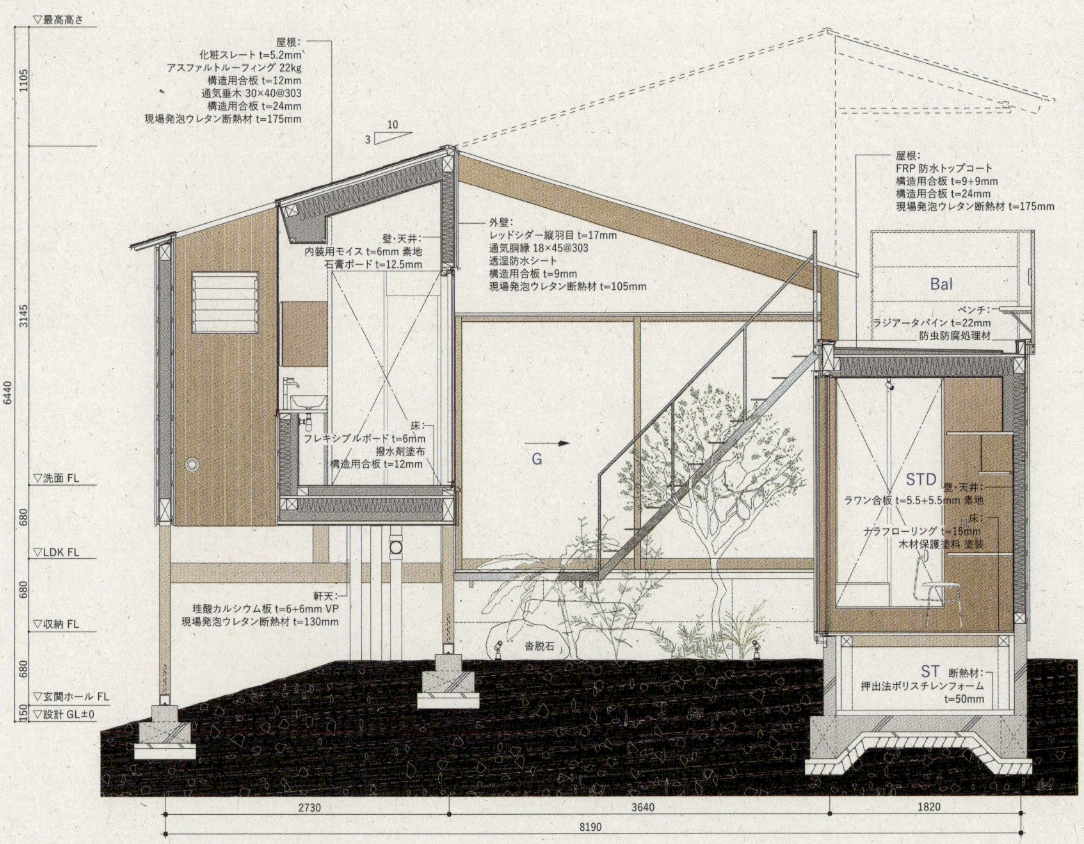

Construction Period

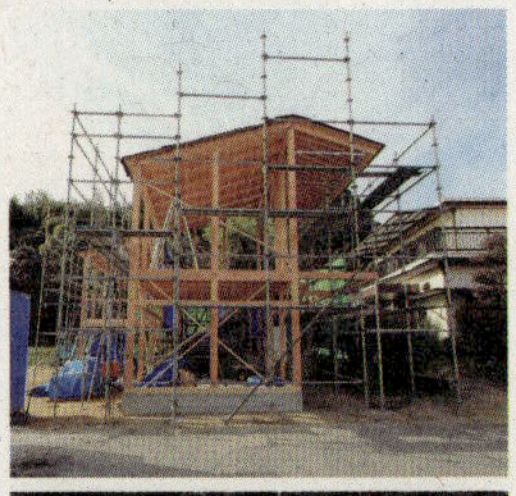

Study Process

① 

② 

③ 

④ 

シンプルな形状の屋根をかけ、ロフトのような寝室と開放的な居室の関係を考えた①②だが、プライバシーの問題が気になった

丘に埋めた寝室棟と、その上に建ついくつかの棟で構成した案③④は、高潮時の被害が心配との事で、大半が空中に持ち上げられた最終案に変わっていった

Elevation 1:400

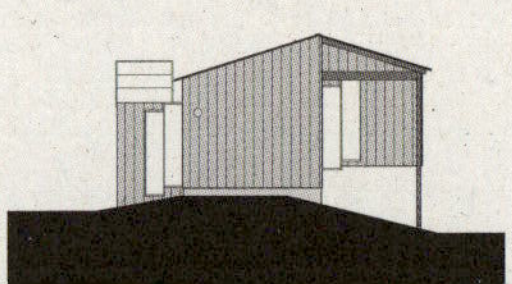

06｜武庫川の住居

>>> P. 016

ありふれたものをつかって新しい経験をつくり出すこと

この住宅では家型、スキップフロア、アルミサッシなどの既知の建築要素を、少しだけこれまでにないやり方で組み立てている。ここで試みたのは、十字に組み合わせた正方形の床面をそれぞれ690mmの段差で螺旋状に連ね、それらの床を構造体からはみ出たような2段の三角階段でつないでいる単純な構成だ。敷地のほぼ中央に、南北軸に沿った街区から45度傾けた十字状の平面を配置した。十字部の開口部は最小限とし、三角階段部には全面にアルミサッシを嵌めて開放的な場所とした。階段室から室内に光を届けつつ、隣家の影が落ちる庭を、窓に反射した陽光で照らす。

最終的にこの住宅は古典的とすら思える単純な平面になったが、部屋から部屋へ移る際に外周部を回る2段の階段で90度転回する。その単純な体験を数度繰り返すと、自分がどちらに向いているのか分からなくなる。階段室は、街と正対していて、敷地の中での自分の場所を再発見する場所でもある。室内と半外部的な階段室を出たり入ったりし、さまざまな方向に広がる風景を再発見しながらぐるぐると歩き回り、さまざまな高さの室内開口から家族の姿を垣間見る。ありふれた建築要素を組み立て直して生まれたこの体験が、慣れ親しんだ敷地や、日々の暮らしの風景に新鮮に出会い直すきっかけとなることを目指した。

北東側外観。半階上がった玄関から上方にリビングなど家族の共用部、下方に個室が並ぶ。外壁はトウモロコシやサトウキビの滓から抽出した樹脂を木材に含浸、重合させるケボニー化処理によって高耐久化したスギ板

リビングからダイニング方向を見る。左側に和室、正面上方に洗面室の開口が見え、螺旋状の動線がわかる

キッチンからダイニング方向を見る。左奥にリビング、正面に和室の開口

1F Plan

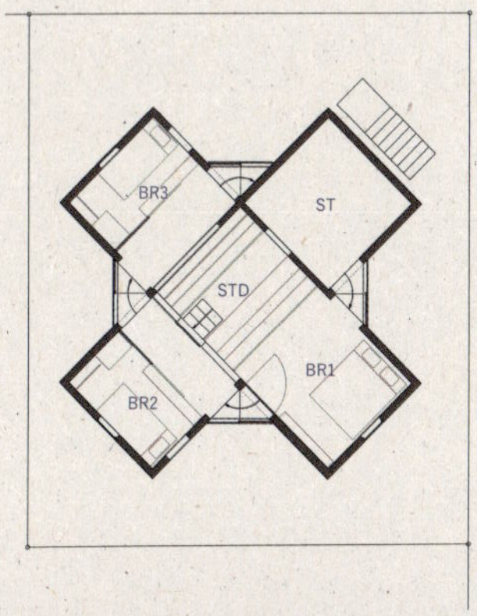

2F Plan_lower

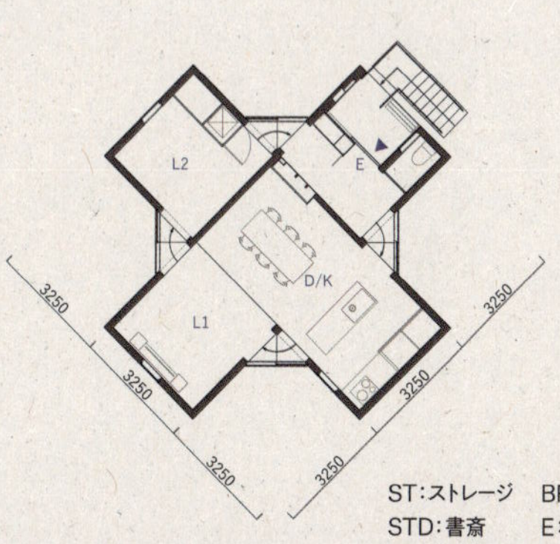

2F Plan_upper　1:300

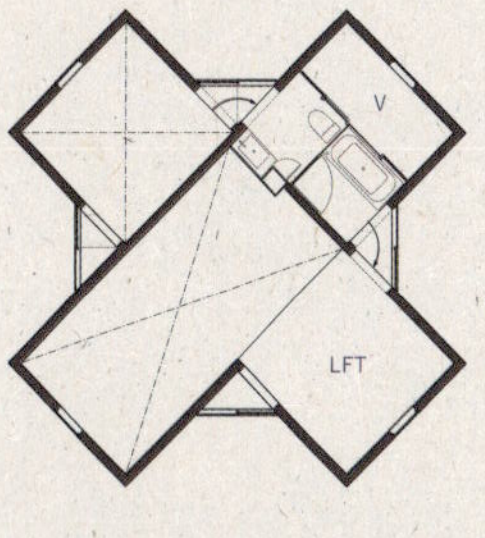

ST：ストレージ　STD：書斎　BR1：寝室　BR2,3：子ども室　E：玄関　D：ダイニング　K：キッチン　L1：リビング　L2：和室　V：ベランダ　LFT：ロフト

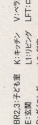

Section

1:60

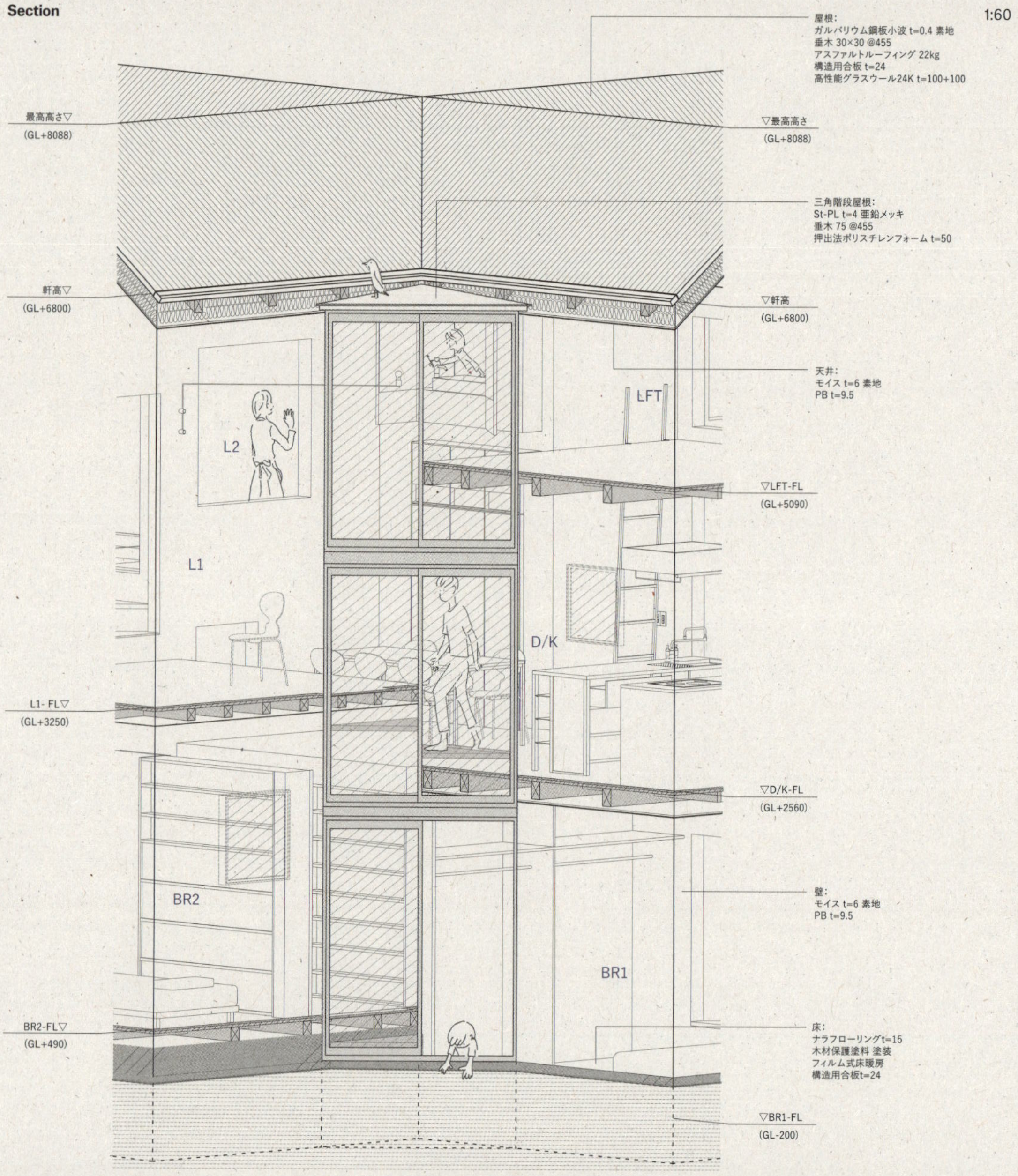

階段室前と、隣家や道路との間にそれぞれ庭をつくり、
隣家の影が落ちる庭を階段室のガラスに反射した陽光で照らす

上下移動と共に一瞬外に飛び出すような階段は、
平面的にも断面的にも動的な場所だ

DRAWING -------- P. 016

House in Mukogawa

Location: Amagasaki,Hyogo
Type: Single Family House
Main structure: Timber; Two-storey
Site Area: 156.92m^2
Building Area: 59.26m^2
(37.77% of max 60%)
Total Floor Area: 112.15m^2
(73.75% of max 176.74%)

Site Walk_Mukogawa

幹線道路から少し入った閑静な住宅地だが近隣は建て変わりつつある。クライアントの生家があった敷地で、将来の分筆の可能性を視野に入れた配置での建ち方を考えた

Construction Period

Elevation 1:400

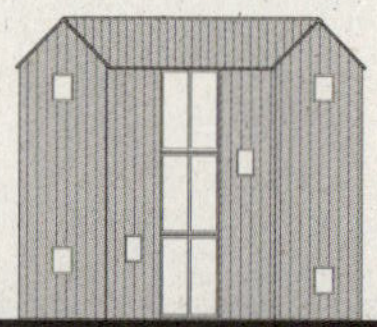

07｜高槻の住居

>>> P. 018

機能的な洞窟

シートを広げられる平場や腰掛ける場所を探すピクニック、あるいは洞窟に寝床を探すように、能動的に暮らす住居であると同時に、日々繰り返される生活の舞台としての、「普通」で落ち着きを感じられる住宅。二律背反的だが、そんな住宅の設計は可能だろうか。十分に広いとはいい難い敷地で住宅を設計する時は、段差によってずるずるとつながる床の構成に可能性を感じている。

機能的にはっきり切り分けられない日常の生活に合わせるように、壁や床(=階)を段差によって微細な切断と接続を行って、それぞれの生活が自然に連なる。最初にその設計が実現した「宮本町の住居」[PP. 022–023]と同じ二重螺旋の構成だが、木造としてすべての床の段差を塞ぐことで、鉄骨造の「宮本町の住居」とは対照的に見通しが効かず、連なっていく空間の予感だけが感じられる。

部屋と廊下、階段室のような類型的な建築言語の連なりの構成ではないが、窓や床、壁などのそれぞれのエレメントは慣習的な建築言語を用いて構成することにより、馴染み深く、それでいて新鮮な体験をつくり出そうと考えた。

結果として、小さな住宅に16枚の床がずるずるとつながり、生活を支える地形、機能的な洞窟とでも言える生活の基盤ができ上がった。

GL+4240 Plan　1:300

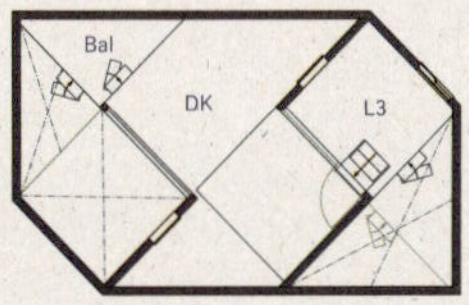

GL+2170 Plan

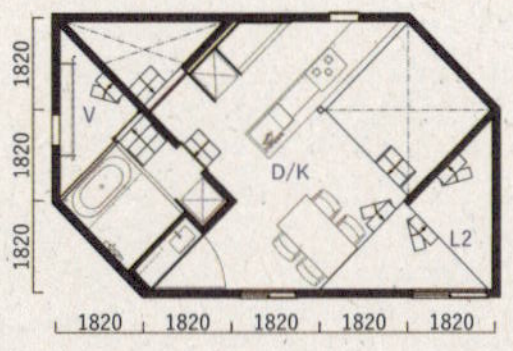

GL+2170 Plan

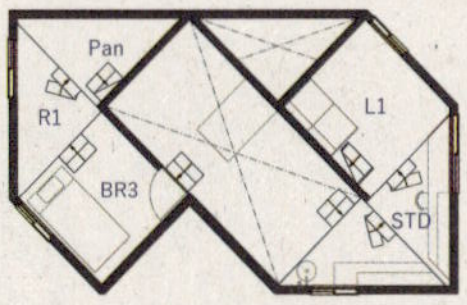

GL+100 Plan

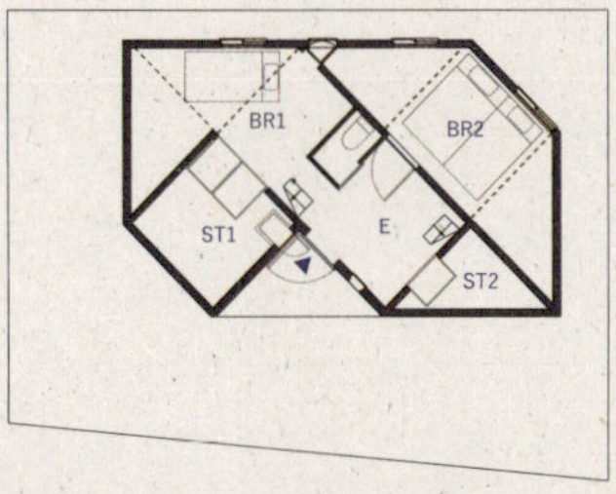

E:エントランス
ST:床下収納
BR1,2:寝室
BR3:子ども室
STD:スタディルーム
Pan:パントリー
R:室
L1:リビング
L2:サブリビング
D:ダイニング
K:キッチン
Bal:屋上
DK:屋上デッキ
V:ベランダ

上:スタディ(左)からリビング(手前)へ、一段上のダイニングキッチン(右)からサブリビングへつながる
下:スタディルームからリビング(右上)、エントランス(左)を見る。
スタディの床材は土間空間の連続としてのフレキシブルボードで、リビングからは、より住宅的なフローリングへと変わる

子ども室からパントリーへ。
こちらのルートはすべてラワン合板で仕上げられ、より洞窟的

パントリー(右)からダイニングキッチン(手前)、
浴室(左)へとつながる

テラス断面詳細図

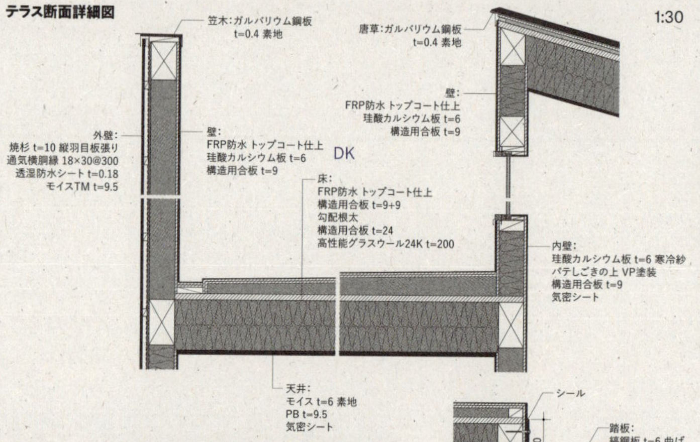

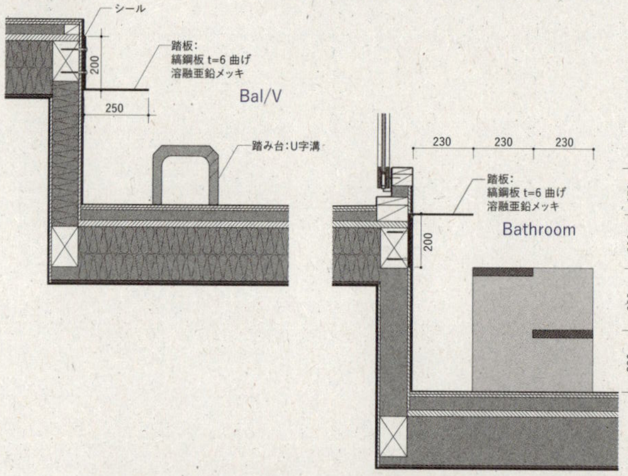

右手に見える浴室から、
物干し場としてのベランダにつながり、そのまま屋上へ。
奥左手の入り口からサブリビングへ戻ることもできる

西側外観。床の連なりに沿いながら斜線制限に適合するように
屋根を架けると、家型を想起させつつも、どこか奇妙な多面体となった

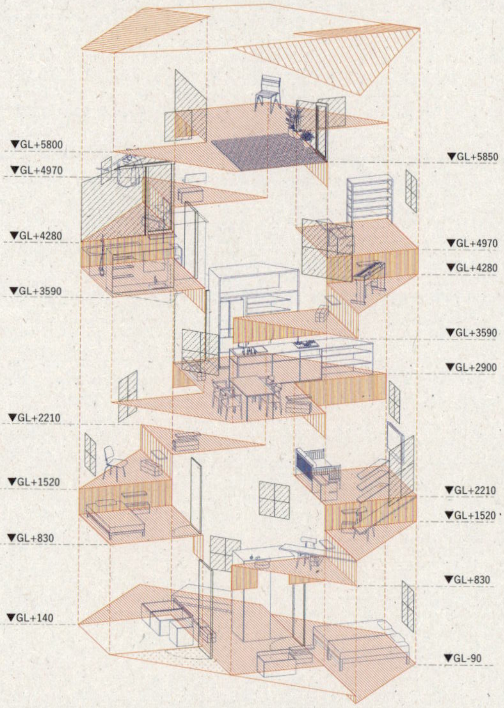

ほぼ矩形の敷地に45度振れたグリッドを重ね、床は2箇所から螺旋状に上がって、
ダイニングキッチンで一旦出会い、また分かれて屋上で再び出会う

エントランスからスタディを見る。床は690 mmの段差で緩やかにつながる

DRAWING -------- P. 018

House in Takatsuki
Location: Takatsuki, Osaka
Type: Single Family House
Main structure:Timber; Two-storey
Site Area: 114.61m²
Building Area: 46.37m²
(40.23% of max 50%)
Total Floor Area: 96.05m²
(83.81% of max 100%)

Site Walk_Takatsuki

駅周辺の商業地域から離れた閑静な住宅地は第一種高度地区かつ、地区条例(建築協定)で高さに関して厳しい制約があった。敷地はひな壇造成された郊外住宅地で、周辺の地面もさまざまな高さをもっている。その状況に呼応しようとスキップフロアでの構成を考えた

Construction Period

Study Process

最初、矩形の床を連ねることで考え始めた①が、DK用に大きな床を取れる構成と、法的制限をクリアする外形も探った

Elevation

1:400

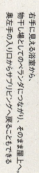

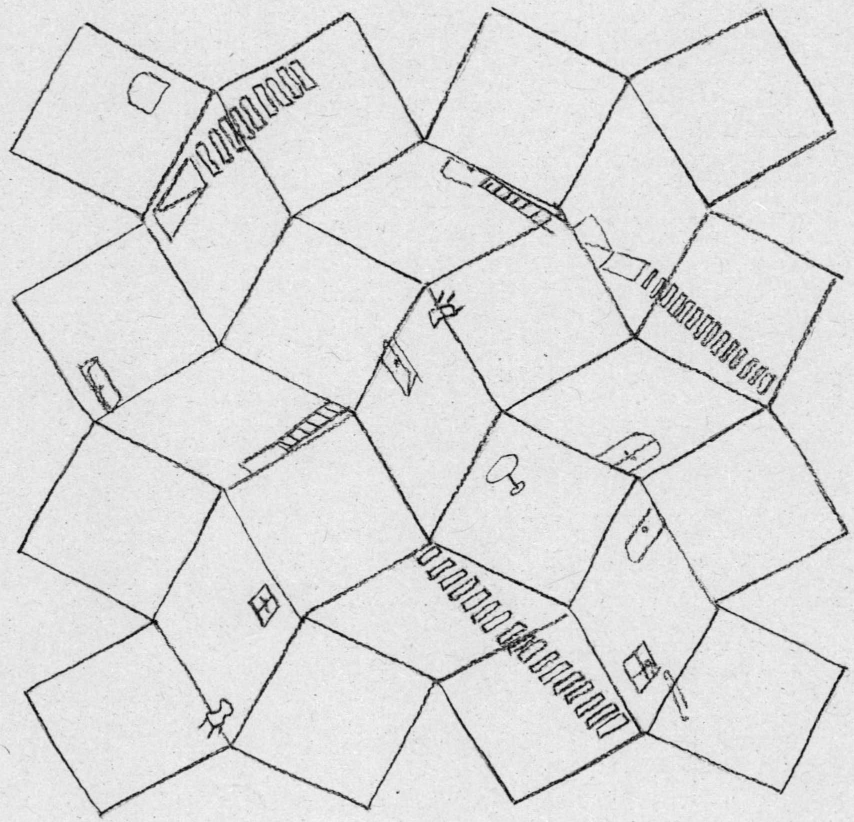

内と外のあいだで

In between Inside and Outside

建築の設計で大切なのは、距離の設計、関係の設計だと思っています。特に住宅において外部との関係をいかに調整するのかは重要で、「白川の住居」[PP. 008–009]や「武庫川の住居」[PP. 016–017]、「彦根の住居」[PP. 140–141]のように周辺の累計とあえて外れた建ち方をすることによって視線の抜けをつくり出すこともあれば、「山崎町の住居」[PP. 070–071]のように断面方向をずらしたり「園部の住居」[PP. 044–045]や「白楽の住居」[PP. 010–011]のように周辺の平面と合わせながら壁の配置や断面によって距離をつくり出したりとさまざまで「伊丹の住居」[PP. 074–075]や「宮本町の住居」[PP. 006–007]のように、敷地一杯に建っているように見えるものですら、わずかな隙間を使って外部との距離、関係を設計しています。一方、現代の多くの住宅では高いプライバシー性が求められ、かつエネルギー効率の問題等もあって、どんどん壁が増え、窓を最小限にする傾向にあります。そのような、玄関ドア一枚で家族と、それ以外の他者を峻別《しゅんべつ》するような暮らしは、マンションでの暮らしに慣れた現代的な世界観に沿っているのかもしれませんが、家庭内の様子が一切周辺に現れてこないのは、孤独死やDV等の極端な例を出すまでもなく不自然なものです。「六甲の住居」[PP. 106–107]や、「川西の住居」[PP. 112–113]等の高床型の住宅で考えていたのは、プライバシーが重要な機能は上階にまとめて上げてしまって、グラウンドレベルはセミパブリックなものとしてなるべく開放していく暮らしの在り方でした。その後、「六甲の住居」を切っ掛けとして「ハミルトンの住居」[PP. 042–043]の設計で現地の建築様式であるクイーンズランダーでの暮らしを観察して、その、気候などの外部環境やご近所との緩衝空間＝インターフェイスとしての機能をはっきり理解して以降、意識的に半外部空間をつくり出そうとしてきました。「月見山の住居」[PP. 048–049]や「垂水の住居」[PP. 050–051]では庭を半外部空間として内包し、「京都のアトリエ／住居」[PP. 040–041]「灘の住居」[PP. 046–047]では土間、「大島の住居」[PP. 014–015]では大きな軒下として。Covid-19の流行によって、他者をどこまで住空間に招き入れるかという、古くからの課題がまた浮かび上がってきたように思います。以前は縁側や土間のような半外部空間が担ってきたグラデーショナルな外部との関係が再び必要になってきたのだと思っています。

屋根のない部屋
Room without Roof

屋根のない部屋のように
守られた屋上から
ぐるぐると階段が
光を引き連れて
下の階まで
滑り落ちてきて

その両脇には
室内のような
外の部屋

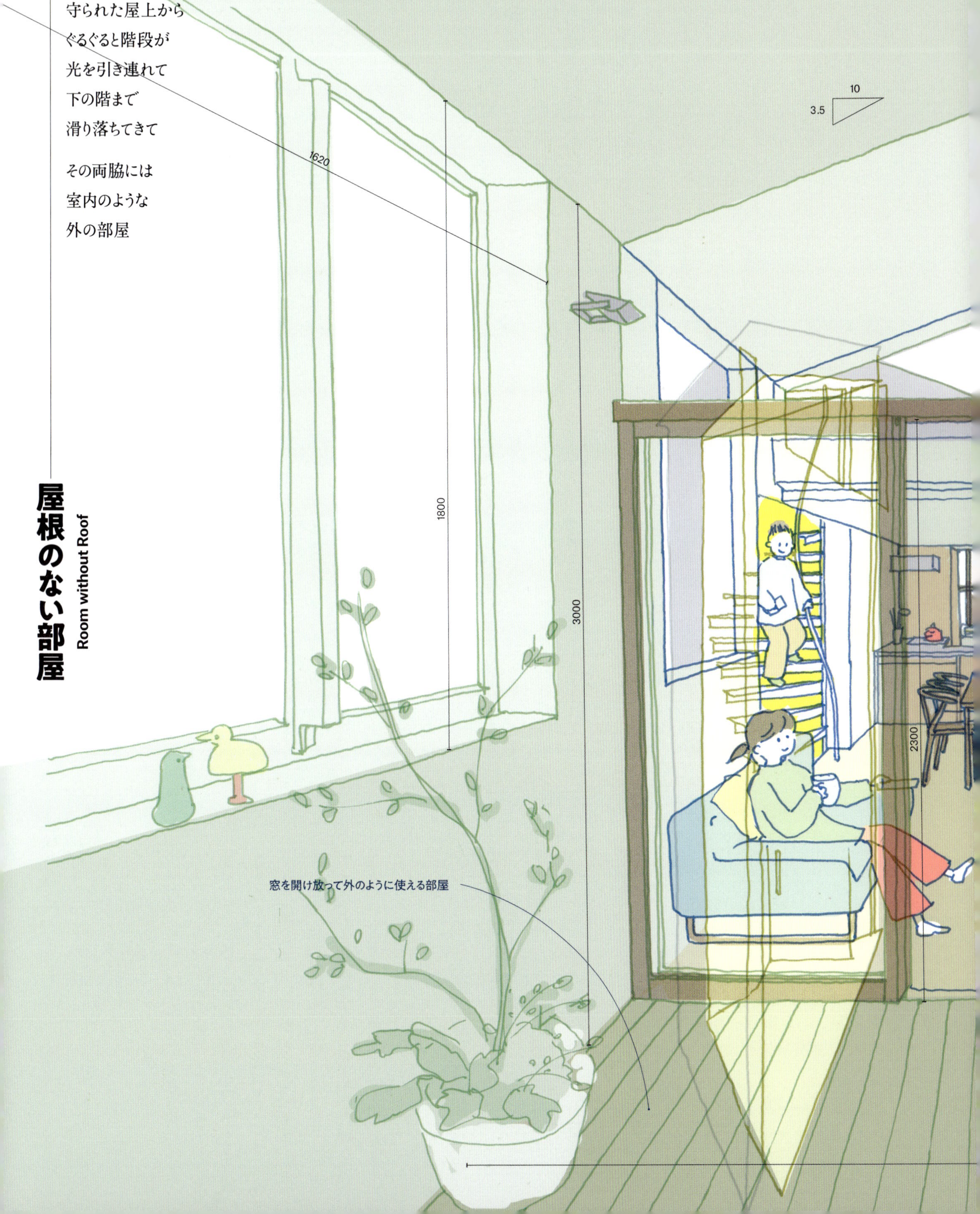

08｜香椎の住居

House in Kashii

都市の中で

City Dwelling

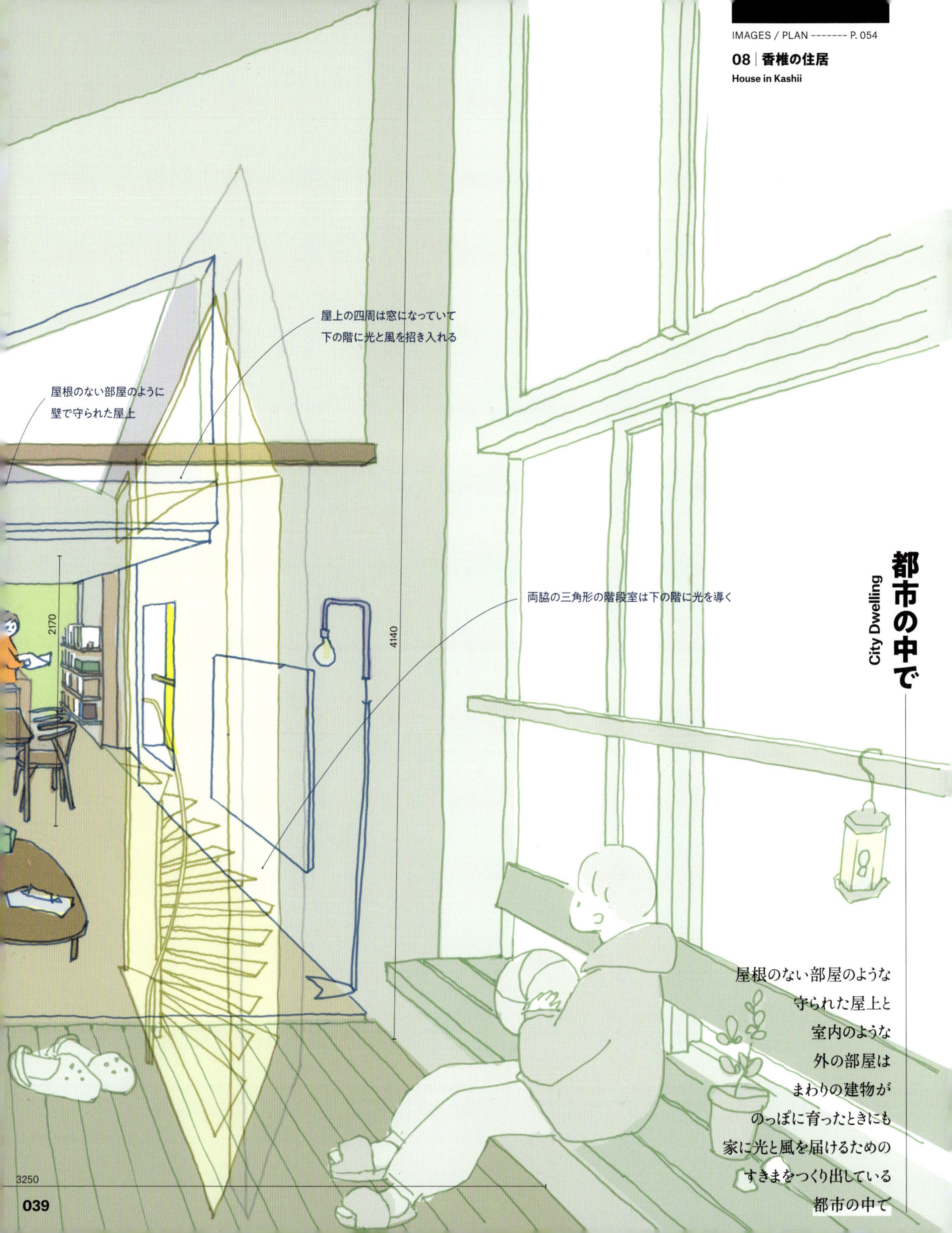

屋根のない部屋のような
守られた屋上と
室内のような
外の部屋は
まわりの建物が
のっぽに育ったときにも
家に光と風を届けるための
すきまをつくり出している
都市の中で

都市の中で
City Dwelling

都市の中で
アトリエとゲストルームと住宅が
積み重ねられて
それ自身が街みたい
ガラスでできたアトリエは
中庭のように自然光に満たされている

遠くない未来に
この家のまわりには
高い建物が建ち並ぶかもしれない

そんなときも
このガラス屋根からの光が
アトリエや住宅を
照らすだろう

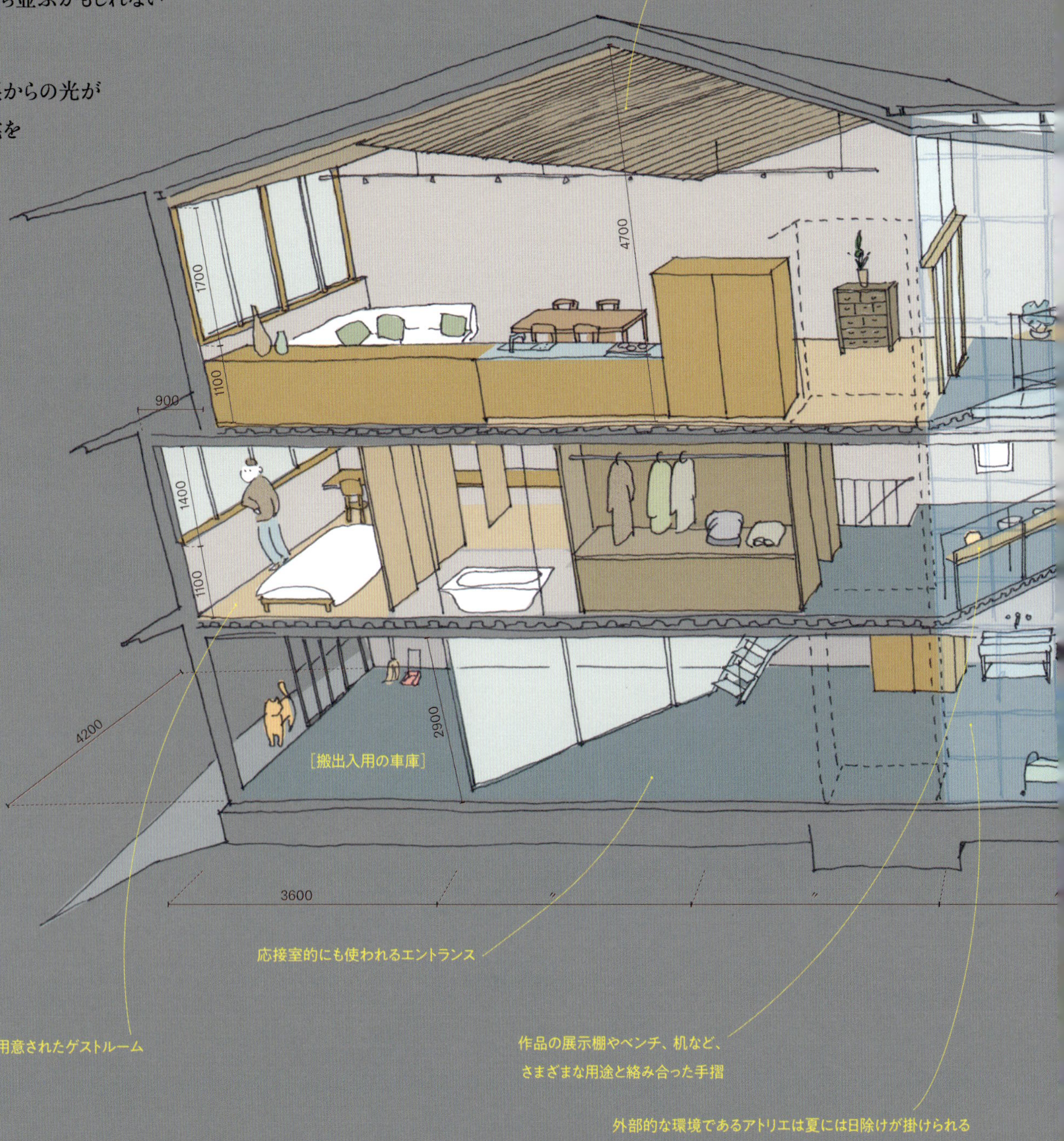
ルーバーの付いたトップライト
4700
1700
1100
900
1400
1100
4200
2900
［搬出入用の車庫］
3600
応接室的にも使われるエントランス
浴室も用意されたゲストルーム
作品の展示棚やベンチ、机など、
さまざまな用途と絡み合った手摺
外部的な環境であるアトリエは夏には日除けが掛けられる

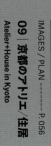

地域の建ち方に倣って
Following the Local Architectural Norms

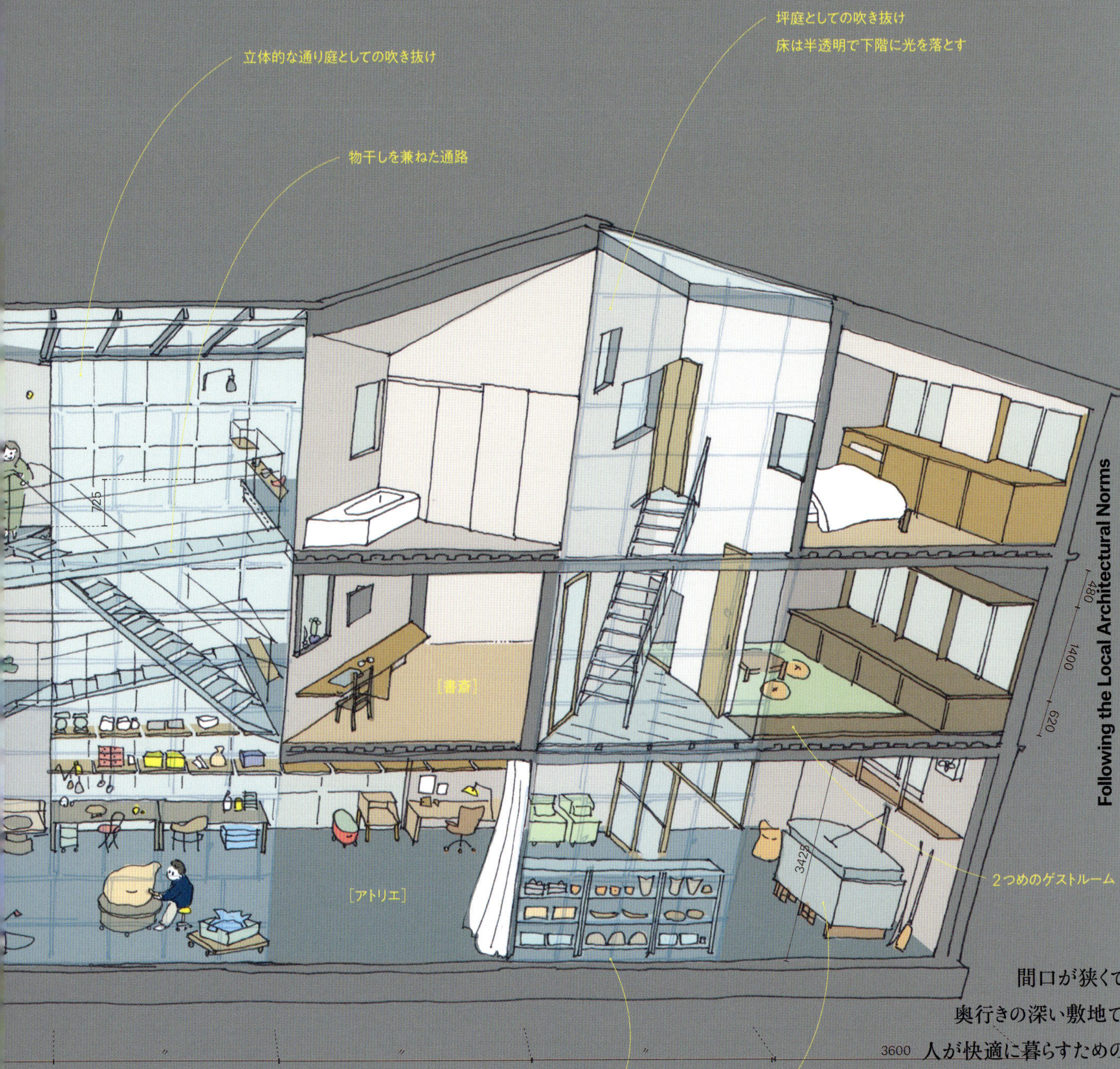
立体的な通り庭としての吹き抜け
物干しを兼ねた通路
坪庭としての吹き抜け
床は半透明で下階に光を落とす
725
[書斎]
[アトリエ]
480
1400
620
3425
2つめのゲストルーム
3600
床下には粘土をしまう倉庫
電気窯

間口が狭くて
奥行きの深い敷地で
人が快適に暮らすための
坪庭や通り庭といった知恵や
庇や縦格子の
伝統的な町家の建ち姿

そんな町家に合わせながら少しずらして
内部はもっと大胆だ

まわりの建物がのっぽに変わるなか
すこし背伸びしながら建っている
地域の建ち方に倣って

地域の建ち方に倣って

Following the Local Architectural Norms

地域の建ち方に倣って
ベランダや下見板張りの外壁
寄棟の屋根が使われた、この家

まわりの家にもあるベランダと
その屋根は
室内をオーストラリアの日差しから守っていて
風が抜ける快適な縁側みたいだ

でも
まわりの家よりはスリムで
少しだけ違う

6625
7225
7725
バーベキューグリルのある
メインキッチンとしてのベランダ
周囲の伝統的な家に倣った下見板張り
の外壁は現代的な材料に
ダイニングとしてのベランダ
1075
350

10｜ハミルトンの住居
House in Hamilton

家の中と外
Inner Outside/Outer Inside

長い階段をのぼった先の
玄関ポーチでもあるベランダが
飼い犬であるぼくの場所

玄関の奥には
洗濯物を干すベランダ
上の階には
ダイニングとしてのベランダと
キッチンとしてのベランダが

部屋とベランダが隣り合わせにあって
ダイニングもキッチンも
部屋の中にもあるけれど
外のほうがおおきくて、すごしやすい
おおきなガラス戸を開けて曖昧になる
家の中と外

家の中と外

Inner Outside/Outer Inside

家の中と外が
おおきな扉を開けることで切り替わる

玄関から入ったところにあるサンルームは
おおきな扉を開けると目の前の庭とつながって

サンルームは庇の掛かった外に
2階のベランダは
動いてきたおおきな扉で
中になる

さまざまな光

Particles of Light

サンルームに
満たされた
やわらかな光
天井の高いリビングに
舞う光の断片と
ダイニングの
落ち着いた光の先で
畳を照らす仄かな光
まっ白な浴室にかかった
緑色のカーテンの反射
幾重にも重なったガラスで
反射をくり返す
日差しと風景
壁を通り抜けるたびに出会う
さまざまな光

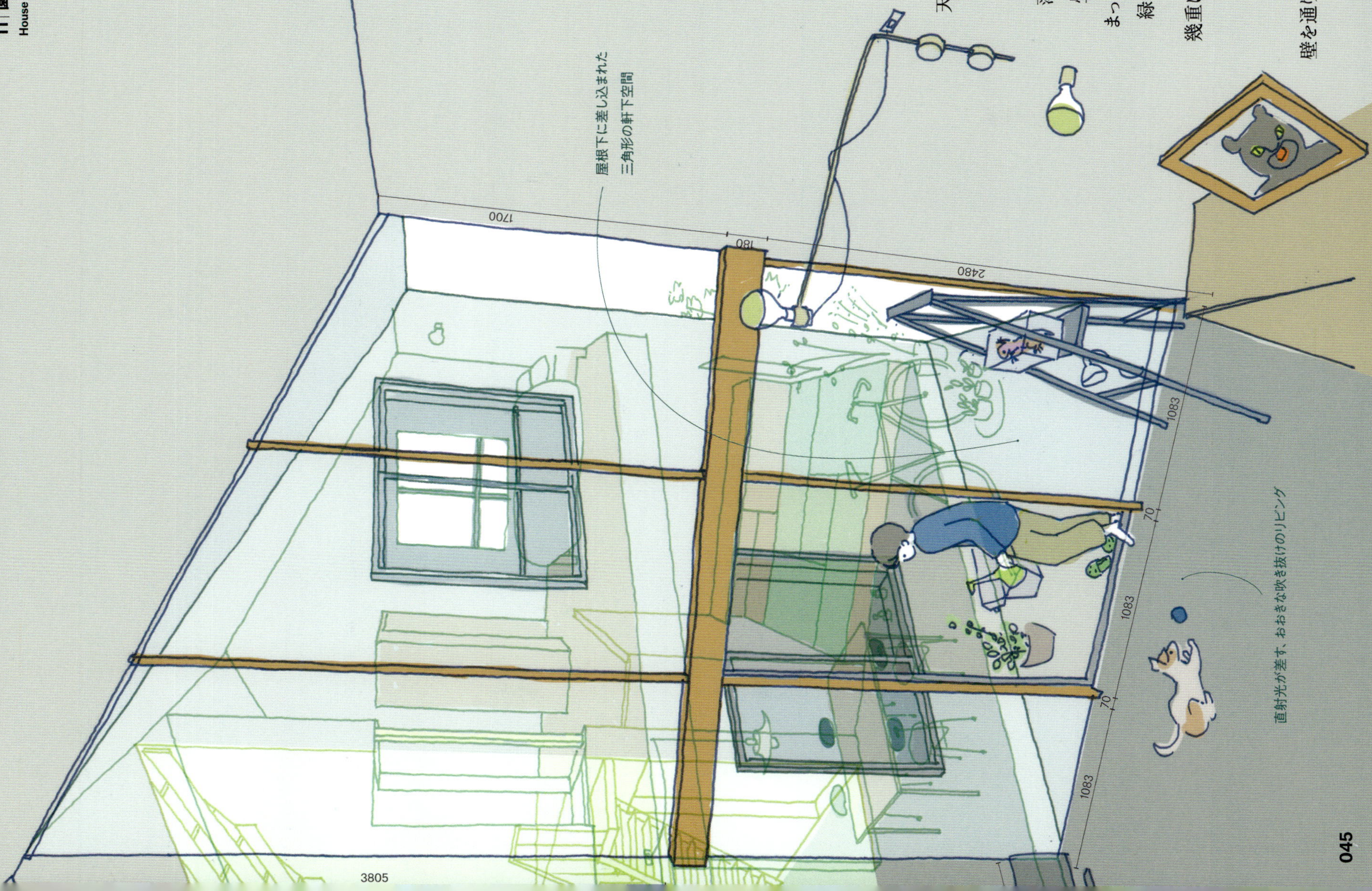
屋根下に差し込まれた
三角形の軒下空間
直射光が差す、おおきな吹き抜けのリビング
1700
180
2480
1083
70
1083
70
1083
3805

さまざまな光

Particles of Light

さまざまな光を
感じるのは人の目の快楽
2階建ての家をぎゅっとねじって
引っ張り上げたみたいに伸びてできた
すきまから
光が差したり
反射したり

半透明の波板の壁が
ぼんやりと光って

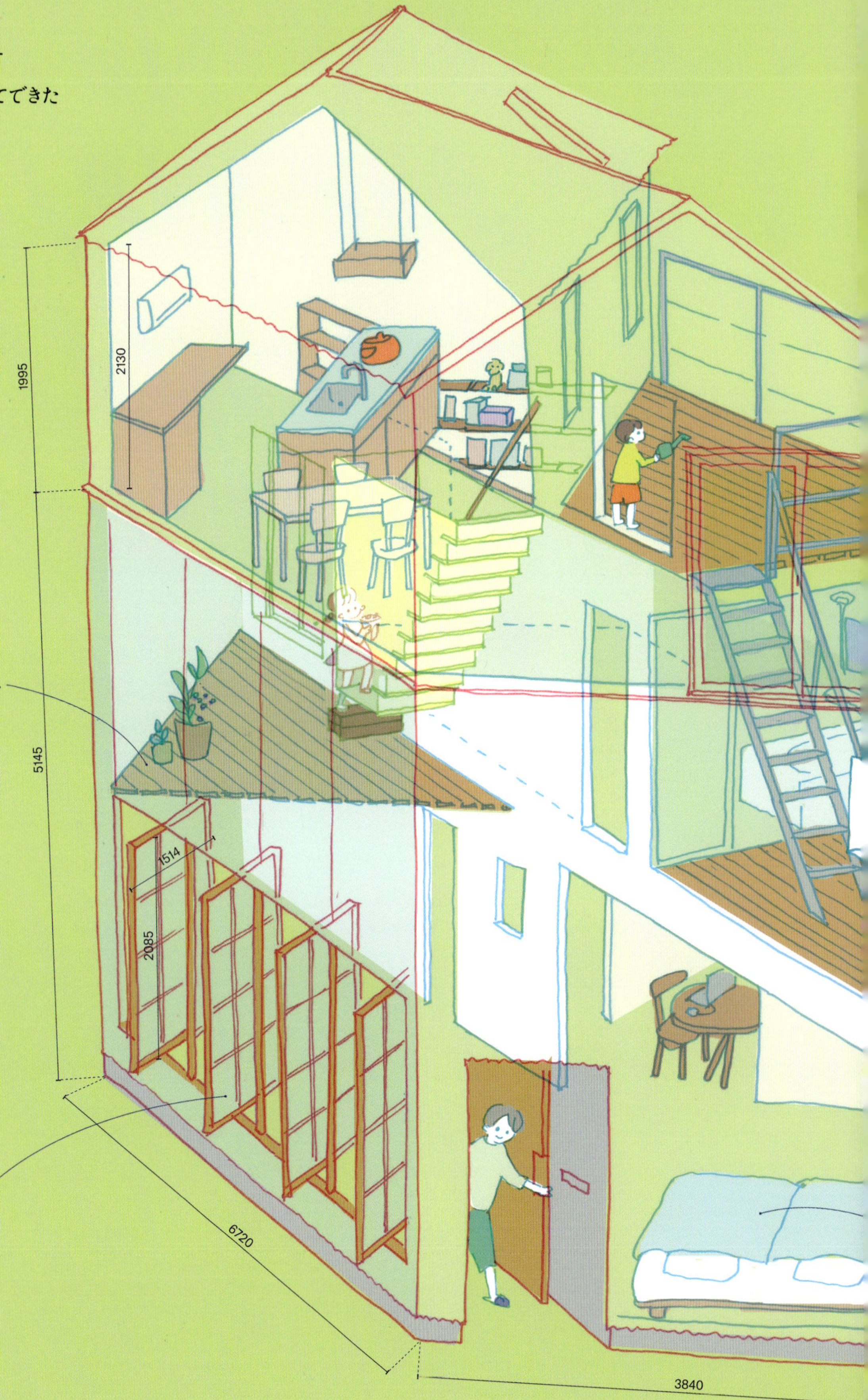

隣地とのすきま

Mind the Gap

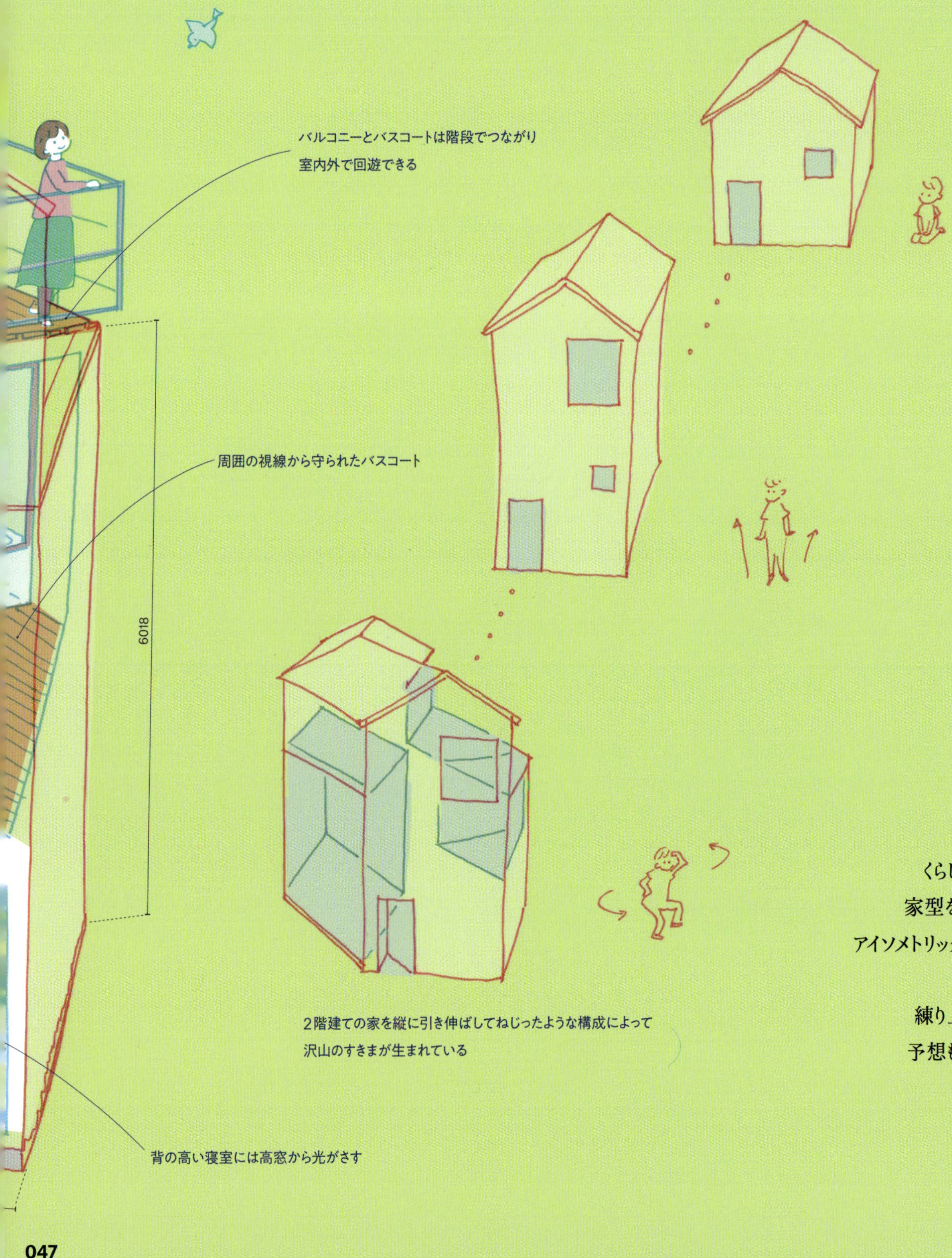
バルコニーとバスコートは階段でつながり
室内外で回遊できる
周囲の視線から守られたバスコート
6018
2階建ての家を縦に引き伸ばしてねじったような構成によって
沢山のすきまが生まれている
背の高い寝室には高窓から光がさす

ちいさな敷地に
くらしを詰め込むために
家型を変形させた立面と
アイソメトリック図のような平面が
ほとんど強引に
練り上げられて生まれた
予想もしないすきまと空間

海が見える方向へ
身をよじって
光と風を取り入れる
ささやかな
隣地とのすきま

隣地とのすきま

Mind the Gap

隣地とのすきまは
周囲の家に取り囲まれて
まるで中庭のよう
そのうえ、家の中にも庭があって
その2つの庭に挟まれた
ちいさなリビング
くらしは2つの庭に溢れ出て
まるでキャンプしているみたい

家々に囲まれた裏庭
1400
1400
1600
6000
5460
正方形のキッチンは皆で取り囲んで使える
2つの庭に面したリビング

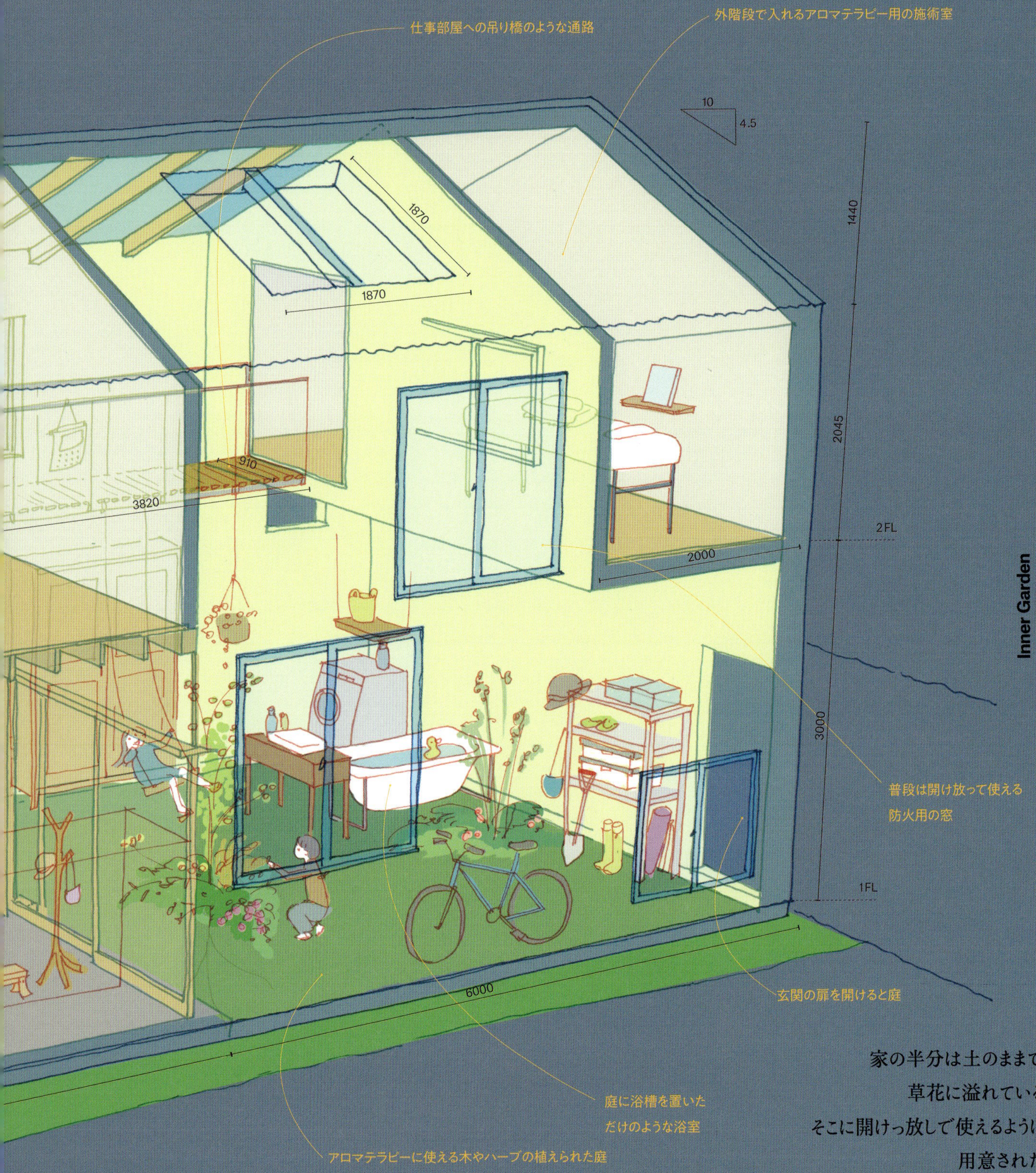
仕事部屋への吊り橋のような通路
外階段で入れるアロマテラピー用の施術室
10
4.5
1870
1870
1440
910
3820
2045
2FL
2000
3000
普段は開け放って使える
防火用の窓
1FL
6000
玄関の扉を開けると庭
庭に浴槽を置いた
だけのような浴室
アロマテラピーに使える木やハーブの植えられた庭

家の中の外
Inner Garden

家の半分は土のままで
草花に溢れている
そこに開けっ放しで使えるように
用意された
おおきな窓
家の扉を開けると
そこは
家の中の外

家の中の外
Inner Garden

家の中の外は
植物の家、人の庭

まわりの家に倣って
2連に並んだ家型の
一方は植物の家
一方は人の家
植物の家は土の床
らせん階段と
ツリーハウスみたいな浴室が
人の家には背の高いリビングと
ロフトみたいな寝室が

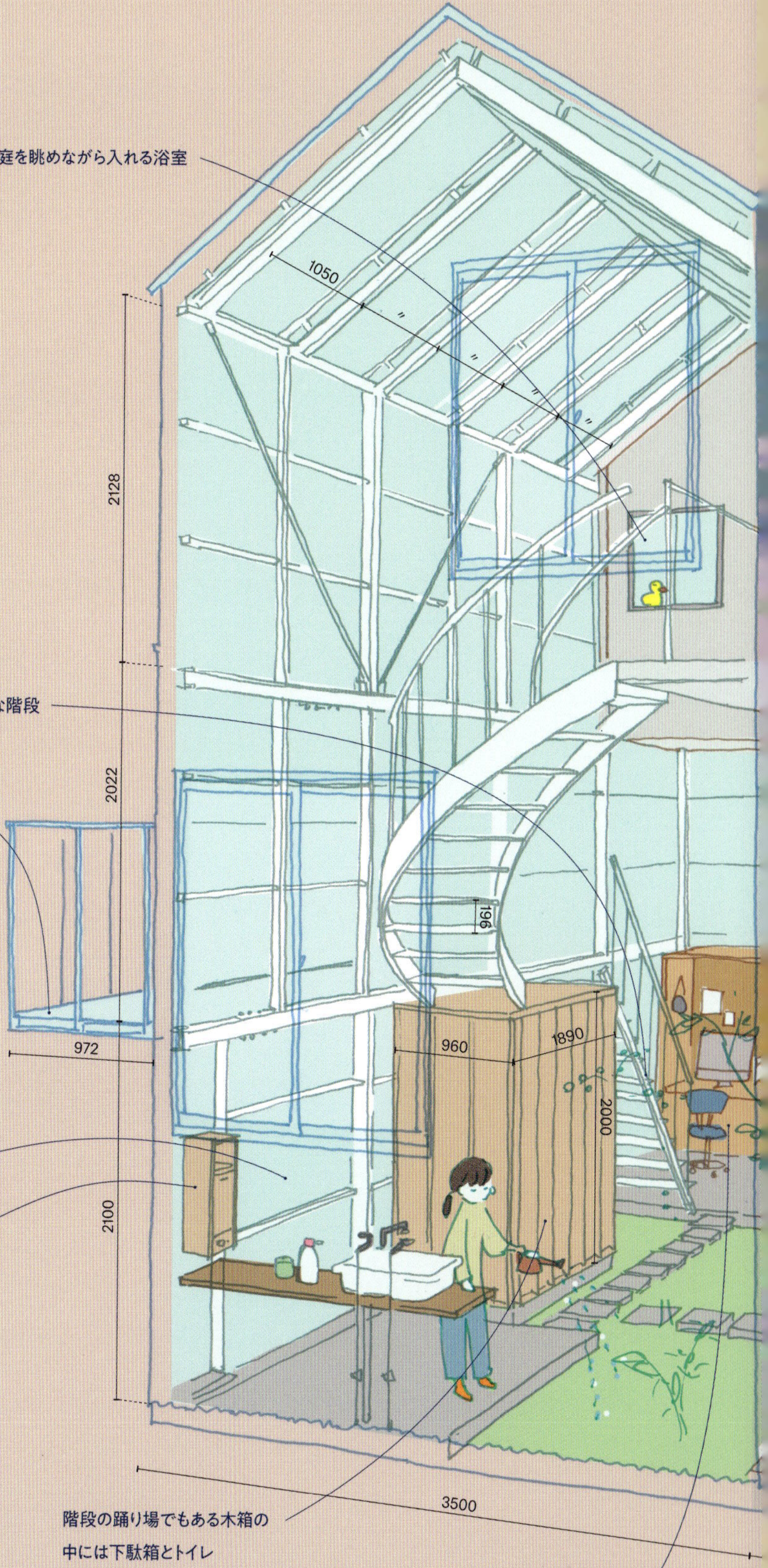

庭を眺めながら入れる浴室
1050
2128
木箱に立てかけられたような階段
玄関の庇を兼ねた物干しバルコニーへは木箱の踊り場から
2022
196
972
960
1890
2000
扉を大きく開けると庭は外とつながる
玄関ポスト
2100
3500
階段の踊り場でもある木箱の中には下駄箱とトイレ
庭の片隅の書斎

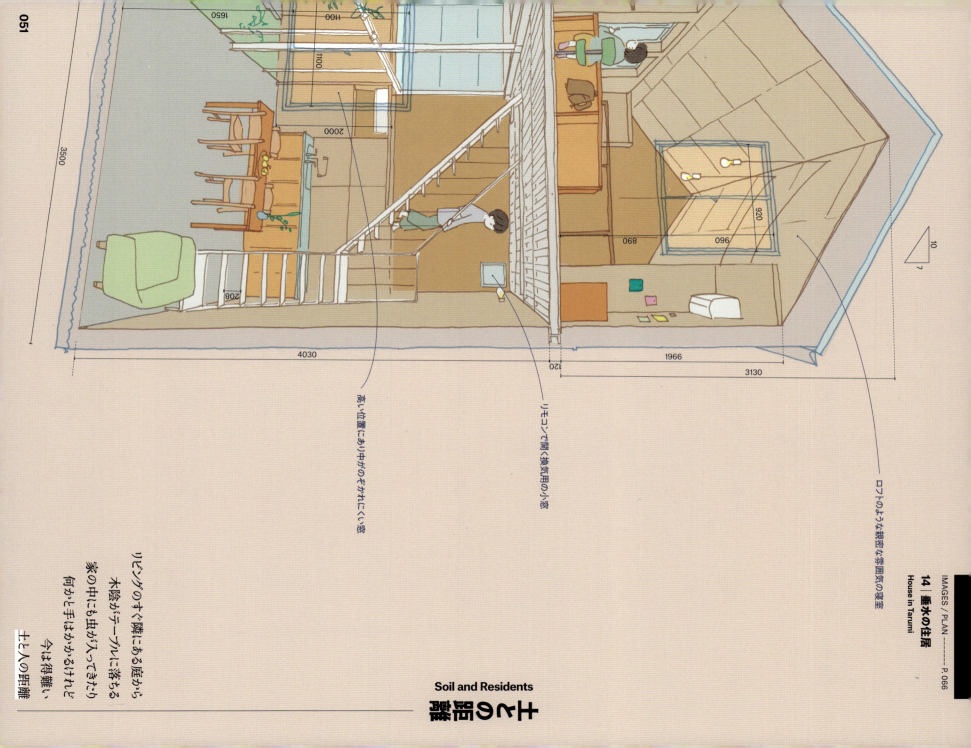

14｜垂水の住居
House in Tarumi

10
7
ロフトのような親密な雰囲気の寝室
920
960
3130
1966
890
120
リモコンで開く換気用の小窓
高い位置にあり中がのぞかれにくい窓
1100
1100
2000
4030
208
1650
3500

土との距離

Soil and Residents

リビングのすぐ隣にある庭から
木陰がテーブルに落ちる
家の中にも虫が入ってきたり
何かと手はかかるけれど
今は得難い
土と人の距離

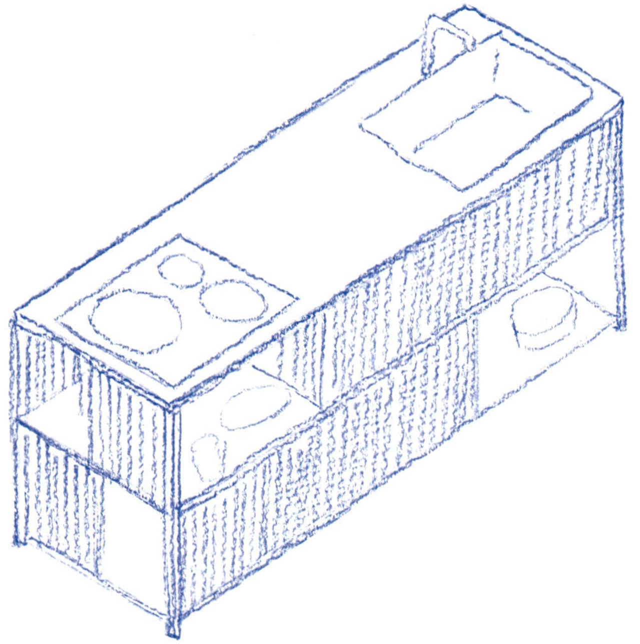

COLUMN

建築のようにキッチンを設計する

平面計画ではキッチンとサニタリー、階段の位置が特に重要で、リビングなどは残った場所に見つけることができると言ってもよい。特にキッチンは重要で、司令塔、家事の基地としての役割を期待されていることもあり、すべてが見渡せる住宅の中心に位置させることが多い。

システムキッチンのような既製品は使わず、常に住宅に合わせて設計しているが、シンプルに見えてひとつひとつが建築設計のように手間がかかる。求められている機能をぴったりと収めつつ、予算に合わない場合に何度も減額しながら本当に必要な機能に向かって削ぎ落とされていくのも建築全体の設計に似ているところだ。機能しつつも窮屈になりすぎないことが重要なのも建築と同じで、以前はここに調味料の瓶、ここに皿、ここにカトラリー、とつくり込んでいたが、かえって窮屈な感じがして、ある程度の想定内で使いやすさを整えるのにとどめている。建主の要望や、予算によってはシンプルなフレームのみとすることも多い①。皿などは引き出しに収めるようにすると相当な量が収まるが②、これも建主の使い方次第だ。

天板はさまざまな素材を使うがシンプルにステンレスヘアラインで一体につくってしまうのが予算的には最も易しい。ただ、ギラリと光る点が気になることもあり、予算が許せばビーズブラストを使うとサラリとした手触りになり、鈍い反射は落ち着いた雰囲気をつくり出す③。シンクはシンプルに1段下げた箇所に石鹸やスポンジの置き場をつくり、水切りプレートを用意している。水切りプレートはほぼ天板と面が揃うので簡単に皿などをその上で水切りしたり、洗った野菜などを仮置きしたりして、水切りプレート下に洗い桶をしまう④。

室内風景的にはレンジフードが目立つのは避けたい。シンプルなのはキッチンに有圧換気扇を埋めてしまう方式で、これは上昇気流の発生しにくいIHで天板付近から強引に吸い出してしまうやり方だ⑤。難点は消防的に意見の分かれる付け方なのと、やはり特殊なやり方なこと、大きなフードが外壁に突出する点で、最近はシンプルな薄型レンジフードを木製の箱に収めている。

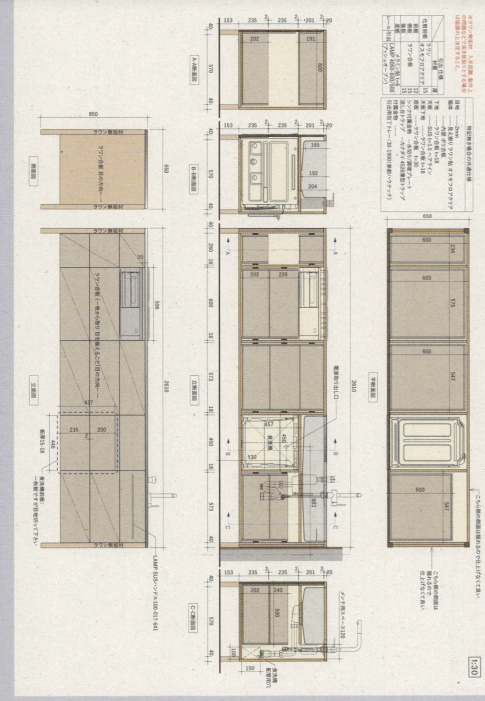

● 白川の住居

IMAGES / PLAN --- PP. 024-025

① より安く仕上げるために、鉄工所につくってもらったビス穴の空いたLアングルのフレームに、現場で合板を取り付け、別注ステンレスカウンターを載せたキッチン

⑤ シンプルなフレーム式キッチンに、調理器具を整理するためのパンチングメタルパネル製の引き出しを用意した

● 北野町の住居2

IMAGES / PLAN --- PP. 088-089

③ シンク一体型の天板と水切りプレート、ステンレスビーズブラスト仕上げ

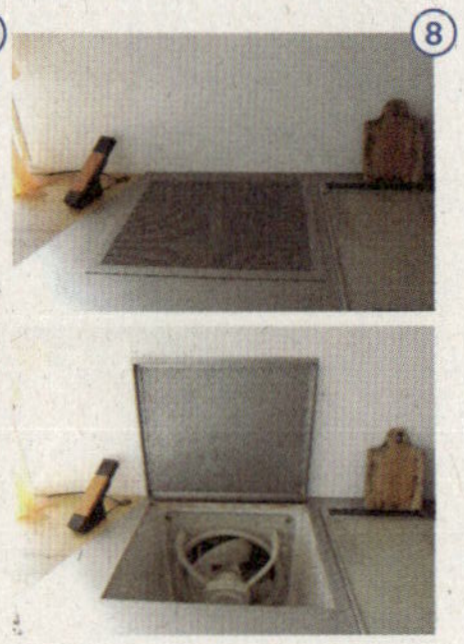

⑧ 有圧換気扇が仕込まれたキッチン天板

● 諏訪山の住居

IMAGES / PLAN --- PP. 098-099

② シンプルな木製フレームに合板で構成したキッチン

● 松ノ木の住居

IMAGES / PLAN --- PP. 094-095

④ 奥行きの深いキッチンはテーブル側にも収納を設けた。キッチン側には引き出し式の水切り棚

● 山崎町の住居

IMAGES / PLAN --- PP. 086-087

⑥ 奥行き一杯まで使える引き出し式とすると収納量はかなり増える

● 上沢の住居

⑦ ラワン合板天板にフレームだけのシンプルなキッチン
フレームは25ミリ角鋼

※ラワン無垢材　入手困難、製作上の問題などで突き板貼りとする場合は協議の上決定すること。

		引出 仕様	
		材質	厚
化粧前板		ラワン オスモフロアクリア	15
前板		ラワン合板	12
側板			15
後板			15
底板		メラミン貼 t=6	
レール	引出	LAMP 4050-600/500 (プッシュオープン)	

特記無き場合の共通仕様

目地　-----2mm
箱体　-----見え掛り ラワン貼 オスモフロアクリア
　　　-----内部 ポリ合板
下地　-----ラワン合板 t=18
天板　-----SUS t=1.5 ヘアライン
天板下地　-----ラワン合板 t=18
底板　-----ラワン合板　t=30
シンク付属金物　--水切り/調理プレート
流し台トラップ　--カクダイ·4526薄型トラップ
付属金物　-----
引出用包丁トレー：30-1900（参創ハウテック）

1:30

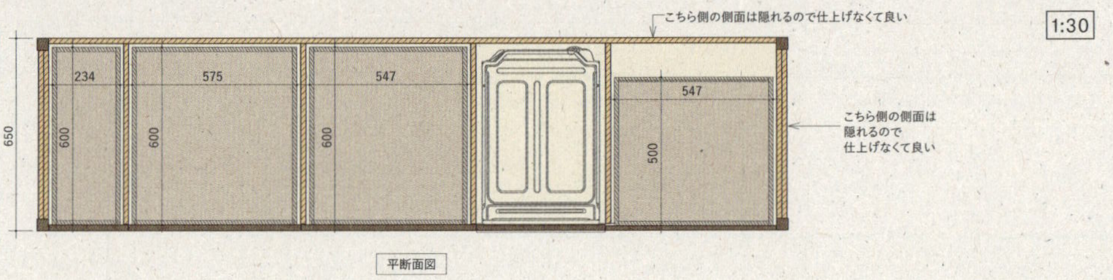

こちら側の側面は隠れるので仕上げなくて良い
650
234
575
547
600
500
こちら側の側面は隠れるので仕上げなくて良い
平断面図

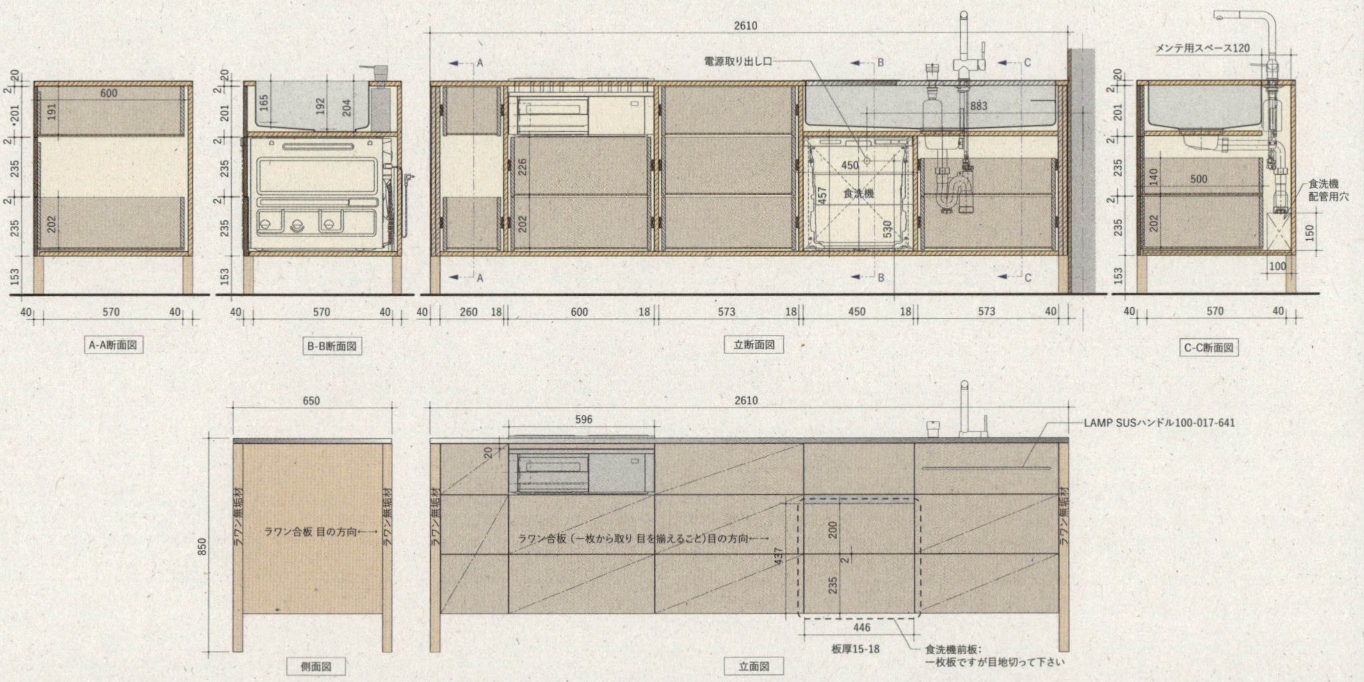

2610
電源取り出し口
883
450
食洗機
457
530
226
202
メンテ用スペース120
食洗機配管用穴
500
140
150
100
191
165
192
204
A-A断面図
B-B断面図
立断面図
C-C断面図
650
850
2610
596
ラワン無垢材
ラワン合板 目の方向
ラワン合板（一枚から取り 目を揃えること）目の方向
437
200
235
446
板厚15-18
食洗機前板：一枚板ですが目地切って下さい
LAMP SUSハンドル100-017-641
側面図
立面図

08｜香椎の住居

>>> P. 038

都市に空隙をつくり出して

2020年に発表した「香椎のビルと住居」は、着工直前にCOVID-19の世界的な流行や建築費の上昇を受けてクライアントの意向が変わり、2,3階の賃貸住宅部分を中止することになり、再設計することになった。その結果、香椎の住居01は2つのボリュームがウロボロスのように絡み合い、内外がつながる計画案として進めていた。しかし今度は工事費の上昇によって更に計画が変更になり、最終的に1階と2階の一部を店舗にし、2,3階を小さな住宅にすることになった。計画開始から数年経った現在でもなお、敷地周辺がどのように変わっていくのか状況は読めない。そのため当初の2つの計画ではなるべく住居部分を高く持ち上げ、空隙をつくり出して通風や採光を可能とすることを試みていた。最終案となったこの計画では工事費を抑えるために高さを抑えることになり、敷地中央に細長く住宅を建てて南北に空地を取ることにした。その空地に向かって三角形の階段室を張り出させ、屋上からの光を下へ届けることを考えている。

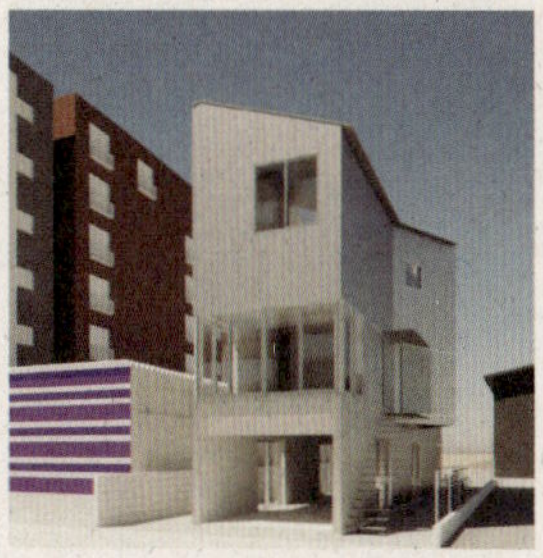

RF Plan (Feb.2023)　1:300

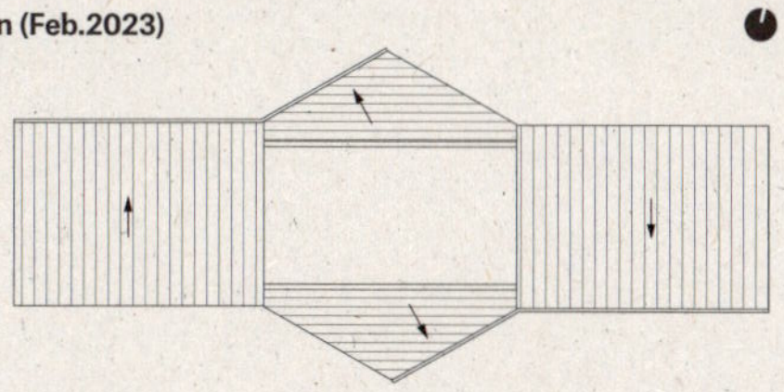

3F Plan (Feb.2023)

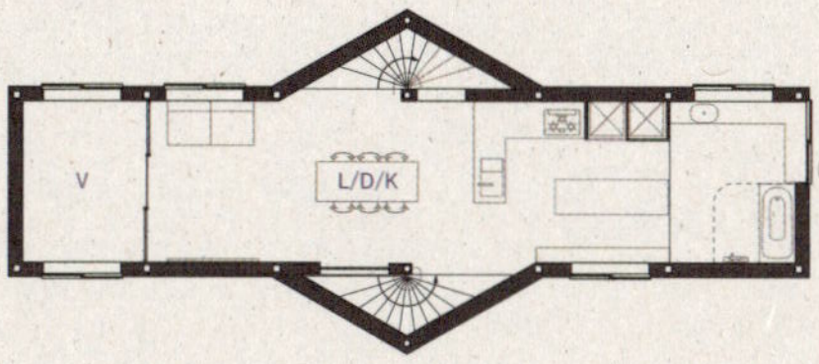

2F Plan (Feb.2023)

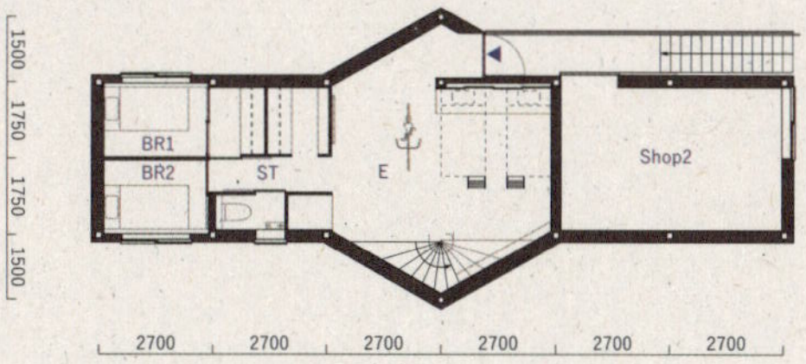

1F Plan (Feb.2023)

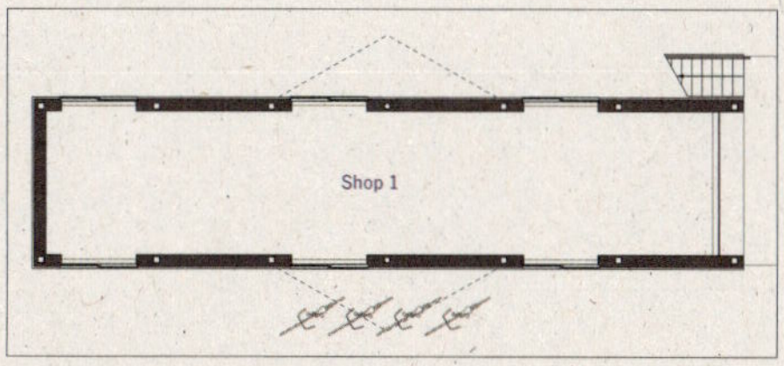

Shop：貸店舗　L：リビング　V：ベランダ
E：玄関　D：ダイニング　ST：ストレージ
BR：寝室　K：キッチン

香椎の住居｜Study Process

店舗面積を増やす要望の変更と
工事費高騰を受けての再々設計では、
将来の通風採光を確保しつつ、
予算に合わせた
シンプルな建ち方を模索した。
採光をシミュレーションしつつ、
迅速なスタディを行うために、
3DCGによるレンダリングと模型を
並行して幾つもの案を並走させて進めた

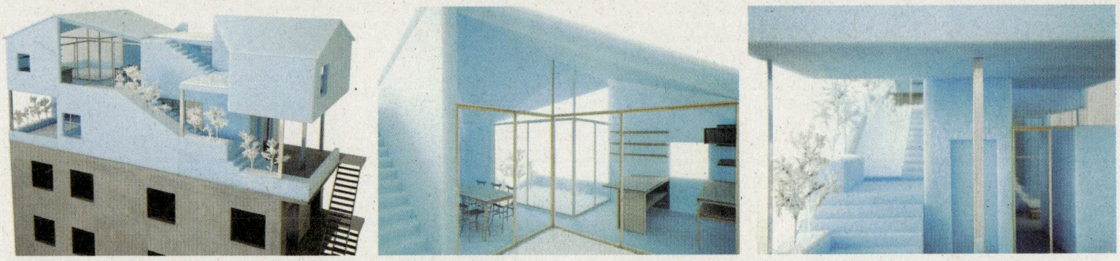

香椎のビルと住居計画案。コンクリート打ち放しの集合住宅兼店舗の屋上にカラフルな住宅が建つ計画だった

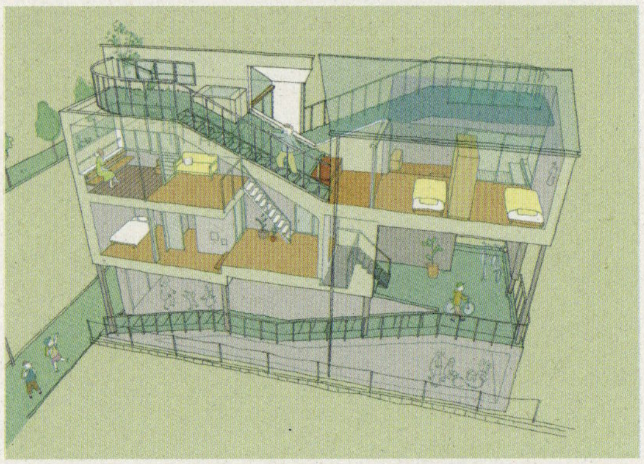

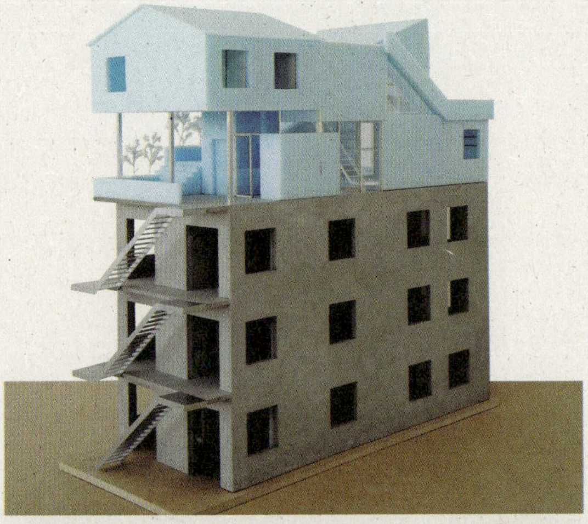

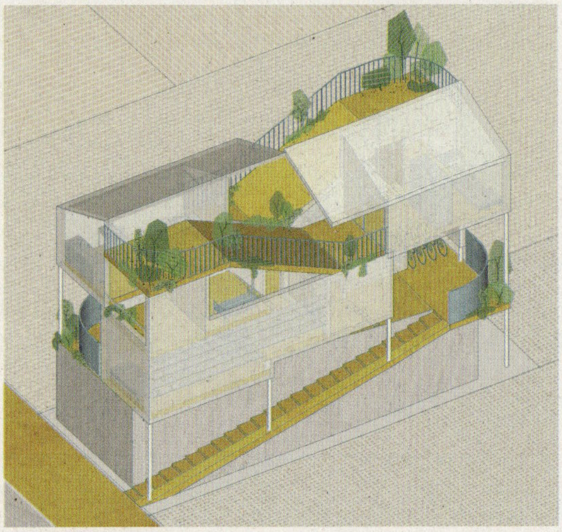

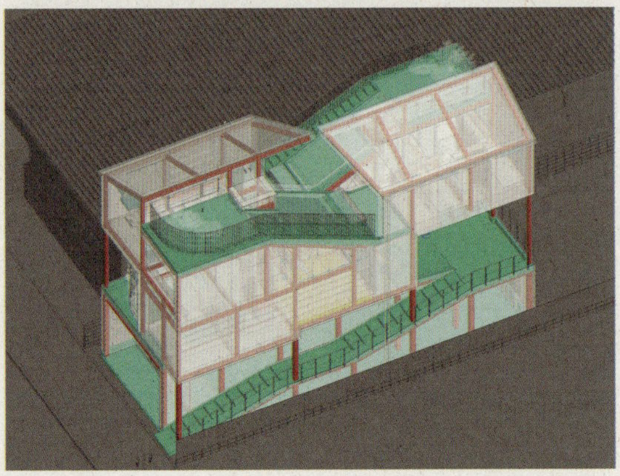

香椎の住居 初期案 計画案

香椎の住居 初期案｜Study Process

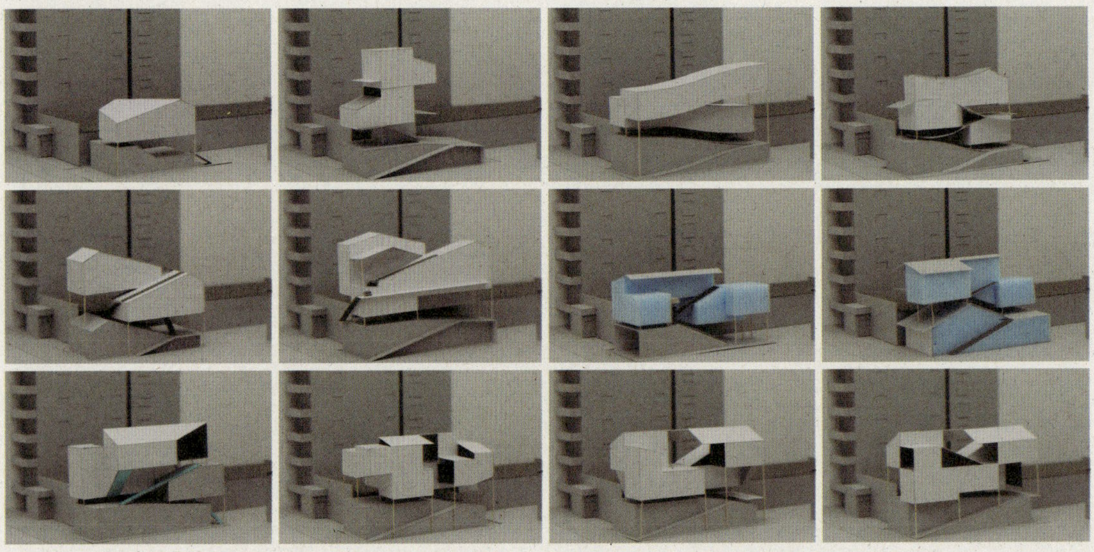

クライアントの要望でもある庭と家が絡み合うような方法を探しつつ、建築費の高騰による予算の心配もあり、なるべく合理的な構成を探した

DRAWING -------- P. 038

House in Kashii

Location: Kashii, Fukuoka
Type: Shop+House
Main structure: Steel; Three-storey
Site Area: 142.02m²
Building Area: 68.51m²
(48.24% of max 80%)
Total Floor Area: 192.35m²
(135.43% of max 400%)

Site Walk_Kashii

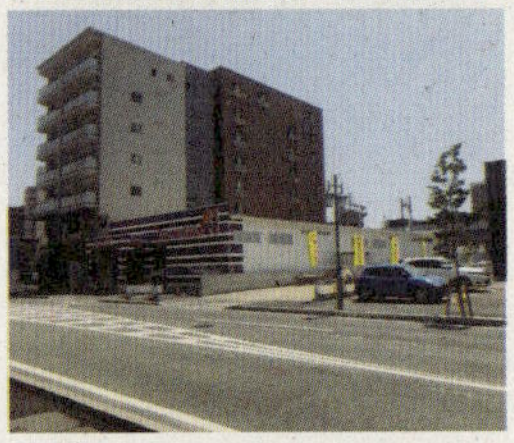

めまぐるしく再開発が行われている駅前でのプロジェクト。クライアントの要望は地上から3階までをシンプルな店舗や集合住宅とし、その上に2階建ての住居を計画するものだった。周辺は再開発によって一旦更地とされ、設計当初は2階建てから10階建てまで様々な計画がされているという情報のみで、粗密のある街並みになること程度しか予想がつかなかった

Construction Period

Elevation (Feb.2023) 1:400

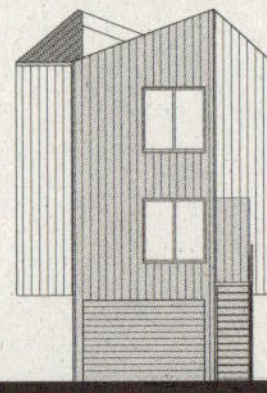

09｜京都のアトリエ/住居

>>> P. 040

中層化した町家のありかたを探る

陶芸家夫婦の工房兼住居。敷地は京都中心部の商業地域で、既に周辺は中高層かつ高密度に建て替わりつつある。クライアントは大型の陶芸作品を制作するため、アトリエはグラウンドレベルで最大限の空間を確保して欲しいという要求だった。敷地は典型的な鰻の寝床型だ。古くから発達してきた京町屋はこうした敷地への適応の結果、坪庭や通り庭で採光や通風の問題を解決している。しかし3階建てで同じ方法を使用しても、南側の駐車場が中層建築となった場合、1階はアトリエとして使用するには暗くなることが予想された。そこで坪庭/中庭的なガラス屋根の空間を2箇所に挿入し、立体化した通り庭的な動線空間とすることにした。

敷地に定められた景観法による形態規制は京町家をベースとしたものだ。そこでファサードは町家の形態を参照しつつ素材やスケール等を変形させている。ただ、内部では梁を斜行させることにより、全体が条坊制という強固な直交グリッドで支配されているこの都市の内部に、動的な空間や余地をつくり出すことを試みた。

外観、隣地の駐車場はいつか高層の建築が建つことを想定している

トップライトが用意されたダイニング。
ルーバーと同じ材が敷き詰められて天井材となっている

半外部的な環境のアトリエ

2階書斎前のインナーデッキから
リビング方向を見る

単板ガラス下見板張りによる外壁詳細断面図

1:15

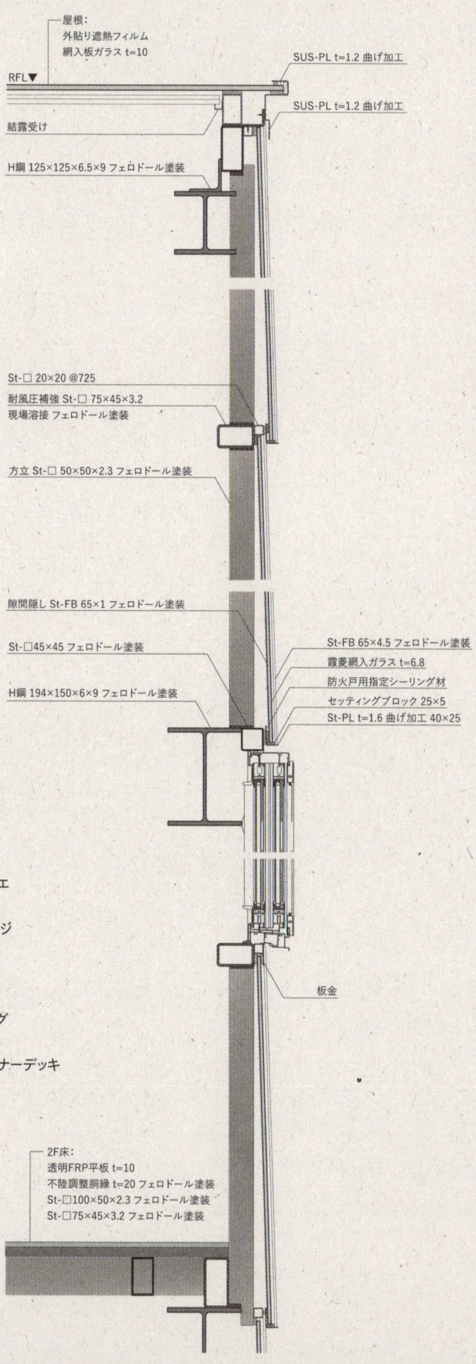

3F Plan

1:300

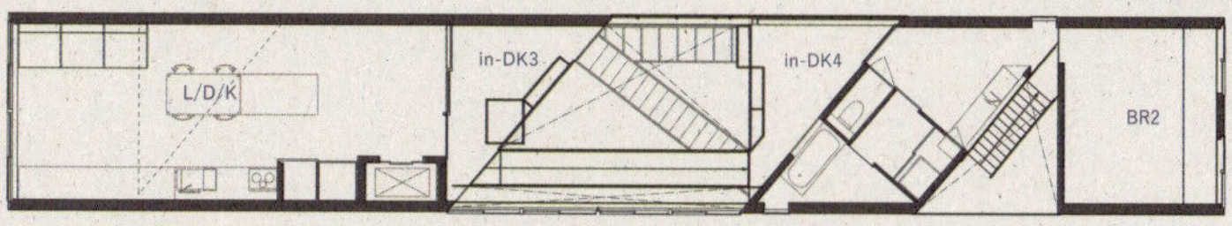

2F Plan

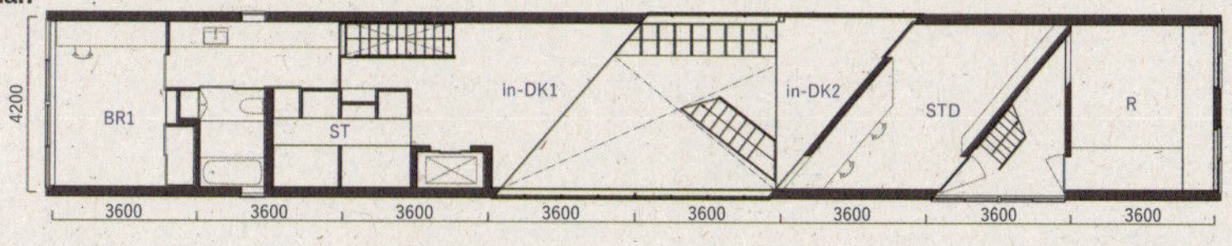

1F Plan

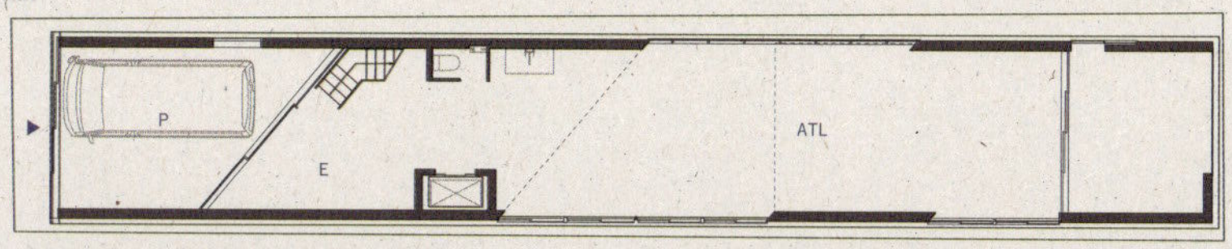

P:駐車場
E:玄関
ATL:アトリエ
BR:寝室
ST:ストレージ
STD:書斎
R:和室
L:リビング
D:ダイニング
K:キッチン
in-DK:インナーデッキ

隣地に中高層建築が建った際の各階の照度をシミュレーションした結果、
1階アトリエ奥は中央のトップライトだけでは自然光での作業には足りないことがわかった

奥の階段室も全面トップライトとして床を透光性の材料としたシミュレーション結果

建築を上下に貫く動線空間は2箇所用意し、それらによって2階以上は離れのように諸室が切り分けられ、空間は幾重にも折り畳まれている。
動線空間の一つはアトリエへと光を届けつつ熱や音を遮るために、2階床面に透光性のあるFRP平板を挿入している

Study Process

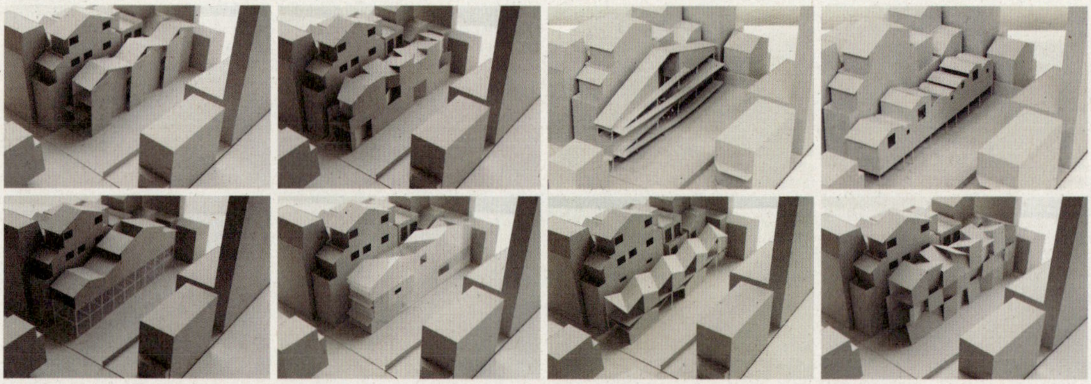

近い将来3-10階建てに囲まれることが予想された近隣の状況から、採光方法と景観条例が求める町家的形態を両立させる方法を探した

DRAWING ------- P. 040

Atelier+House in Kyoto

Location: Shimogyo, Kyoto
Type: Atelier+House
Main structure: Steel; Three-storey
Site Area: 165.15m^2
Building Area: 121.38m^2
(73.5% of max 90%)
Total Floor Area: 321.09m^2
(194.42% of max 349.80%)

Site Walk_Gojo

京都の市街地中心地にほど近い典型的なうなぎの寝床型の敷地には、クライアントの生家が建っていた。旧市街地型美観地区の景観規制のほか、清水寺から見える、という理由で屋根形状にも規制がかかっている。周囲には古くからの商店や工場も残るが、大通り沿いは続々と高層マンションやホテルに建て替わっている。この敷地も周囲を中高層に囲まれることが予想された

Construction Period

Elevation

1:400

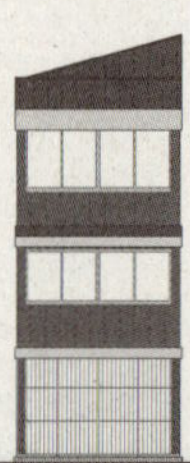

10｜ハミルトンの住居

>>> P. 042

内部と等価な半外部空間での暮らしのための知性

オーストラリアに建つ住宅。この地域には「クイーンズランダー」と呼ばれるベランダの付いた伝統的な木造高床式住宅がある。特徴的なベランダは室内を日射から守る環境インターフェイスであり、玄関ポーチ、ダイニング、応接間など、住人とコミュニティのインターフェイスとして機能している。それは日本では縁側や土間がかつて担い、今や失われつつあるものだ。

さらにユニークなのは、増築時には既存家屋を高くもち上げて下に増築することだ。増築時に空高く浮かび上がるクイーンズランダーは、とても非現実的な光景だ。「六甲の住居」[PP.122–123]の写真をインターネットで見つけて、増築時のクイーンズランダーの姿とのシンクロニシティを感じて依頼してきたクライアントはミニマルな暮らしを望み、僕らに日本的なスケールと感性を期待していた。僕たちは、現地では固定化された様式や工法として捉えられている「クイーンズランダー」を、内部と等価な半外部空間での暮らしのための知性と捉え直してみることにした。内部空間にはそれぞれ必ず半外部空間を隣接させ、内外それぞれにダイニングやキッチンを用意する。大きな開口部は庇下に隠され、ブリスベンの強い日射から守られている。斜めに配されたガラスの反射と透過により内外の風景が複雑に交じり合い、ガラス戸を開け放てば内外が一体になる。

E:玄関
V1,2:ベランダ
V3(K):アウトドアキッチン
V4(D):アウトドアダイニング
BR:寝室
ST:ストレージ
FP:焚き火台
L:リビング
D:ダイニング
K:キッチン
R:ピアノルーム
STD:スタディスペース

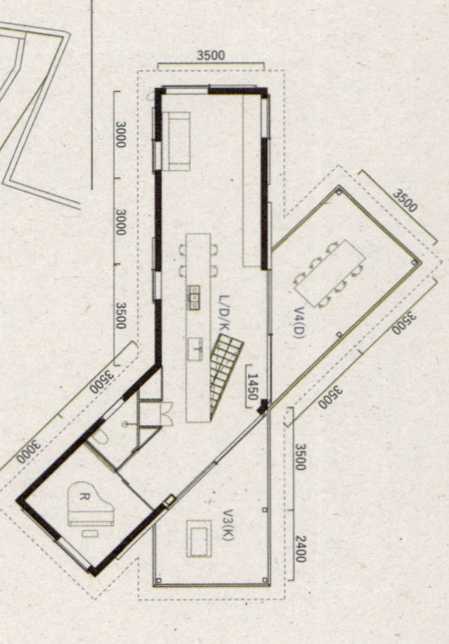

2F Plan

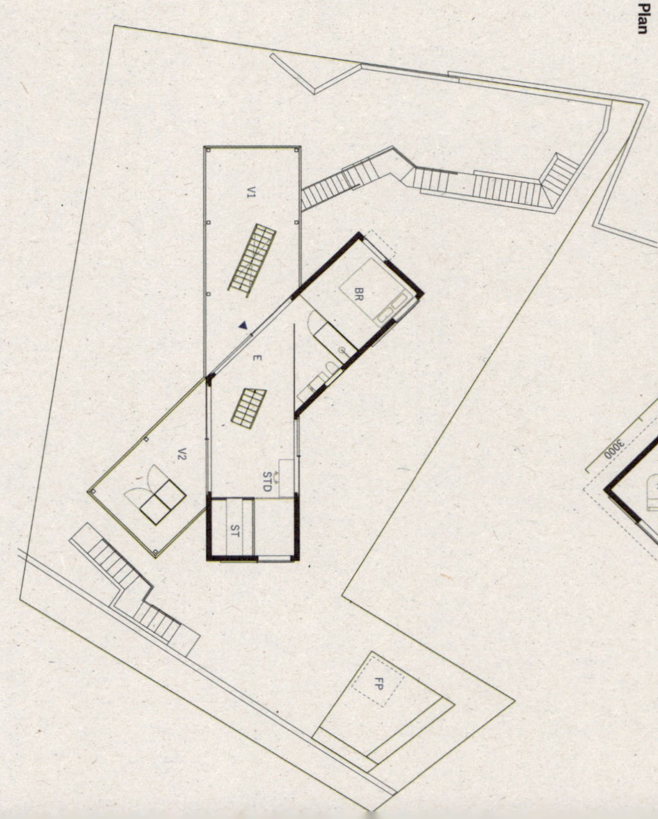

1F Plan

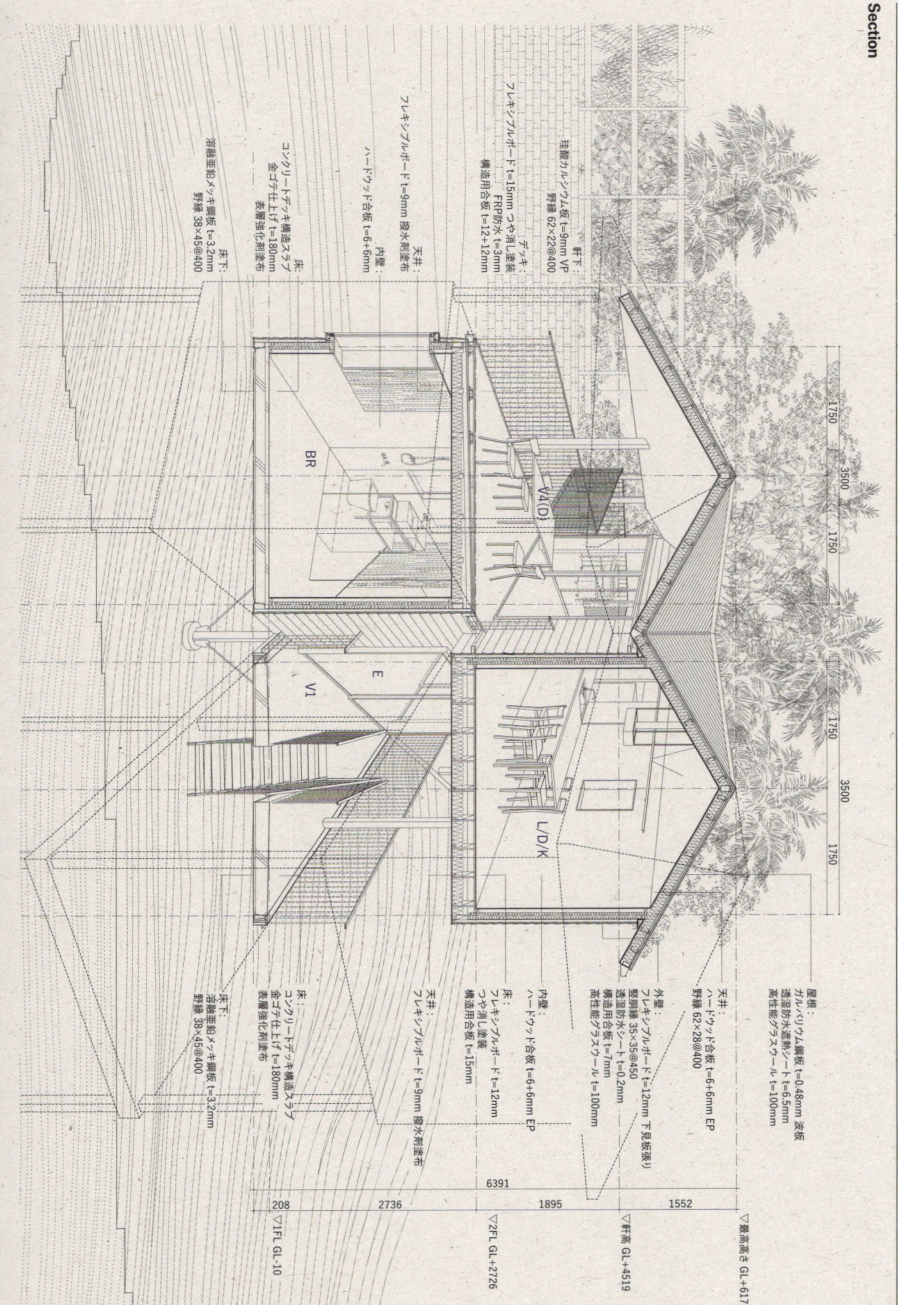

Section

デッキ端部詳細図

1:20

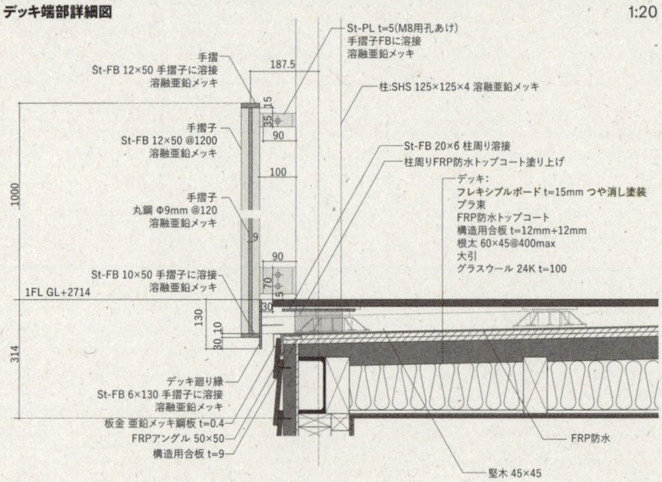

左上：外観夕景。クイーンズランダーを参照して寄棟としたボリュームを敷地に合わせてプロポーションを操作し、45度で交わらせている。
右上：室内のサブキッチンと半屋外のメインキッチンは階段上部に伸びるカウンターで視覚的につながり、天井では家型が45度で交わり尖頭交差ヴォールトを思わせる幾何学的な形状が生まれている。
右下：1階床下は溶融亜鉛メッキ鋼板張りとし、植栽の緑を映し出す

Study Process

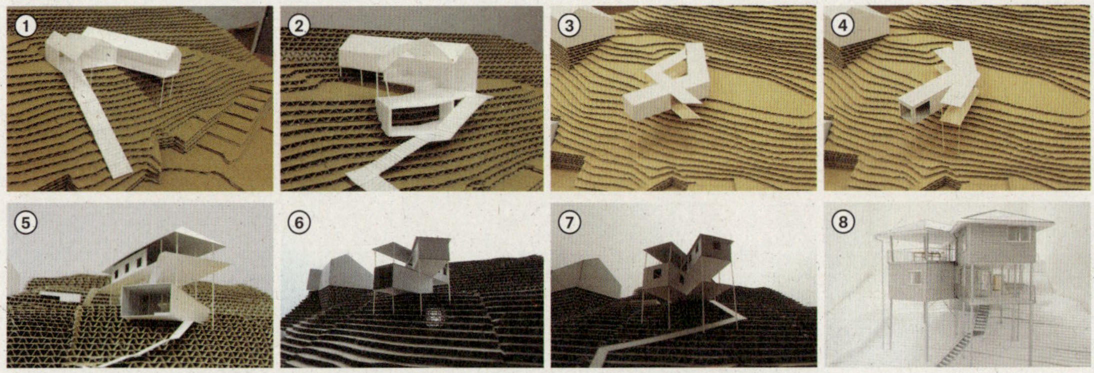

スタディはクイーンズランド大学 客員研究員をされていた金野千恵さんと、金野さんに紹介してもらった現地の設計事務所Phorm a+dを交えてはじまった。屋根を連続させて半外部空間を確保する金野さんの案①②、室内空間と半外部空間がずれながら重なる我々の案③-⑤を経て、クイーンズランダーの建築言語を取り入れつつ内部空間と半外部空間が互い違いに組み合わされた最終案⑧へ到達した

DRAWING -------- P. 042

House in Hamilton
Location: Queensland, Australia
Type: Single Family House
Main structure: Steel; Two-storey
Site Area: 472m^2
Building Area: 133m^2
(28.18% of max 50%)
Total Floor Area: 185m^2

Site Walk_Hamilton

敷地はクイーンズランド州の州都ブリスベンの斜面地で、遠くに川が見えた。この地域に特有の様式「クイーンズランダー」は日射から壁面を守るために、寄棟にして四周に庇を出すことが多く、白蟻や洪水、起伏に富んだ敷地から逃れるために高床式となっている

Construction Period

Elevation

1:400

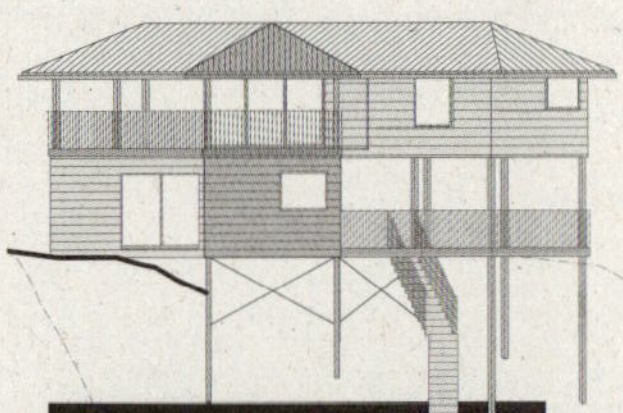

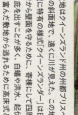

11 | 園部の住居

>>> P. 044

さまざまな半外部空間、
さまざまな光

周辺の新興住宅地をよく観察すると散見される「テラス囲い」の素材や機能を参照したサンルームや深い軒のあるテラス、周辺環境やコミュニティとのインターフェイスとして働く半屋外空間を内部に織り込んだ。そのために家型のボリュームを単純な正方形グリッドとその対角線で親密なスケールをもつ空間や気積の大きな吹き抜け空間に切り分け、それぞれに半外部空間を隣接させた。45度に振られた壁は隣家と正対せず、なめらかに周辺の庭や道へと視線を導く。住人は室内外に折り畳まれた壁を越えるたび、空間の大きさや光の質の異なる空間に出会う。境界に差し入れられたガラスは透過と反射を繰り返し、モイス素地仕上げによる壁面はやわらかく光を受け止める。変わり続ける光と、内部と外部を行き来する暮らし。

2F Plan

1:300

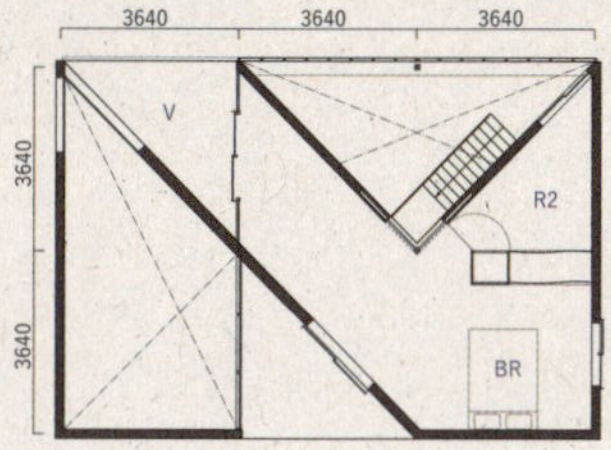

E:玄関
Sun:サンルーム
T:テラス
R1:ゲストルーム
L:リビング
D:ダイニング
K:キッチン
V:ベランダ
BR:寝室
R2:子ども室

1F Plan

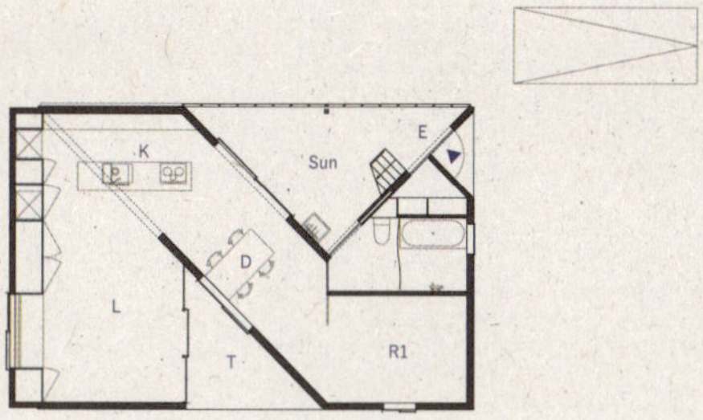

特注照明

1:30

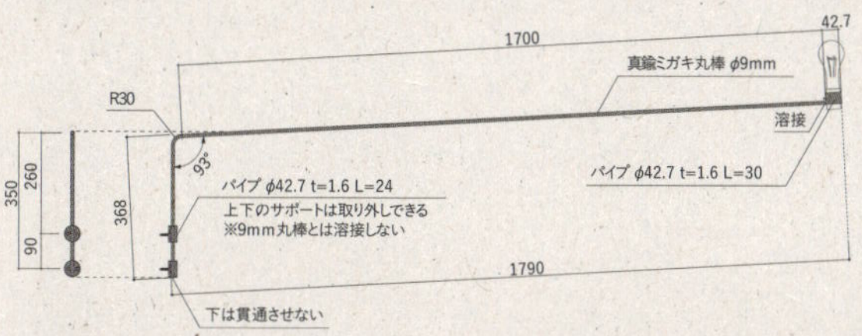

サンルーム吊り戸詳細図

1:20

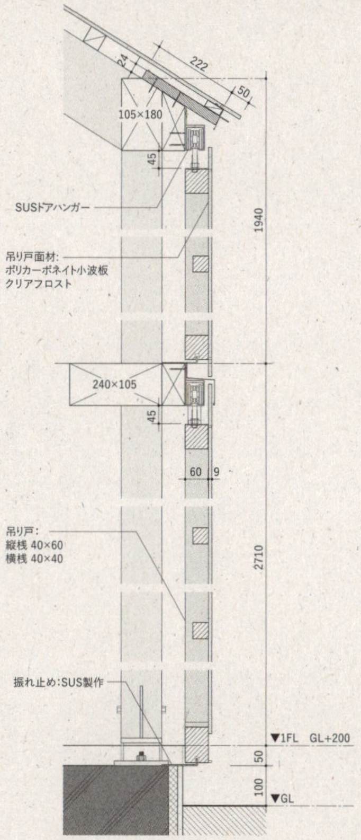

下屋ベンチ部断面詳細図

1:40

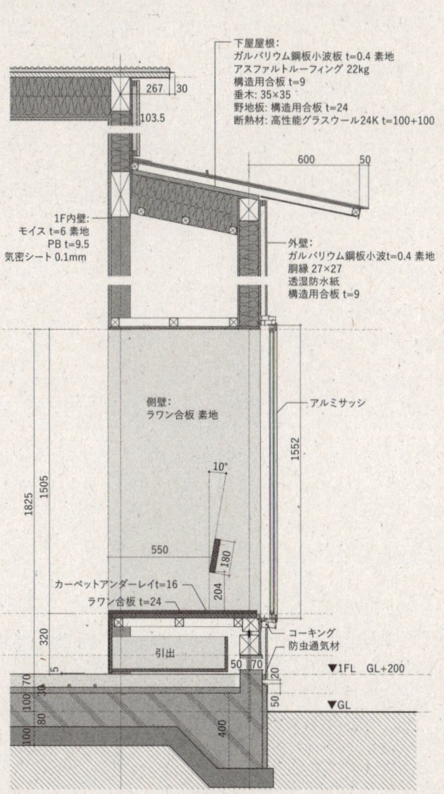

左:リビングに取り付けた照明。ソケット部の重みで支柱にしなりが生じることで、やわらかな印象となる。その後定番化していくつかの住宅で使っている

上左:建具屋の製作範囲を超えているので大工が制作できるように考えた

上右:周囲の住宅に散見される「テラス囲い」の下屋的ボリュームを参照して収納や机などを収めている。一部は掘り込まれて陽だまりのベンチスペースとなっている

サンルームの梁に吊るされたブランコは、庭と室内を往復する

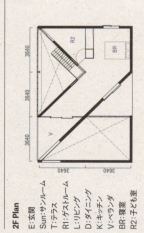

前頁右：キッチンからは、光に満ちたサンルーム、半外部空間に挟まれた親密なスケールのダイニング、その奥に、低い窓からの光で仄かに照らされるゲストルーム、高い天井と隣接する半外部空間をもつリビングが同時に見える
上：リビング南側に周辺の「テラス囲い」の形状を参照した下屋があり、一部は出窓状のベンチとなっている。ベンチ左右には机やエアコン、収納が隠されている。リビング上部に特注照明
右上下：サンルームは開閉可能な上下2段の大きな吊り引き戸を開くことで軒下は外部空間へと変容し、同時に2階ベランダは内部化される。画面左の下屋部分に出窓や収納が収められている。

DRAWING -------- P. 044

House in Sonobe
Location: Nantan, Kyoto
Type: Single Family House
Main structure: Timber; Two-storey
Site Area: 331.15m^2
Building Area: 84.59m^2
(25.55% of max 50%)
Total Floor Area: 120.57m^2
(36.41% of max 80%)

Site Walk_Sonobe

山間部の新興住宅地は一見、無個性な住宅が立ち並んでいるようだが、よく観察すると、勝手口付近やベランダをポリカーボネイト波板などで囲った簡易的なサンルーム状の下屋を伴う住宅が多く見つかった。それは、「テラス囲い」と呼ばれ、やや冷涼で雨の多いこの地域で冬季の物干し場や倉庫として利用される。その知恵は、一種の様式を生み出しているようだった

テーブル脚 1:50

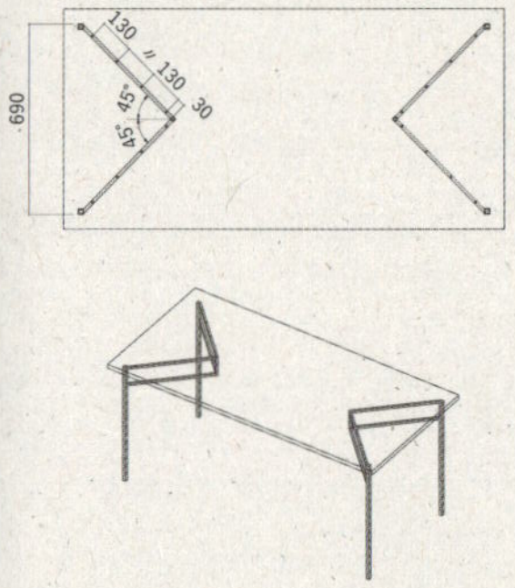
690
130
130
30
45°
45°

この家のモチーフのひとつでもある三角形を利用したテーブル脚。合板にビスで取り付けることで自立する。貫が内側に折れ曲がることで短手側に座る人の邪魔にならない。機能的に優れているので定番化した

断面パース

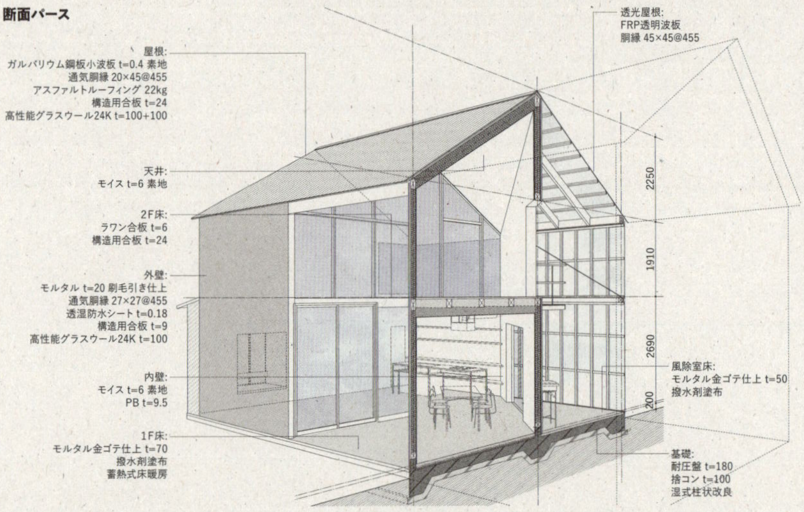
屋根:
ガルバリウム鋼板小波板 t=0.4 素地
通気胴縁 20×45@455
アスファルトルーフィング 22kg
構造用合板 t=24
高性能グラスウール24K t=100+100
天井:
モイス t=6 素地
2F床:
ラワン合板 t=6
構造用合板 t=24
外壁:
モルタル t=20 刷毛引き仕上
通気胴縁 27×27@455
透湿防水シート t=0.18
構造用合板 t=9
高性能グラスウール24K t=100
内壁:
モイス t=6 素地
PB t=9.5
1F床:
モルタル金ゴテ仕上 t=70
撥水剤塗布
蓄熱式床暖房
透光屋根:
FRP透明波板
胴縁 45×45@455
2250
1910
2690
200
風除室床:
モルタル金ゴテ仕上 t=50
撥水剤塗布
基礎:
耐圧盤 t=180
捨コン t=100
湿式柱状改良

Study Process

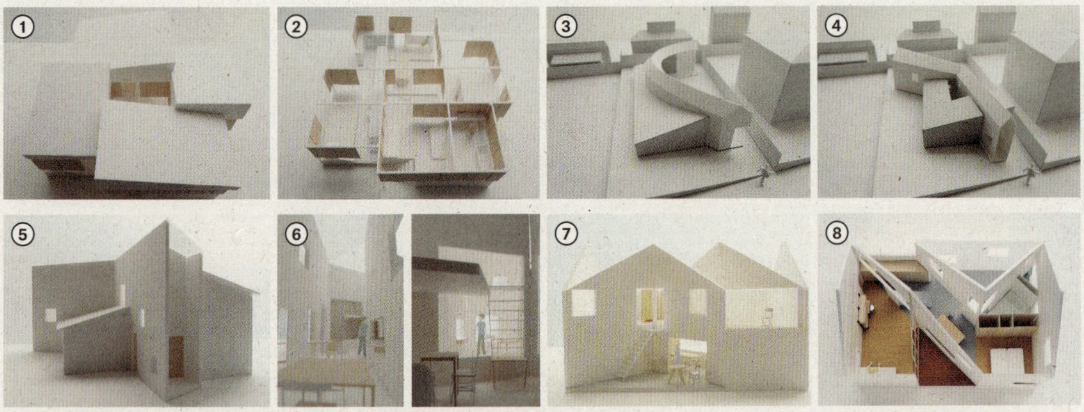
①
②
③
④
⑤
⑥
⑦
⑧

ひな壇造成の敷地に応答し、いくつかの段差がある床を上がると周辺に対して閉じていくA案①②
細長い廊下に面して庭や部屋があり、境界壁をまたいで内部と外部を出たり入ったりするB案③-⑥
B案のアイデアから周辺の半外部空間を取り入れたC案が生まれた⑦⑧

Construction Period

Elevation 1:400

12 | 灘の住居

>>> P. 046

さまざまな性質を持つ空間をつくり出すために

海へ抜ける眺望が欲しいとの要望から、ほぼ3階の高さにまでリビングダイニングを持ち上げ、敷地境界線に沿って配置した。家型のボリュームは、眺望に向けて折り曲げることにした。リビングダイニングを高く持ち上げるために縦に引き伸ばされた空間は、スポンジのように空隙が生まれ、それぞれの居場所に吹き抜けや外とつながるデッキ、囲まれた中庭のようなデッキ、土間などの半外部空間を隣接させることができた。図形的につくられた平面図と、強引に引き伸ばされた断面によって、予想もつかない空間同士の出会いが生じ、内外に配置された階段がさまざまな場所をつないでいる。

2F Plan (GL+5340)　1:300

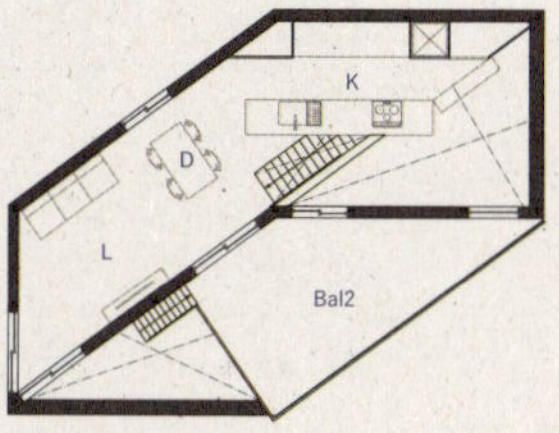

2F Plan (GL+2860)

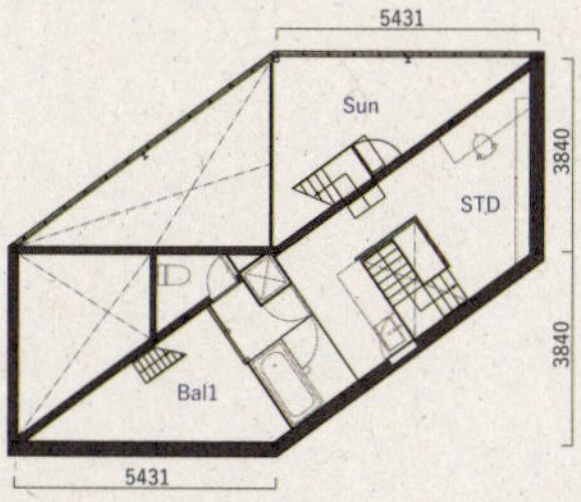

1F Plan

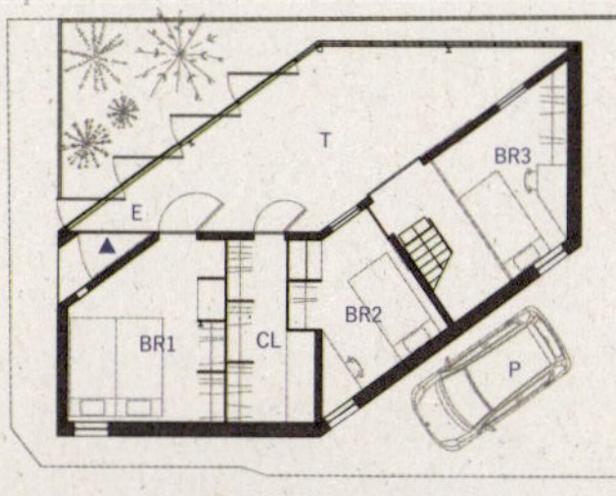

E:玄関
P:駐車場
T:土間
BR1:主寝室
BR2,3:子ども室
Sun:サンルーム
STD:趣味室
Bal:バルコニー
L:リビング
D:ダイニング
K:キッチン

回転建具詳細図　1:10

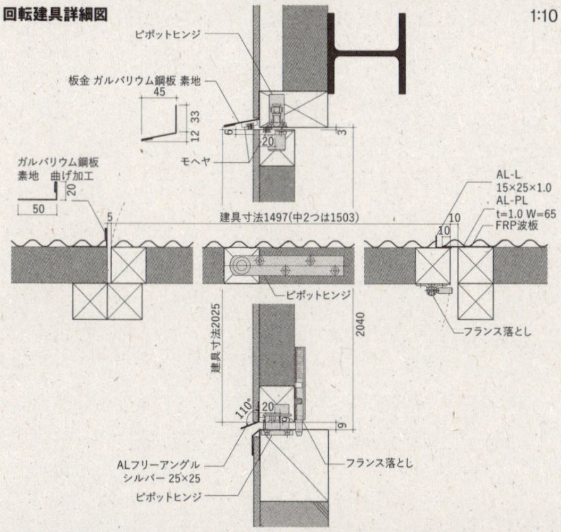

上左:この住宅にはいくつかの半外部空間が用意されているが、最も気積の大きい1階土間は、開け放して風通しの良い庭のようにも、閉じて温室のようにもなり得る。サンルームデッキには上部から鉄板で吊られた階段が掛かる
上中:下階の階段開口と上階への階段の壁面開口。上階のキッチン(右上)は吹き抜け上にはみ出している
上右:趣味室から洗面、浴室を通してバスコートを見る。右に上階への階段につながる開口

下左:南側外観
下中:土間の扉は回転して開放可能
下右:海に向かって折れ曲がるLDK 階下に趣味室が見える

断面詳細パース

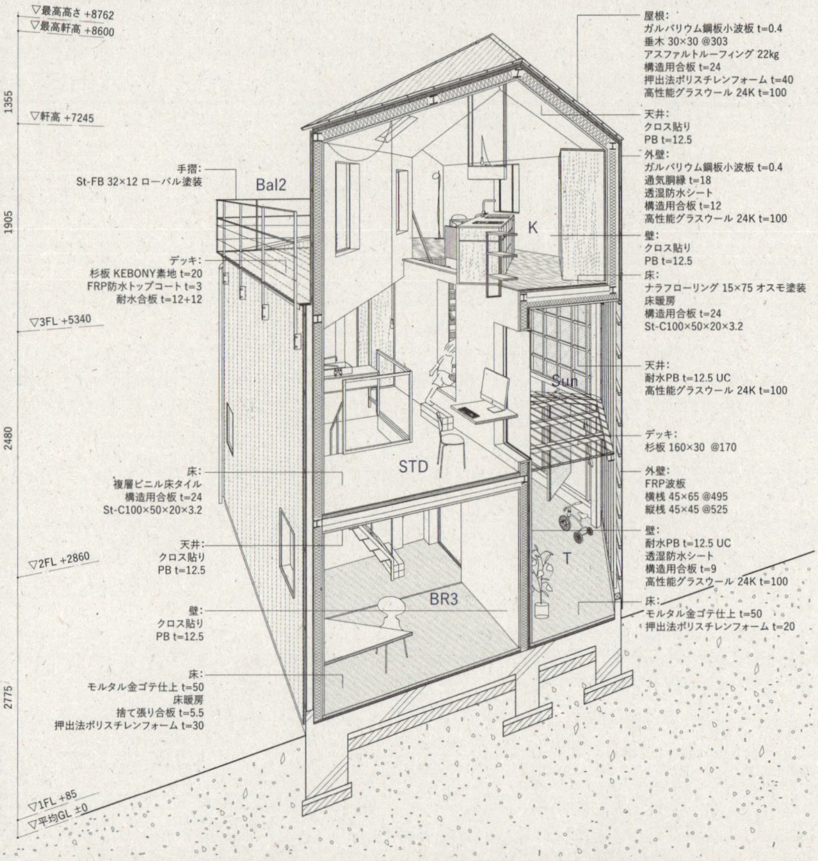

構成ダイアグラム アイソメトリック

右:踏板と側板は鉄板で上から吊られた階段室｜左:趣味室からつながる階段の扉を開けるとサンルームのデッキに出られる階段室は蹴込にポリカーボネイト複層板が張られていて扉を閉めることで半外部空間と空気を仕切る

Study Process

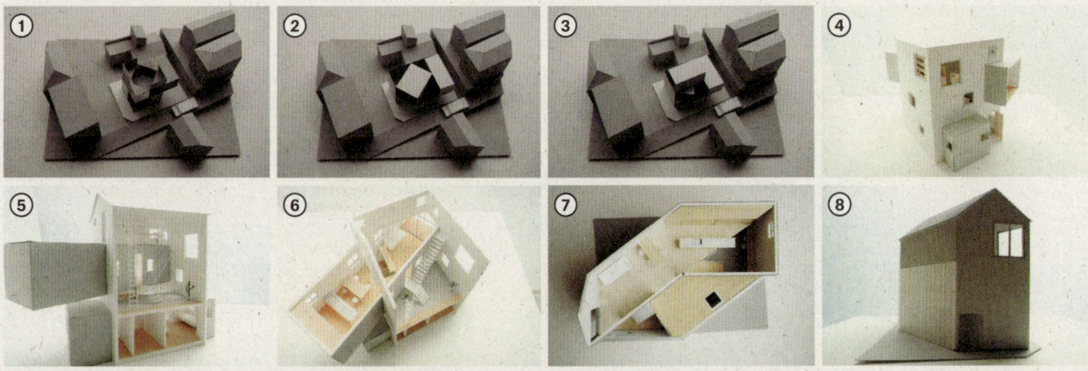

敷地の開いている側へ振るいくつかの案①-③。切妻と寄棟を組み合わせたシンプルなボリュームにボリュームを貫入させて多様な場所をつくる案④-⑥
海への眺望を得るためにボリューム貫入案よりリビングを一段上げることになり、最終案に⑦⑧

DRAWING -------- P. 046

House in Nada
Location: Kobe, Hyogo
Type: Single Family House
Main structure: Steel; Two-storey
Site Area: 130.44m^2
Building Area: 62.56m^2
(50.53% of max 70%)
Total Floor Area: 116.07m^2
(93.77% of max 150%)

Site Walk_Nada

敷地は南と東が狭隘な道路に面した角地で、北側の古い擁壁から離隔を取る必要があった

Construction Period

搬入に難があったので100角H鋼の鉄骨造とした。北側の擁壁側にはRC基礎を立ち上げ、擁壁が崩れた際の安全を図っている

Elevation 1:400

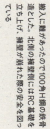

13｜月見山の住居

>>> P. 048

「内庭」のある住宅

クライアントは母屋と「はなれ」である浴室を、タープを掛けた中庭でつなぐような暮らしを望んでいた。ただ、この敷地では開口部に防火性能が必要で、予算上、ガラスが重くてちいさなアルミサッシしか利用できそうに無かった。そんなサッシを介してつながった庭や「はなれ」が、果たして一体のものとして感じられるかが疑問だった。そこで思い切って庭を住宅の内部に取り込んでしまうことで内庭としてしまい、内庭とリビングはシングルガラスの軽快な木製建具で、「はなれ」としての浴室は内庭の一部をカーテンで仕切ってつくり出すことにした。内庭のアルミサッシは常時開放して、空気環境的には外部として使える。外気と常につながることで、巨大なトップライトがありながらも温室のように熱が篭もることを避けられるが、内庭の上部には有圧換気扇を設け、速やかに換気できる。

L型の敷地に長方形の平面を配置することで、周囲の建物に囲まれた中庭的な性格の外庭と、内庭の間に住空間が位置する。また、ある程度周囲に対して開いていてもプライバシーが損なわれない内庭があることは、とかく閉じがちな都市部の住宅にとって重要な内外のインターフェイスとなり、室内気候的にもコミュニケーション的にも重要な中間領域となりえるだろう。

断面パース　1:100

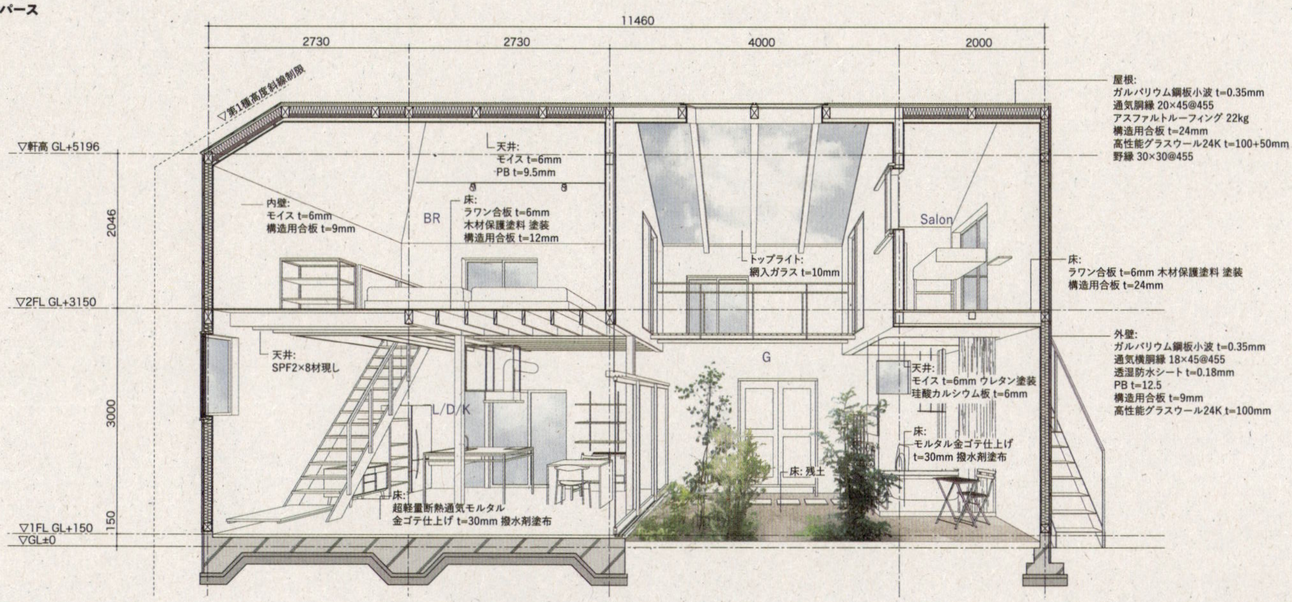
11460
2730
2730
4000
2000
▽軒高 GL+5196
▽2FL GL+3150
▽1FL GL+150
▽GL±0
2046
3000
150
BR
Salon
G
L/D/K
天井:
モイス t=6mm
PB t=9.5mm
内壁:
モイス t=6mm
構造用合板 t=9mm
床:
ラワン合板 t=6mm
木材保護塗料 塗装
構造用合板 t=12mm
天井:
SPF2×8材現し
トップライト:
網入ガラス t=10mm
床:
超軽量断熱通気モルタル
金ゴテ仕上げ t=30mm 撥水剤塗布
床:真土
天井:
モイス t=6mm ウレタン塗装
珪酸カルシウム板 t=6mm
床:
モルタル金ゴテ仕上げ
t=30mm 撥水剤塗布
屋根:
ガルバリウム鋼板小波 t=0.35mm
通気胴縁 20×45@455
アスファルトルーフィング 22kg
構造用合板 t=24mm
高性能グラスウール24K t=100+50mm
野縁 30×30@455
床:
ラワン合板 t=6mm 木材保護塗料 塗装
構造用合板 t=24mm
外壁:
ガルバリウム鋼板小波 t=0.35mm
通気胴縁 18×45@455
透湿防水シート t=0.18mm
PB t=12.5
構造用合板 t=9mm
高性能グラスウール24K t=100mm

右：内庭、東側から西側を見る。
左側にDK、正面の木製家具は少し飛び出していてトイレが入っている。
正面上部に見えるアルミサッシは防火戸で、
常時開放して過ごすことも可能。
右奥にカーテンで仕切られる露天的な浴室。
都市部の外部環境は日陰や風通しの悪いところも多く、
蚊などの害虫が生息しやすいため、快適に庭で過ごすのはなかなか難しいが
そういった虫を網戸によってフィルタリングした内庭は快適に過ごすことができる。
庭にはサロンでのアロマテラピーの施術に関連する香りの良い植栽を選んだ

2F Plan　1:300

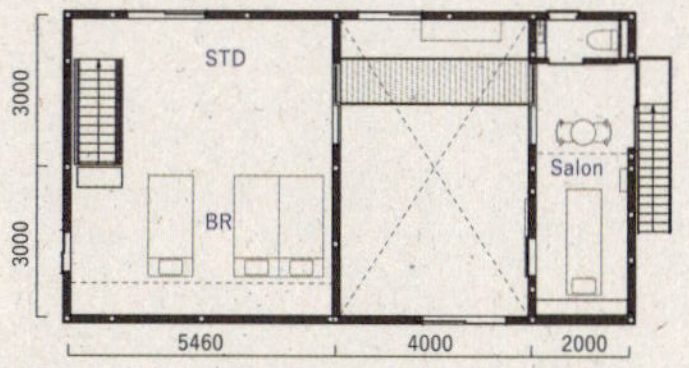
STD
BR
Salon
3000
3000
5460
4000
2000

1F Plan

E:玄関　G:内庭　L:リビング　D:ダイニング
K:キッチン　BR:寝室　STD:スタディルーム　Salon:施術室

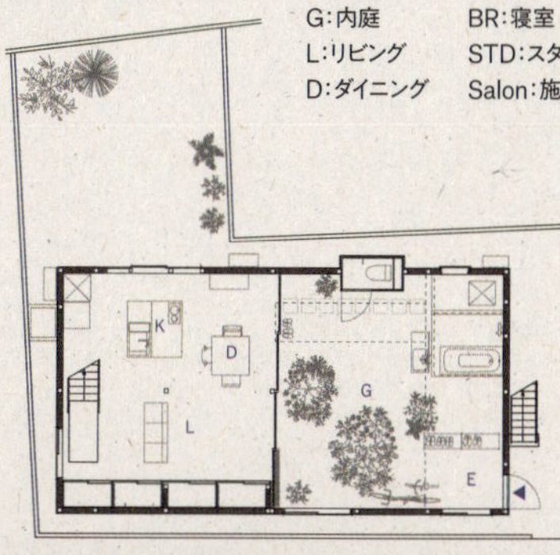
D
K
L
G
E

上:寝室からサロンへの吊り橋のような渡り廊下｜下:寝室

Section

1:120

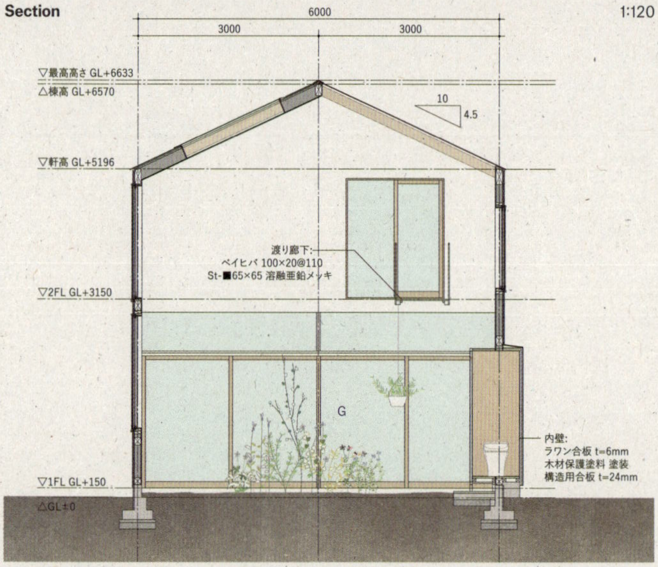

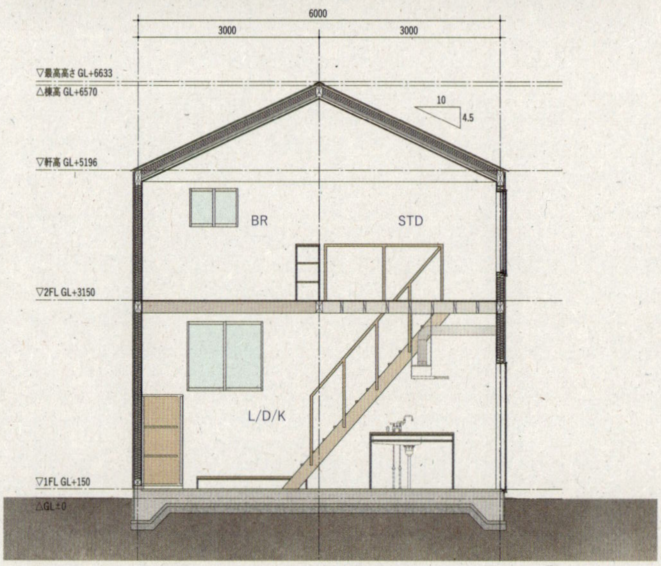

Study Process

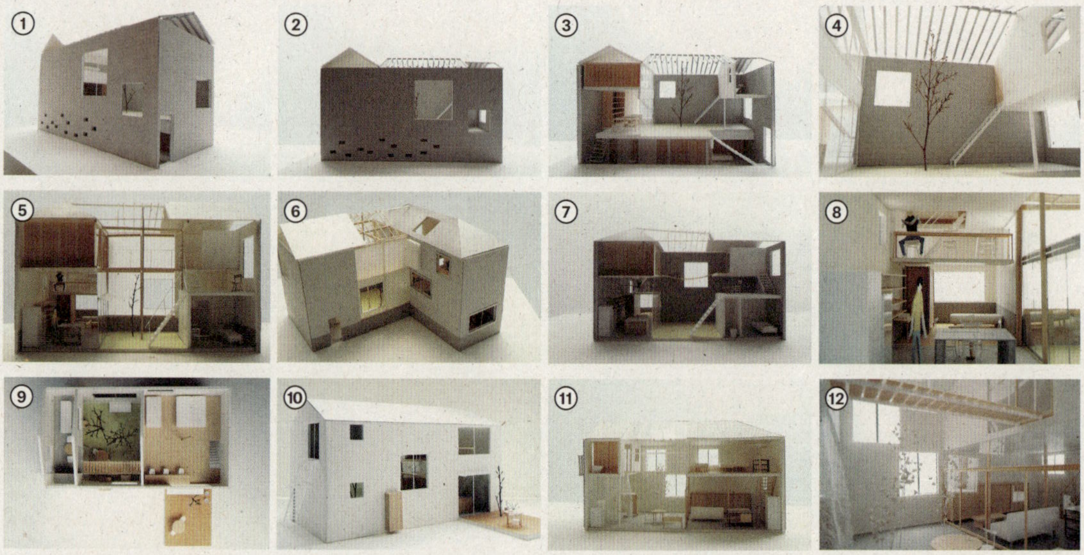

家の内部に外部を持ち込む事は早くから構想に上がり、コンクリートブロック造とすることがアイデアとして上がった①-④。
コンクリートブロック案は搬入の問題から、半地下はコストの問題から変更に⑤⑥。
庭には構造が生じないようにし、渡り廊下が吊り橋的な存在に⑦⑧。コストの問題からL字型からシンプルなプランに至った⑨-⑫

DRAWING -------- P. 048

House in Tsukimiyama
Location: Kobe, Hyogo
Type: Single Family House,Salon
Main structure: Timber; Two-storey
Site Area: 139.36m²
Building Area: 69.31m²
(49.74% of max 60%)
Total Floor Area: 117.37m²
(84.22% of max 200%)

Site Walk_Tsukimiyama

前面は2項道路で工事車両の通行が難しく、北側の住宅からは窓をこちらに向けないで欲しいとの要望もあった。西側の住宅は道路拡幅に備えてセットバックが終わっており、西側、南側とトップライトからの採光、通風をメインとして考えることにした

Construction Period

大径の材は搬入の面で使用が厳しく、小径材を方向性が生じないように使っている

Elevation

1:400

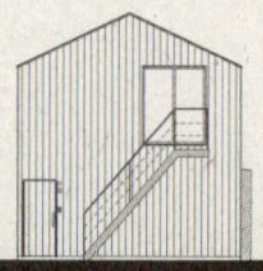

14｜垂水の住居

>>> P. 050

中間領域としての温室空間

真新しい住宅地では、小さな窓にカーテンが掛けられ、住人の営みが外に漏れ出していない住宅が多い。現代の住宅では、開口部に外部との境界面としての役割が集約されすぎているように思う。プライバシーを求める感情と温熱環境への配慮からつくられた重くて小さな開口部で、周辺環境やコミュニティと十分に関係を取り結ぶことはできるのだろうか。環境や周辺に対して、もう少しグラデーショナルにつながることはできないか。その思いからこの住宅では、庭としても室内空間の延長としても利用できる温室のような空間をつくることを考えた。そこで、周辺に散見される連棟長屋の形式に倣って、温室と室内空間をならべることにした。温室空間は日射や雨、風から室内環境を守るバッファーゾーンであり、同時に周辺コミュニティや人間関係とのインターフェイス装置でもある。住宅の半分を半屋外空間として自然エネルギーを手動で操作しながら利用し、半分は最小限の室内空間として少ないエネルギーで暮らす。新しくて懐かしい、庭と室内、住宅と街との関係をつくり出そうと試みた。

屋根詳細図　1:10

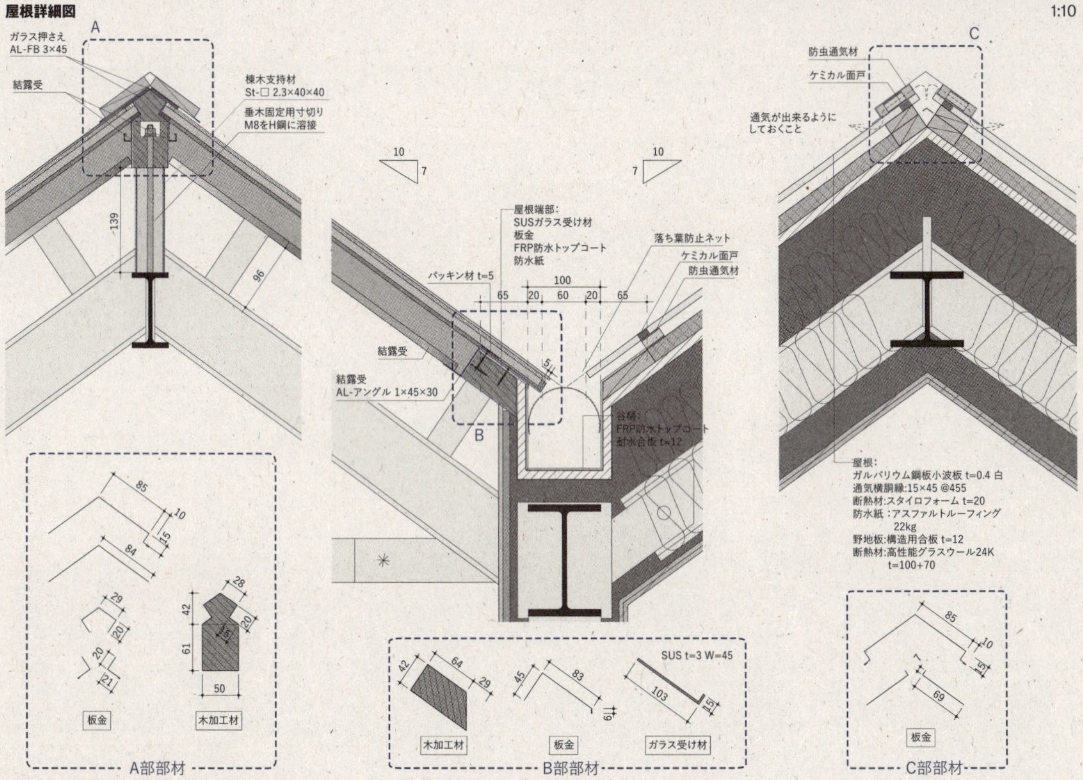

1F Plan

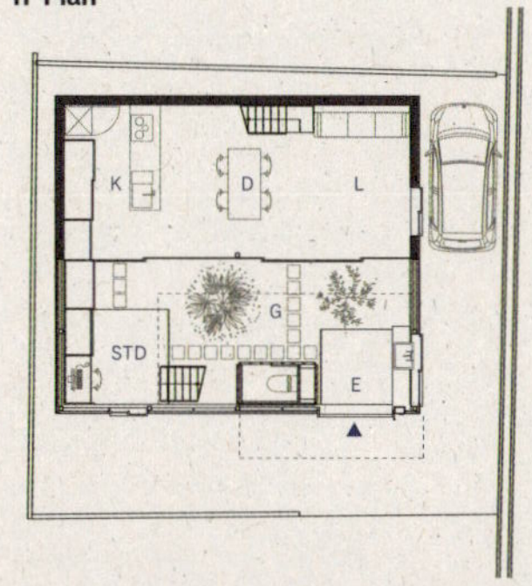

2F Plan　1:300

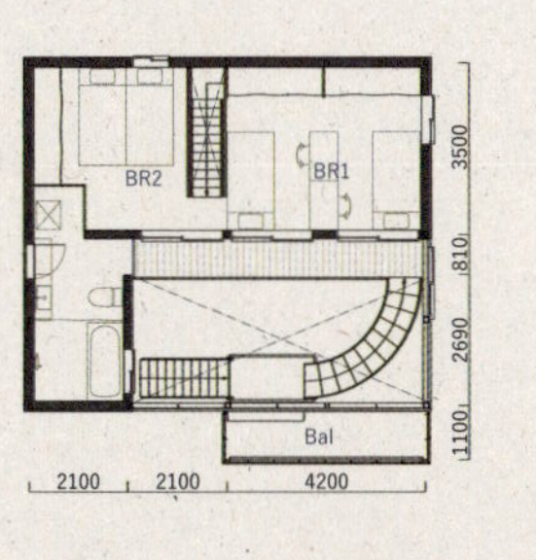

E:玄関　D:ダイニング　BR:寝室
G:中庭　K:キッチン　Bal:バルコニー
L:リビング　STD:書斎

トップライト部ディテール

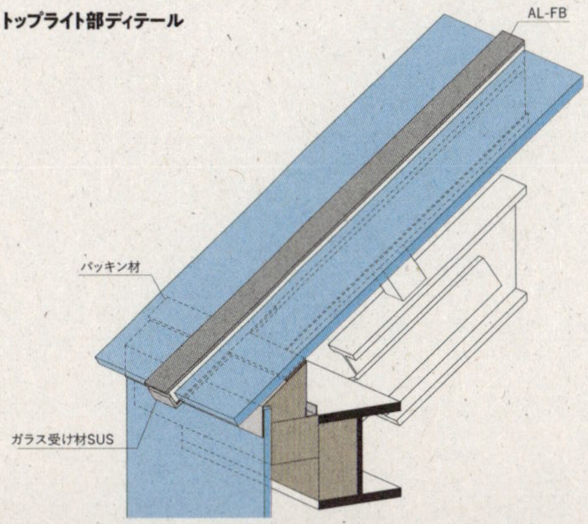

軽快な構造を活かすために

2つの家型が連続しているので必然的に谷樋が発生するのだが、これを納めるためには屋根防水面と構造材の間に十分なスペースが必要だ。天井が張られる室内側では隠蔽されるので問題ないのだが、庭側ではトップライトの支持材と構造材を一体とすると大きな部材に見えてしまう。そこでここでは構造材から40角の支持材を立ち上げて垂木を離してガラスを支持することで、軽快な構造を活かしつつ雨水の処理を可能としている。

日曜大工が得意なクライアントには、オートマティックに環境を制御されるより、大きな扉や窓、日除けを操作してヨットのように環境と付き合うことが合っていると考えた。温室の天井面には、クライアントによって水平状の簡単に開閉する日除けが設置される予定だ。屋根に降った雨はタンクに貯められ散水に使用される。住宅の半分を半屋外空間として自然エネルギーを手動で操作しながら利用し、半分は最小限の室内空間として少ないエネルギーで暮らす。新しくて懐かしい、庭と室内、住宅と街との関係を目指した。

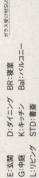

キッチンからリビングを見る。完全な室内空間であるリビング、ダイニングは最小限とする代わりに4mの天井高を与え、
2階の寝室は最小限の天井高としている。室内空間と、外部としても内部としても使うことができる半屋外空間、
玄関の庇を兼ねた洗濯物干し場としても使用される外部デッキ。それらを自在に行き来できるように2本の階段を架け渡している

温室内の浴室と書斎。
木箱の中はトイレと下駄箱。
温室内には、いくつかの機能と庭が
用意されているが、室内だけで
生活を完結させることもできる

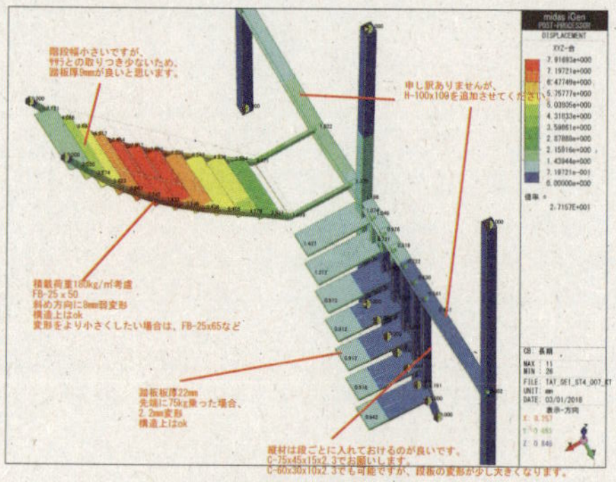

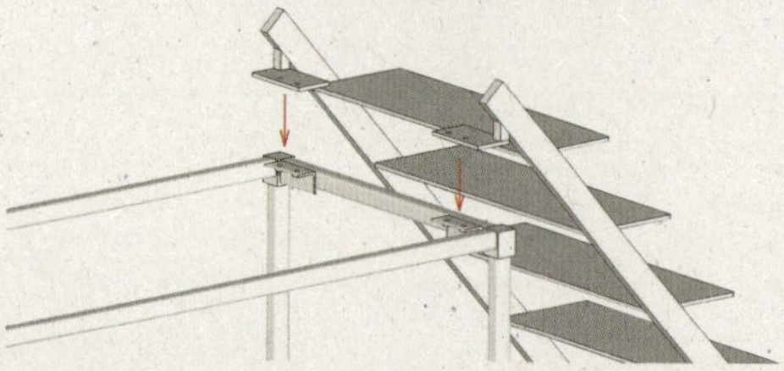

上：階段の構造解析／室内で階段が大きな存在となりすぎないように、
さまざまな形式の階段を構造設計事務所と試行した
下：庭の木箱の上に軽く掛けられたように見える階段は、
箱の内部に鉄フレームを仕込んで支えている

南側外観。夏季は浴室のジャロジー窓を通じて、
その奥に配置された有圧換気扇から熱を排出し、
屋根に降った雨はタンクに貯められ散水に使用される

Study Process

① 

② 

③ 

④ 

⑤ 

⑥ 

⑦ 

クライアントが、家のなかに庭のある「月見山の住居」を気に入っていたため、同じような案から考え始めた①②。見た目は上下で分かれ、実際は左右に庭と住居が内蔵されている案③④と、周辺を参照し左右に分割したような案⑤⑥。予算もあり⑤⑥案をより小さく発展させる案⑦から更に予算を抑えるために飛び出していたサニタリーを、庭の上部に内蔵する最終案となった

DRAWING -------- P. 050

House inTarumi
Location: Kobe, Hyogo
Type: Single Family House
Main structure: Steel; Two-storey
Site Area: 112.35m²
Building Area: 59.22m²
(52.72% of max 80%)
Total Floor Area: 106.09m²
(94.43% of max 240%)

Site Walk_Tarumi

ある程度年月を経た住宅地。敷地は角地に見えたが西側に隣地があり、いずれそこにも住宅が建つことが想像された。周辺に古くから建つ住宅はなぜか2連となっているものが多く、その建ち方やスケールを参照して室内空間と同じ大きさの温室のような空間を並べ、連棟長屋のようにすることを考えた

Construction Period

Elevation

1:400

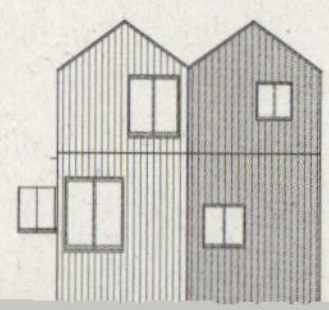

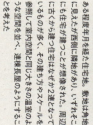

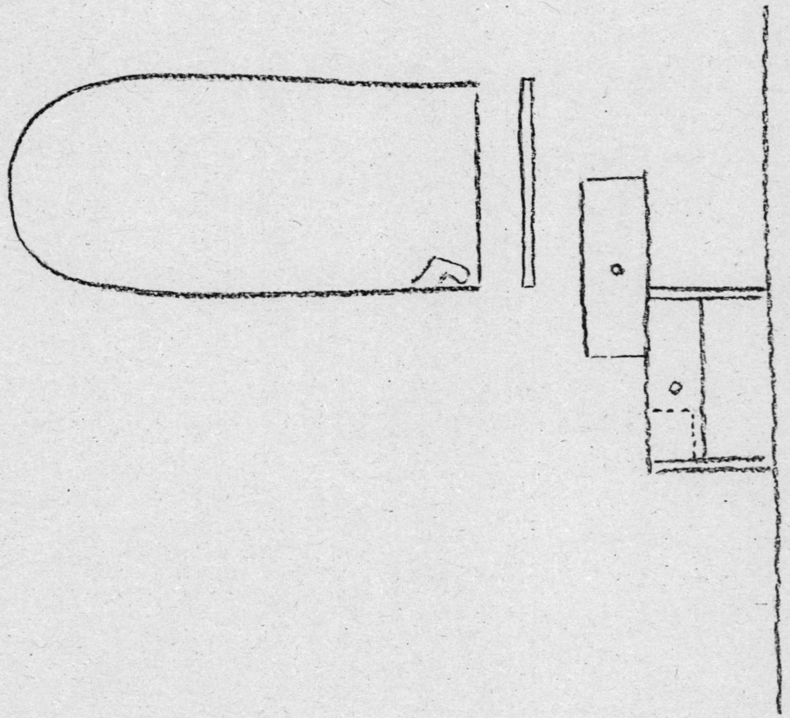

家具と建築のあいだで

In between Furniture and Architecture

住宅設計において最も大事なことの一つは住人と持ち物との関係だと言えます。持ち物を綺麗にしまい込み、ミニマルに暮らしたい人から、雑多に溢れかえる物の間で暮らしたい人までさまざまです。ミニマリストのための住宅の設計手法は十分に用意されていますが、雑多で素材も揃わない物の間で、どう暮らすのかについての設計手法はまだ十分に開発されていません。

———

学生時代に触れた『TOKYO STYLE』(都築響一)や『魔窟ちゃん訪問』(伊藤ガビン)という本には綺麗で整えられた部屋にはない、モノへの偏愛と生活感が魅力的で衝撃を受けました。

———

その『魔窟ちゃん訪問』のあとがきの一節に、「モノが多いだけの部屋はつまらなかった」が森のような部屋は魅力的だったというような文があります。森みたいな感じとは「そこにあるものがそこにある理由があり、かつ生きている、ってことですかね？でそういうもんがいっぱいある——(中略)——〝森〟にあるものは、ひとつひとつが独立した存在として扱われている必要がある、と。でもって、そいつらは忘れられるとすぐにまた死んでしまう」との事で、最近そのあとがきを再読して、まるで「宮本町の住居」[PP. 006–007]について述べているかのように感じました。まさにその住人の要望はたくさんの自分が愛する物たちが、マンションでの暮らしでは死蔵され忘れられていることに対し、あえて「収納のない家」を望んだのです。結果、引越し後の暮らしを見て、僕は「森のようだ」と感じたのでした。

———

「山崎町の住居」[PP. 070–071]では壁を兼ねた収納やトイレを木箱のように仕立て、吹き抜けの上に洗面台や机を、手摺を兼ねてあつらえました。ここでは建築的要素の一部を家具のように扱い、分離させることで、建築の構成をよりスッキリ感じさせることを目指したのですが、同時にあらかじめ家具的要素が建築にばらまかれ、用途を少し外した使い方をされることで、後から持ち込まれた家具が、(建築によって厳しくここに置けと言われていないような)自由に振る舞えるように感じたのも新鮮でした。「伊丹の住居」[PP. 074–075]や「豊中の住居」[PP. 076–077]でも、通常階段や手摺など、ミニマリスト的アプローチでは極力見えないようにデザインされる要素を、家具などの側に寄せてしまうことで、住人が持ち物を持ち込めば持ち込むほど、それらに紛れてしまって、階段や手摺などが目立たなくなり、空間がスッキリと感じられるのではないかと考えていました。

———

小さな住宅では柱一本とはいえ、相対的に大きなものとなってしまいます。だから「武蔵小山の住居」[PP. 080–081]では中央の柱を50角と家具のようなスケールとしました。それまでの住宅では建築の一部を家具化することで、家具と建築を一体化させようと考えていたというよりは、建築の中で家具的な要素を家具側に寄せて分離することにより、建築を屹立《きつりつ》させようとしていたのかもしれませんが、この住宅ではそのスケールもあいまって家具的、あるいは自動車などのプロダクトに近い性質になったように思います。

土との距離

Soil and Residents

土との距離が
ちかいこの家では
キッチンから手を伸ばして
庭のハーブを摘んだり
庭で遊ぶこどもの姿がとてもちかくて
リビングと庭と屋上が
スキップフロアみたいに
ちかく感じる

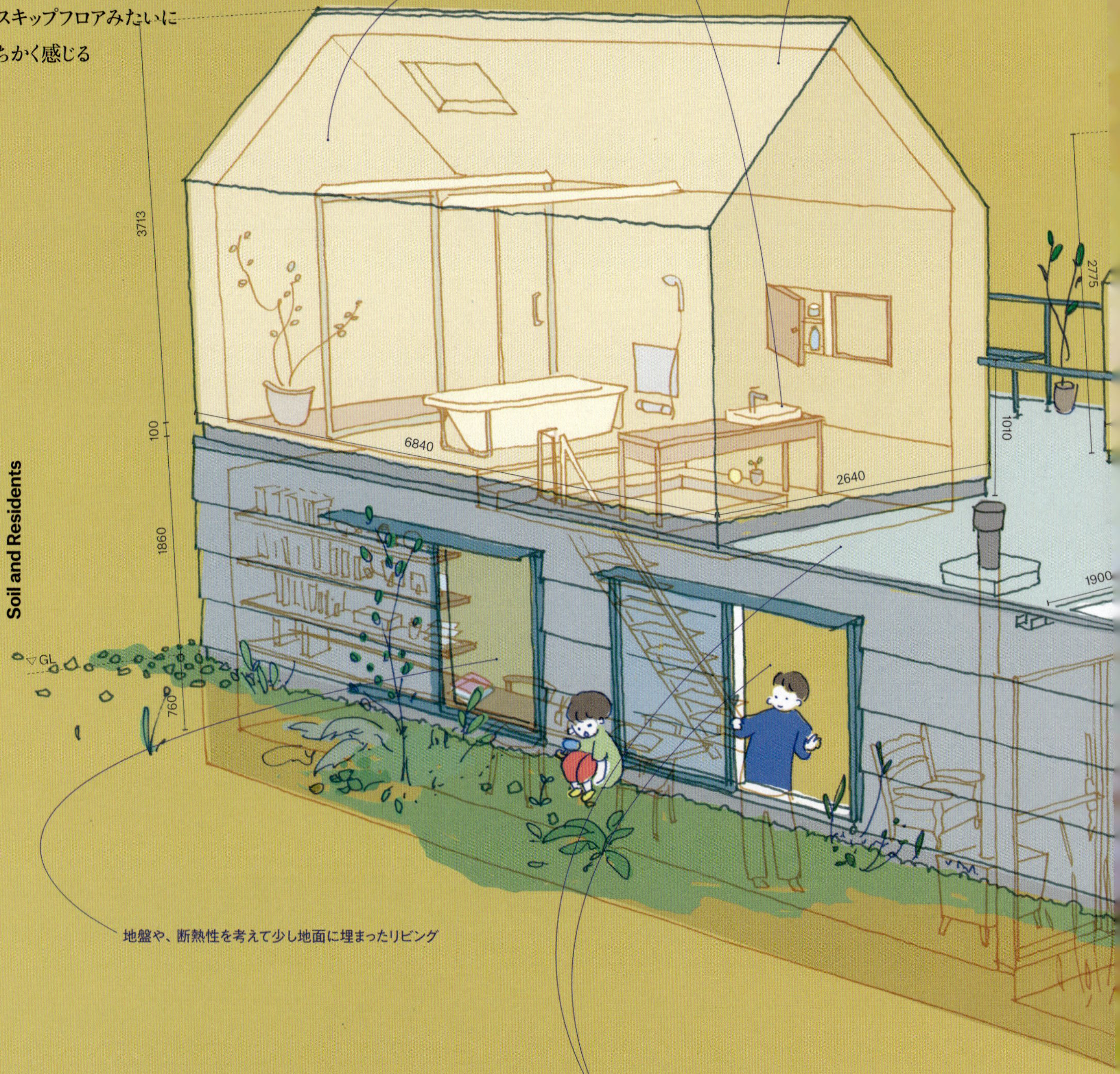
手摺を兼ねた洗面台
採光と通風のための
ポリカーボネイト波板で仕上げた
小屋（サニタリー棟）
物干しにも使われるバスコート
3713
100
1860
760
▽GL
6840
2640
2775
1010
1900
地盤や、断熱性を考えて少し地面に埋まったリビング
リビングと庭、庭と屋上はちかく、庭で遊ぶ子どもと
目線が合い、周囲の家の窓とは、ずれる

家のまわりに空をわけあたえる

Edit the Environment

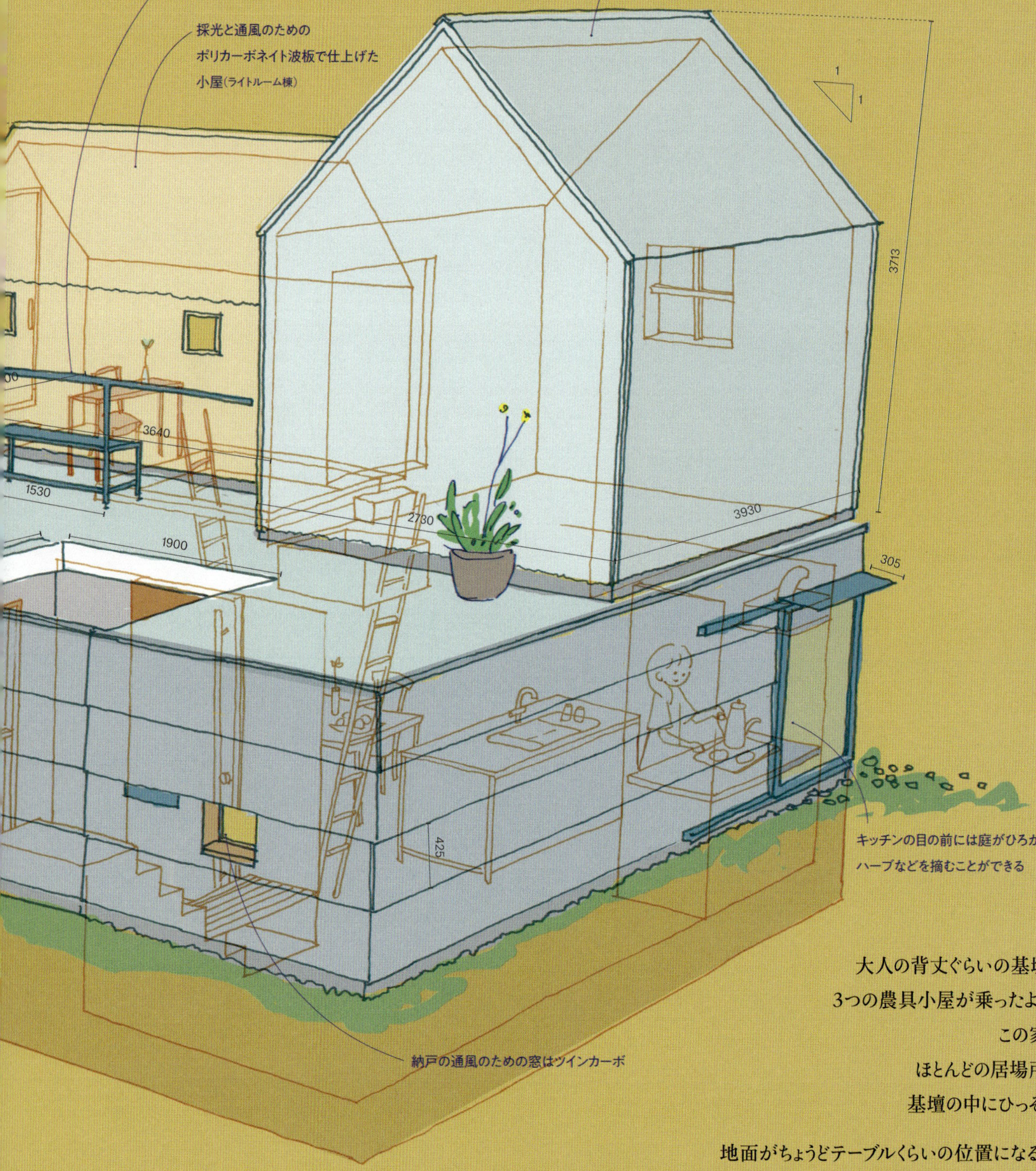
防水層を傷めないように
ベンチを兼ねて置いているだけの屋上手摺
採光と通風のための
ポリカーボネイト波板で仕上げた
小屋(ライトルーム棟)
ゲストルーム棟
外から見て基壇に見える場所に人の居場所があって
目立つ家型の場所はその他の用途
3713
3640
1530
1900
2730
3930
305
425
キッチンの目の前には庭がひろがって
ハーブなどを摘むことができる
納戸の通風のための窓はツインカーボ

大人の背丈ぐらいの基壇に
3つの農具小屋が乗ったような
この家の
ほとんどの居場所は
基壇の中にひっそりと

地面がちょうどテーブルくらいの位置になるよう
地面に埋まっている基壇は
家のまわりに空をわけあたえる

家のまわりに空をわけあたえるために
家を2つに切りわけて
つくられたガラス張りの階段室

異人館と、ワンルームマンションと
山と坂道に抱かれたこの場所で

異人館のような下見板張りの家と
ワンルームマンションのようなリシン吹付けの家を
階段で行ったり来たり
山の静けさと
街の営みを
交互に感じながら

家のまわりに空をわけあたえる

Edit the Environment

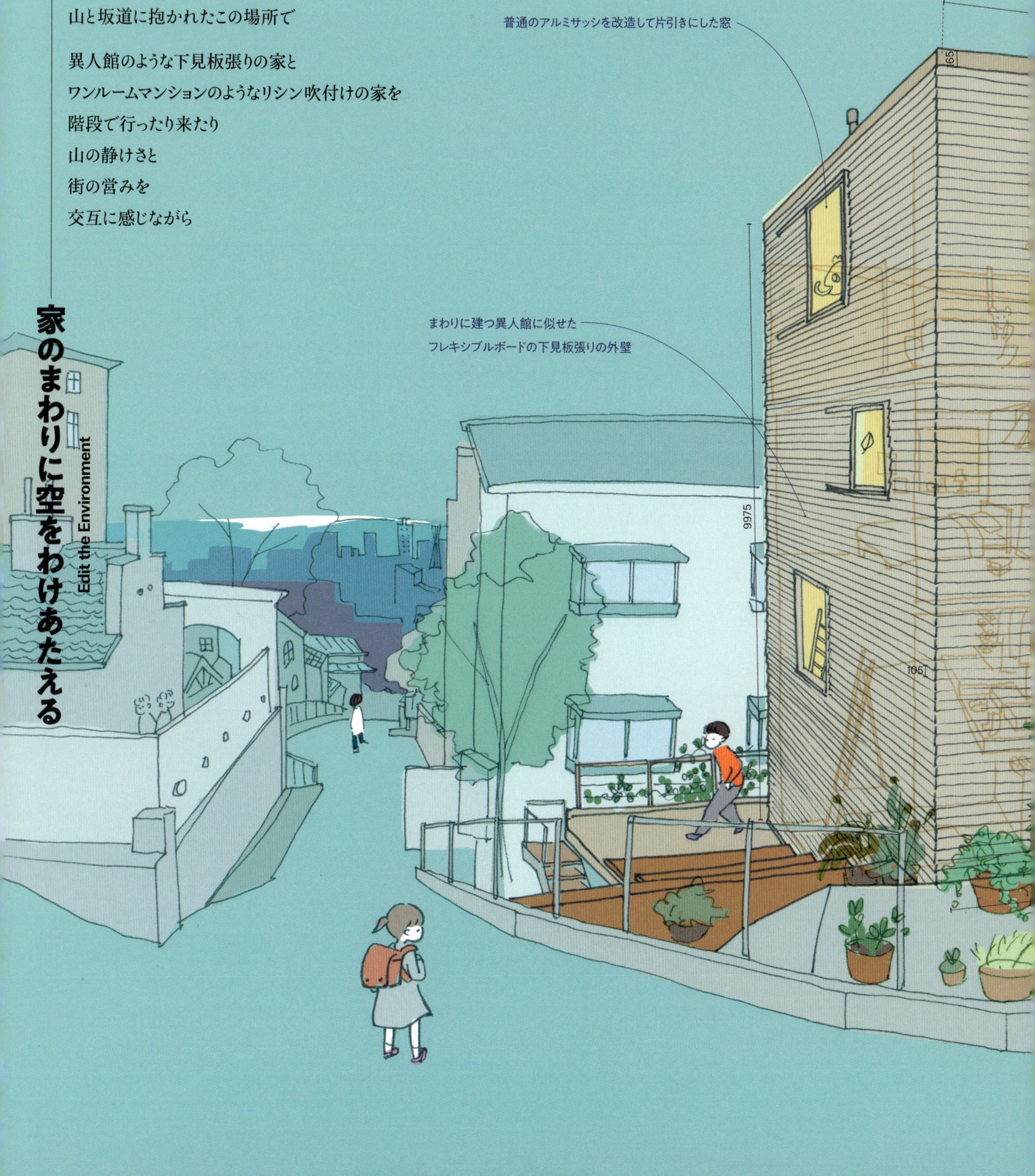

16｜北野町の住居2
House in Kitano2 / Tato House

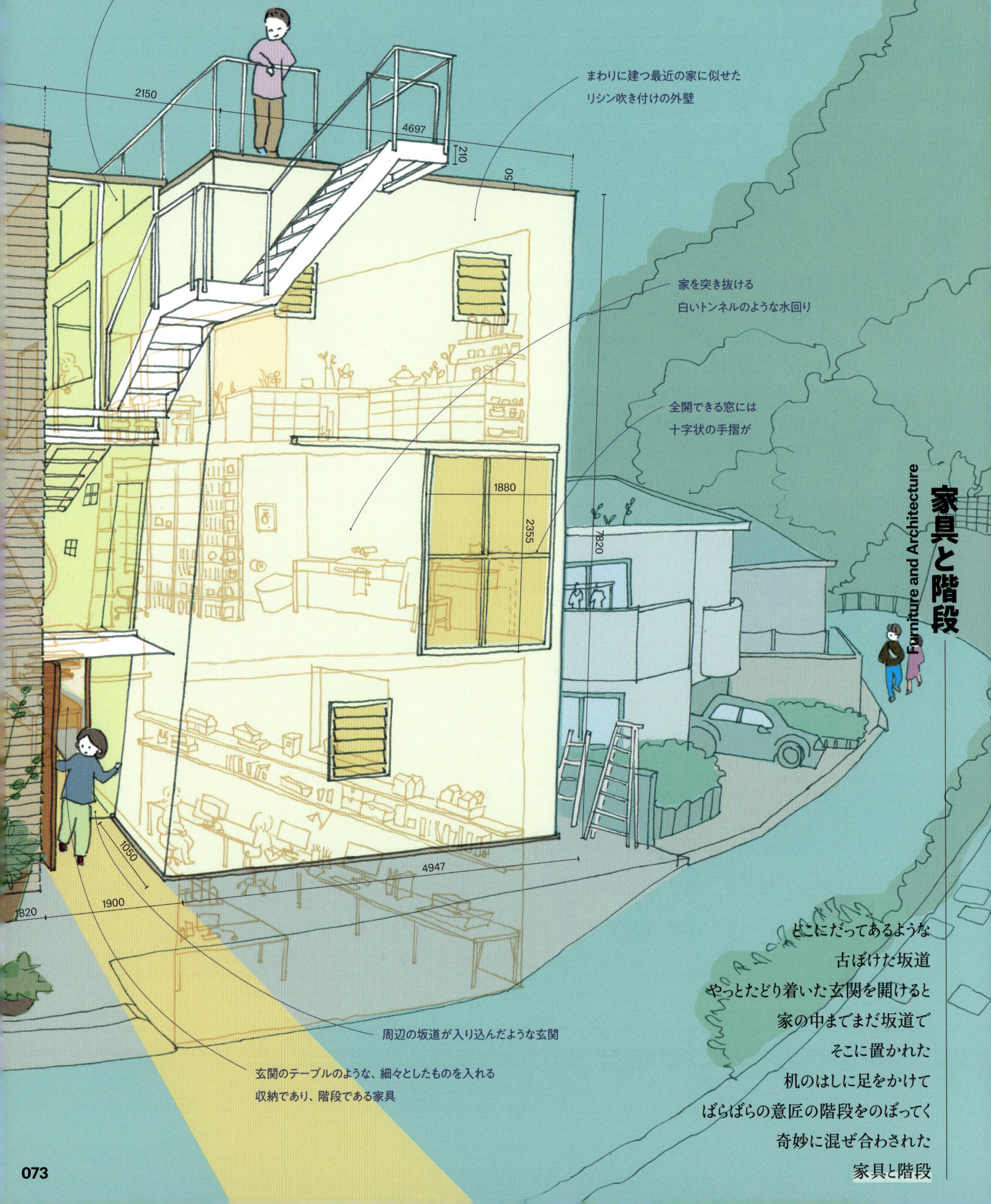

家具と階段
Furniture and Architecture

どこにだってあるような
古ぼけた坂道
やっとたどり着いた玄関を開けると
家の中までまだ坂道で
そこに置かれた
机のはしに足をかけて
ばらばらの意匠の階段をのぼってく
奇妙に混ぜ合わされた
家具と階段

家具と階段
Furniture and Architecture

家具と階段が
混ざりあったこの家で
家に帰ったぼくらは
箪笥の中の階段を通り抜けて2階へ
壁際の薄いクローゼットは
家の外に飛び出していて
トイレが隠れている

ぼくらの家では
いろんな家具や階段が
今日はたまたま
その用途に使われている
だけみたいに
思えてくる

南側の窓から直射光が
差し込むダイニング
階段の上に掛かったテーブルは
キッチンとつながる
2610
650
850
800
3160
493
313
1076
850
1950
トイレは壁の外に飛び出していて
室内からは薄いクローゼットのように見える

たくさんのものと活き活きと暮らす

Living Lively with Many Belongings

階段も
手摺も
洗濯機置場も
間仕切りも
すべて家具みたい
それらが
たくさんのものに
まぎれてしまって

この家の
骨格や光だけが
浮かび上がって
たくさんのものと活き活きと暮らす

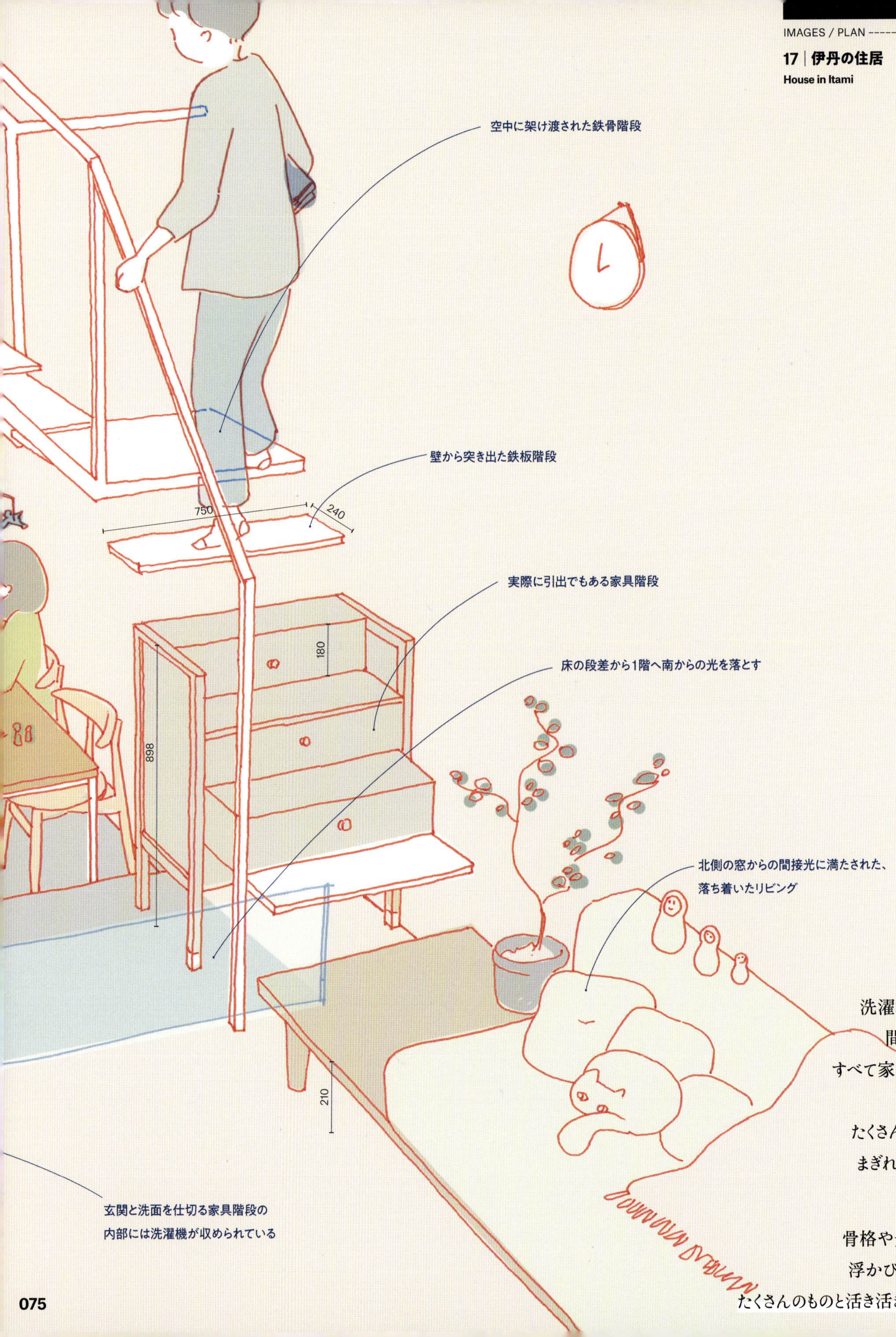
空中に架け渡された鉄骨階段
壁から突き出た鉄板階段
750
240
実際に引出でもある家具階段
180
898
床の段差から1階へ南からの光を落とす
北側の窓からの間接光に満たされた、
落ち着いたリビング
210
玄関と洗面を仕切る家具階段の
内部には洗濯機が収められている

たくさんのものと活き活きと暮らす
この家では
家具と階段と
踊り場と机と
浴槽と、外のテラスと
住人が持ち込んだ家具が
ひとまとまりになって
それぞれの場所をつくりだしている

たくさんのものと活き活きと暮らす

Living Lively with Many Belongings

法的制限に沿って段状になった天井

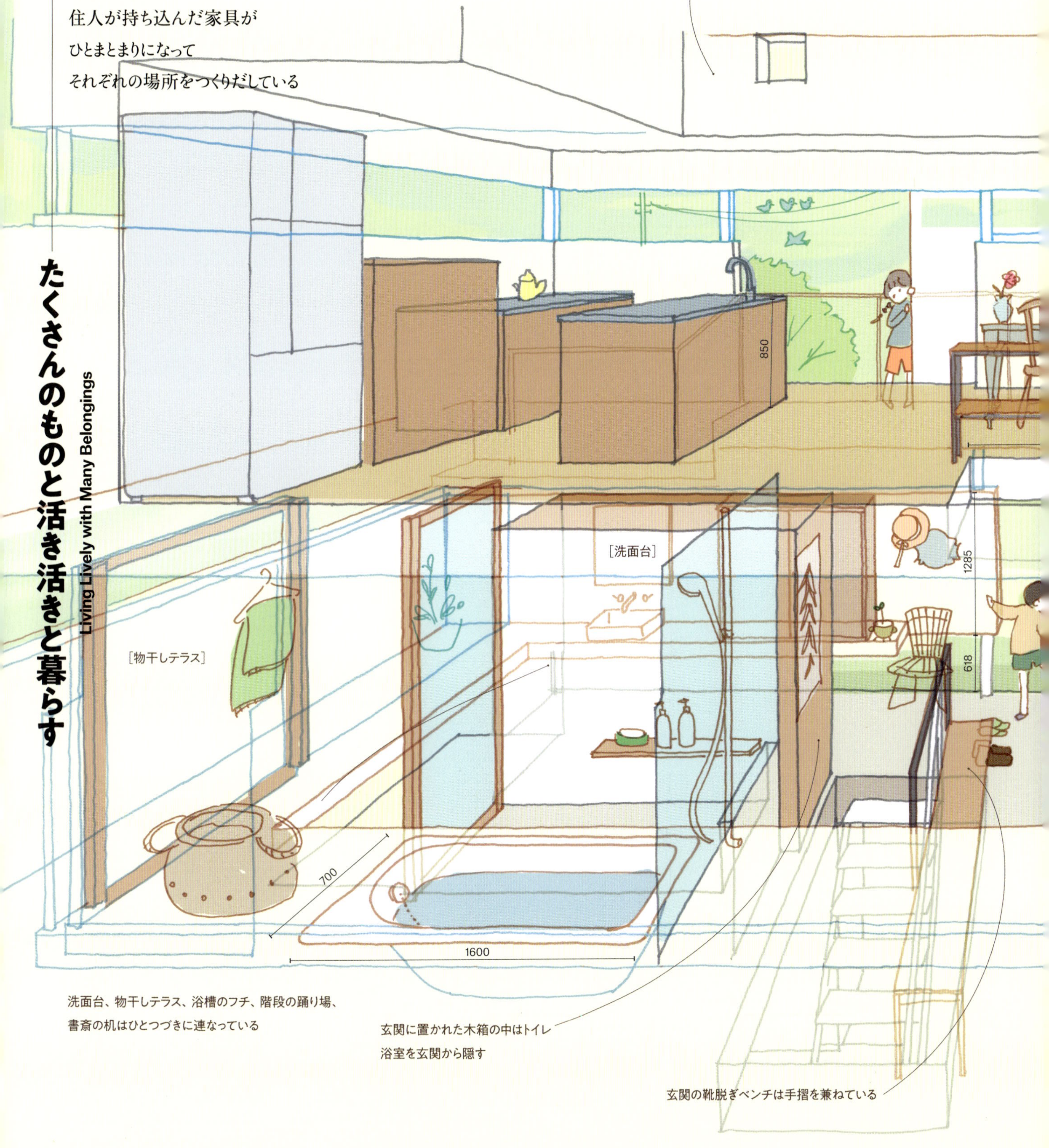

洗面台、物干しテラス、浴槽のフチ、階段の踊り場、
書斎の机はひとつづきに連なっている

玄関に置かれた木箱の中はトイレ
浴室を玄関から隠す

玄関の靴脱ぎベンチは手摺を兼ねている

18｜豊中の住居
House in Toyonaka

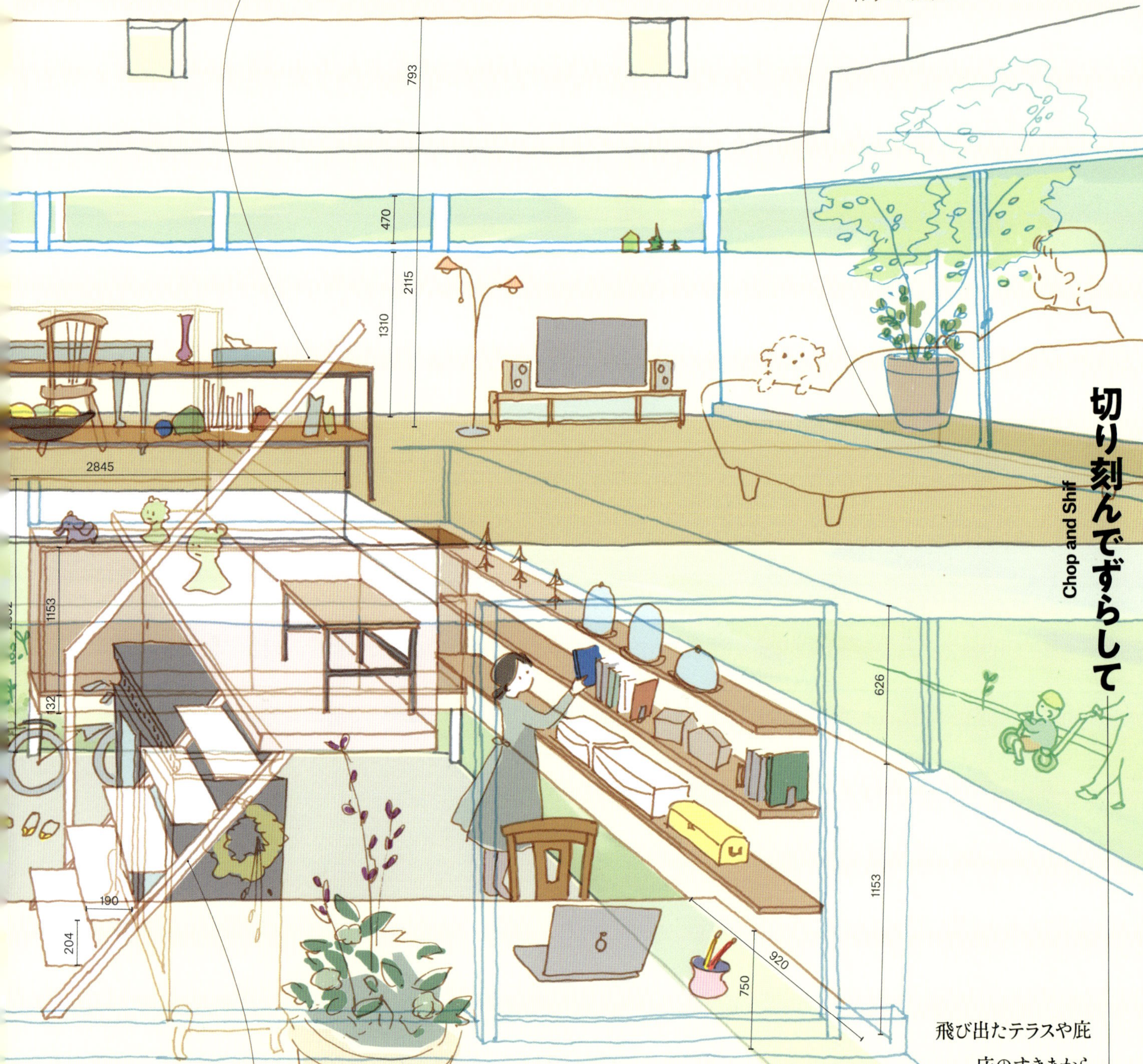
階段の開口の上に手摺代わりに置かれた棚
南東向きの
インナーバルコニー
机に立てかけられた梯子のような階段
793
470
2115
1310
2845
1153
132
190
204
626
1153
920
750

切り刻んでずらして

Chop and Shif

飛び出たテラスや庇
床のすきまから
まわりの風景が切り取られて入ってくる
外の環境を巻き込んで
取り入れる
本当は四角いこの家を
切り刻んでずらして

切り刻んでずらして

Chop and Shif

切り刻んでずらして
積みあがったような
この家にはいろんな
軒下やテラスが

道のそばに
その上に
裏の柿の木のそばに
バスルームの隣に
勉強机の前に

広がっている
飛び出して

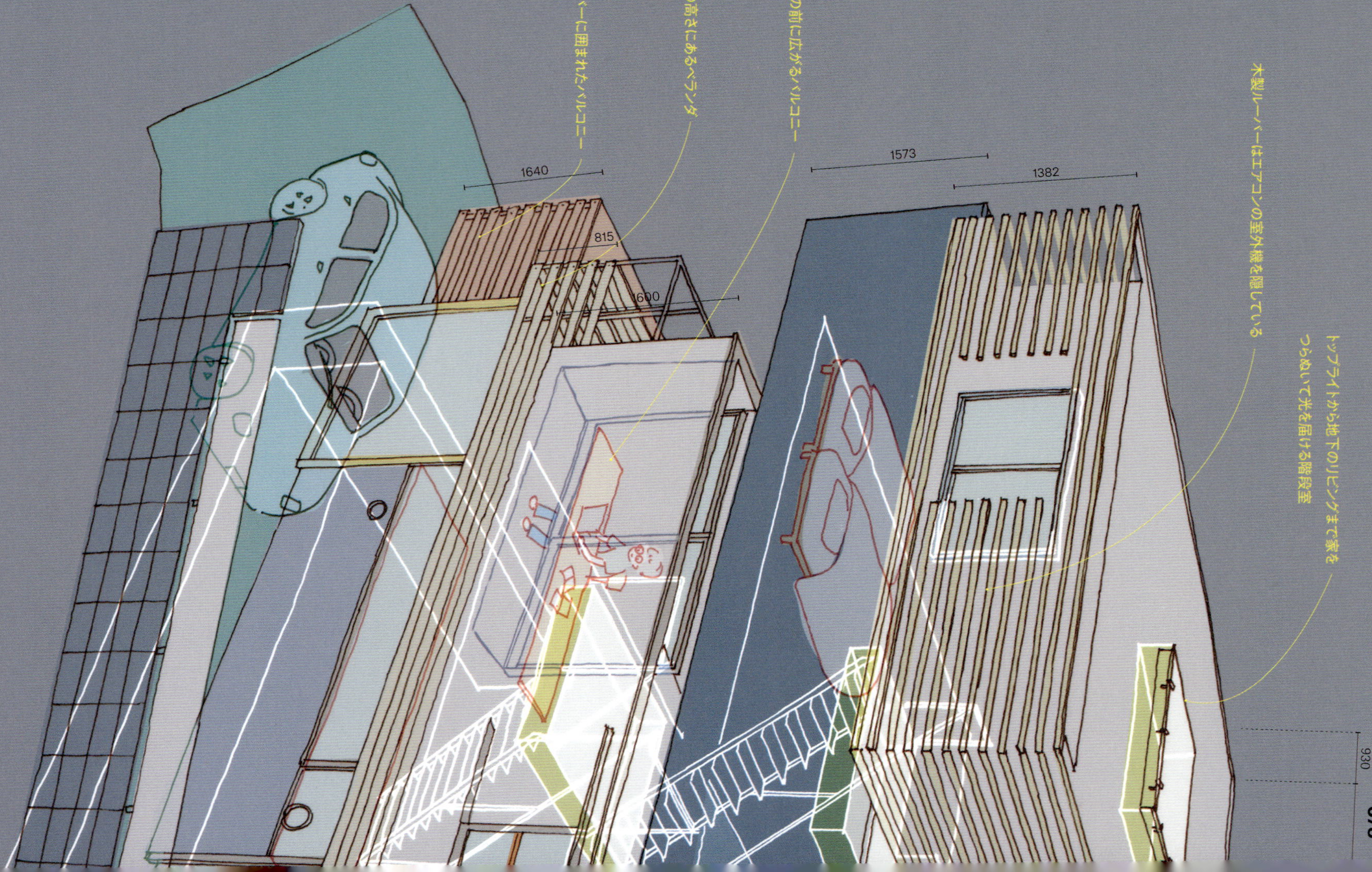

道のそばの、ルーバーに囲まれたバルコニー
GLから2mほどの高さにあるベランダ
勉強机の前に広がるバルコニー
木製ルーバーはエアコンの室外機を隠している
トップライトから地下のリビングまで家を
つらぬいて光を届ける階段室
1640
815
1600
1573
1382
930

わずかなすきまへ葉を広げる植物のように

Like a Plant Spreading Its Leaves into the Slightest Crevice

細かな網目のように
家を取り巻くちいさな道の
すきまに向かって
ずらされた箱の
上下と
家をつらぬく
吹き抜けと階段から
風や光を取り込む
わずかなすきまへ葉を広げる植物のように

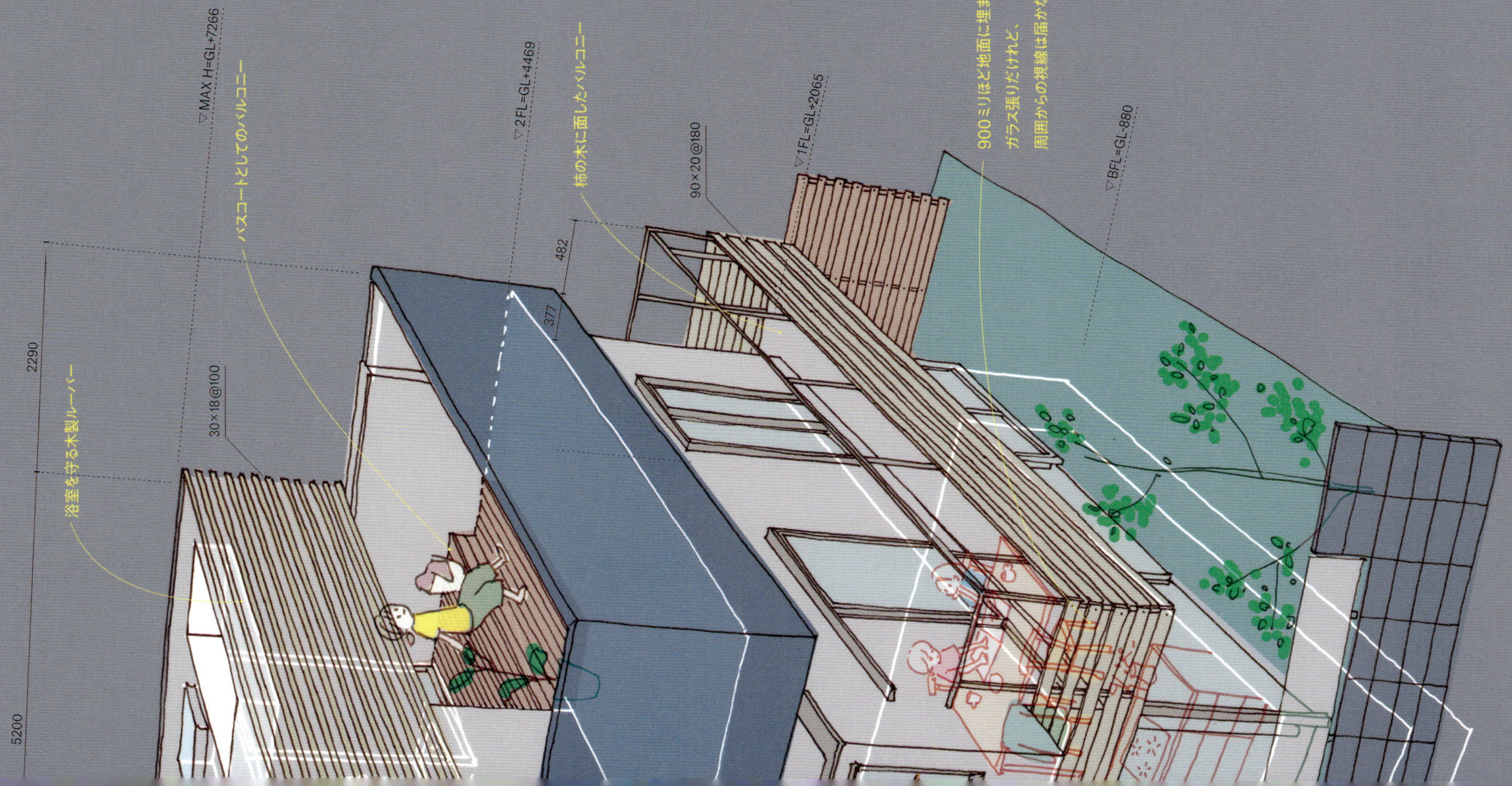

わずかなすきまへ葉を広げる植物のように
さまざまな場所が飛び出して
北側の公園へ乗り出すようにすわる
窓辺ベンチや
採光と収納をかねた出窓キャビネット
路地へ飛び出た玄関や浴室が

ちいさな家にもたらす
光と視線の抜け

わずかなすきまへ葉を広げる植物のように

Like a Plant Spreading Its Leaves into the Slightest Crevice

隣地の屋根をかわす
ハイサイドライト
メインの躯体から飛び出すバスタブから
北の公園の緑と南の空の両方を眺める
1200
1050
敷地の旗竿部分にまで
出迎えにいく階段と玄関
200
1420
階段下の自転車置き場

20｜武蔵小山の住居
House in Musashi-Koyama

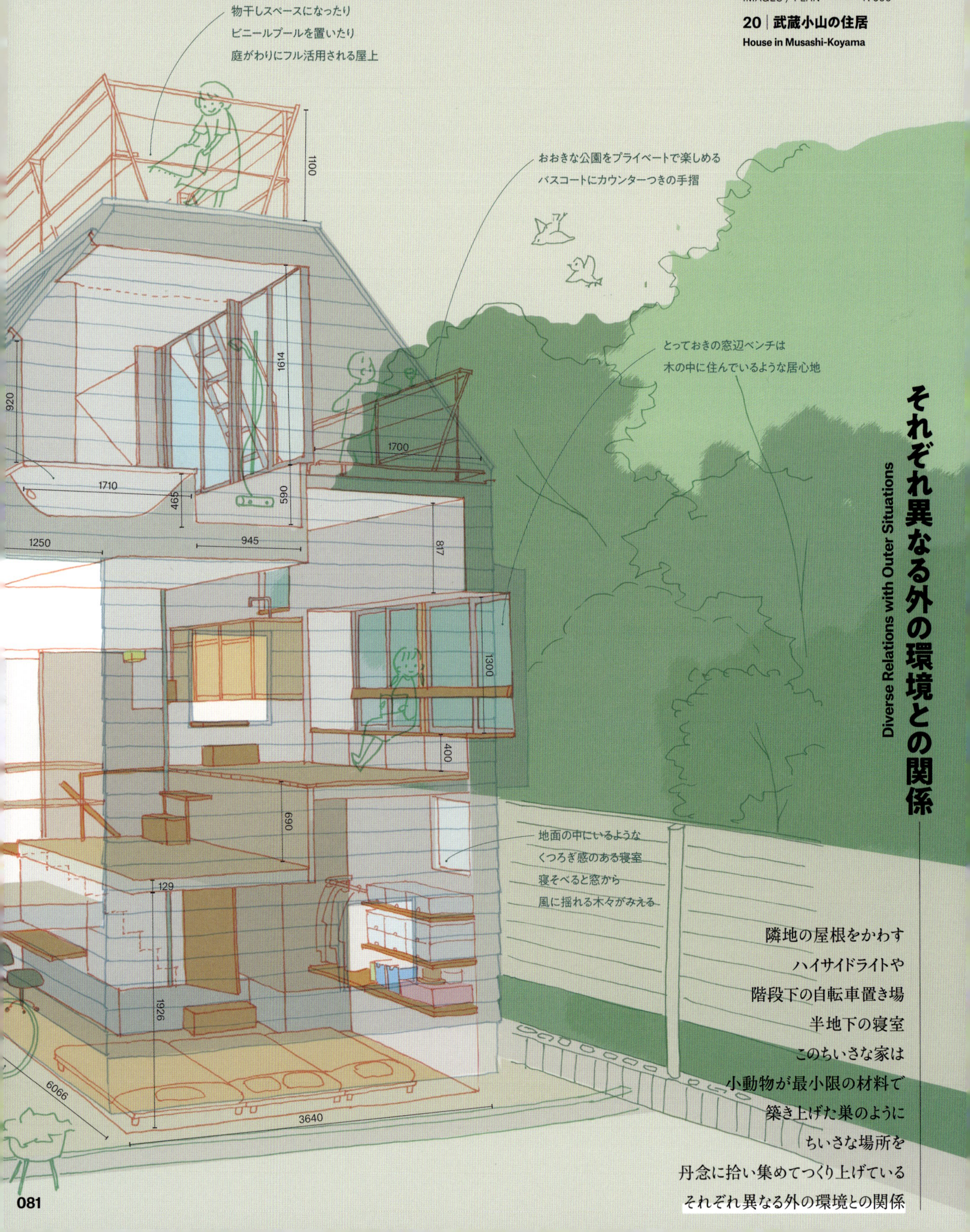

それぞれ異なる外の環境との関係

Diverse Relations with Outer Situations

隣地の屋根をかわす
ハイサイドライトや
階段下の自転車置き場
半地下の寝室
このちいさな家は
小動物が最小限の材料で
築き上げた巣のように
ちいさな場所を
丹念に拾い集めてつくり上げている
それぞれ異なる外の環境との関係

それぞれ異なる外の環境との関係
Diverse Relations with Outer Situations

それぞれ異なる外の環境との関係を
つくり出している窓

台形の平面の
一辺をおおきな窓にした「浅い」部屋は
外の環境とひとまとまりの部屋に

両端を窓にした、トンネル状の「深い」部屋は
両側の異なる質の外の風景を貫き通す

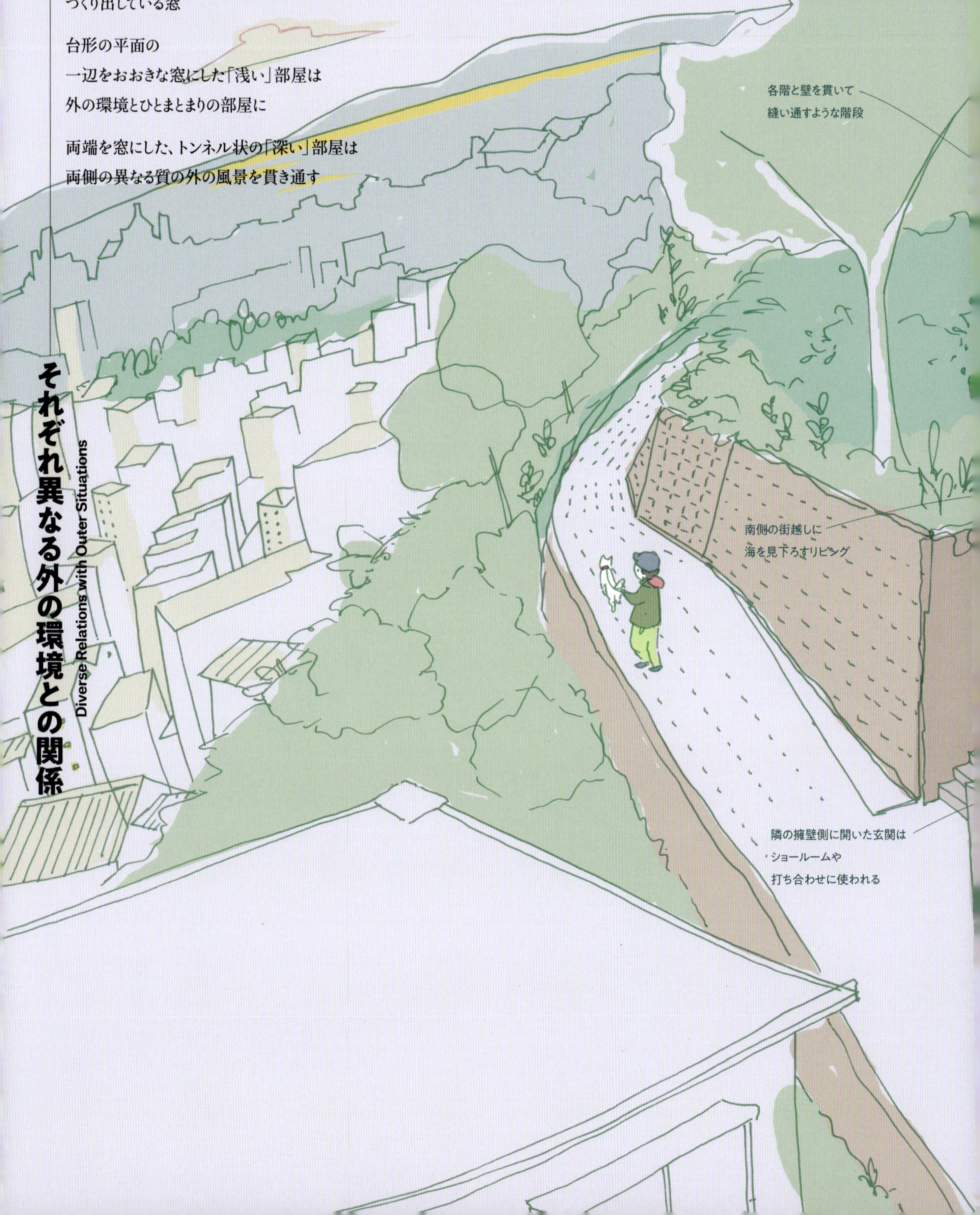
各階と壁を貫いて
縫い通すような階段
南側の街越しに
海を見下ろすリビング
隣の擁壁側に開いた玄関は
ショールームや
打ち合わせに使われる

P. 098

21 | 諏訪山の住居

House in Suwayama

ちいさな予感をつなげて

Linking Tiny Hints

正方形の平面を
ななめに切りわける壁が
階ごとに直角にくるりと
方向を変えている

そうやって、それぞれ
異なる外の風景とつながった部屋を
針と糸が
布の表裏を走るように
縫い通す階段が
ちいさな予感をつなげて

● 塩屋の住居2 IMAGES / PLAN --- PP. 152-153

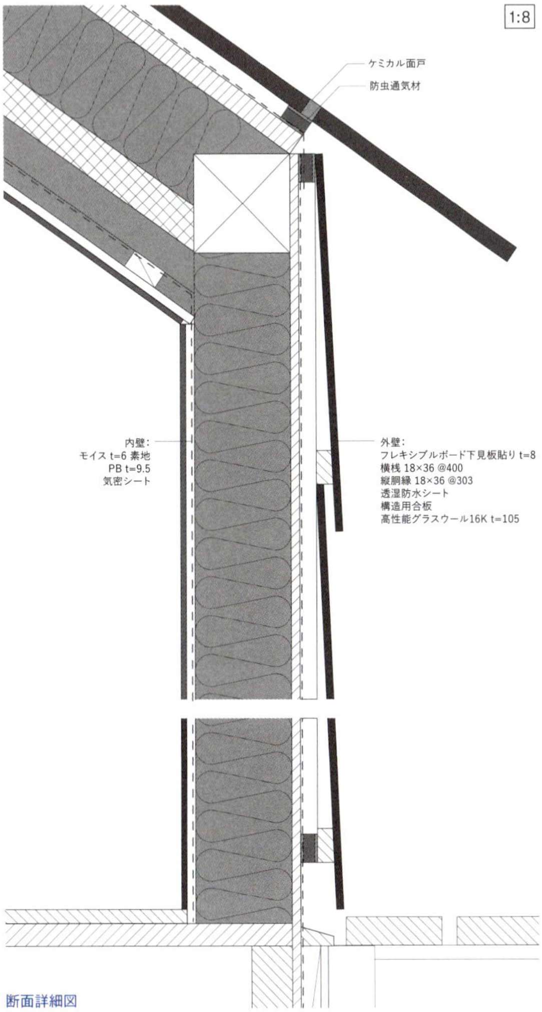

断面詳細図

フレキシブルボードt=8mm下見板張り

● 明石の住居 ---- PP. 158-159

ガルバリウム鋼板波板

● 武庫川の住居 -- PP. 032-033

杉ケボニー化処理縦羽目

● 豊富町の住居

フレキシブルボード18mm下見板張り施工中

焼杉：バーナー仕上げ

COLUMN

外壁について

外壁材に限らず安い材料は、高価な材料のようなわかりやすい価値が張り付いておらず、気取らない感じが好ましいが、丁寧に扱うと、清貧と言って良い気高さが生まれると思っている。ガルバリウム鋼板波板は耐久性も高く、そういった材料の一つだ。「六甲の住居」[PP. 106-107]等では農畜産施設用の硬質ウレタンフォームとガルバリウム鋼板波板が一体となった断熱材を利用したが、通気層があった方がより良いだろうと最近ではシンプルな波板を利用している。

焼杉も性能と価格のバランスが良い。焼杉とは杉板の表面を焼き、炭化層を作ることで耐候性・耐久性を上げた外壁材だ。日本に多く植林されている杉を使う点や、保護塗料を塗る方法と違いメンテナンスフリーに近い点が気に入って長く使い続けている。伝統的な方法は「三角焼き」という杉板3枚を三角柱状に固定して煙突状にして焼く方法で厚い炭化層ができる。杉板をバーナーで焼く方法もあり、炭化層は薄くなってしまうが、価格を抑えられる点もあり、耐久性もそこそこあるのでこちらをよく使う。ただし、あまりに薄い板を使うと反ってしまうので注意が必要だ。施工時には大工さんは真っ黒になってしまうし、最初は黒い炭も落ちやすく近所に気を使うが、粗いテクスチャーによってソリッドに仕上がり、設備配管等も黒く塗ってしまえば隠れてしまう。

杉材の有効活用という点では、「武庫川の住居」[PP. 016-017]にはケボニー化処理した杉材を使った。ケボニー化とは、トウモロコシの穂軸やサトウキビの搾りかすを原料として生成したフルフリルアルコールを木材に含浸し、熱を加えて重合させる処理だ。細胞壁内の空洞にフラン樹脂が詰まって密実になり、木材の硬さや腐朽に対する抵抗性が上がる。ウッドデッキや外壁材には、国産材では耐久性に難があり、薬剤の入った塗料でメンテナンスを続けるか、輸入材に頼るしかなかったが、こうした技術や熱処理などの新技術によって活用の幅が広がることを期待している。

また、フレキシブルボードを重ねて下見板張り状にして使うのは何度か試みている。最初に試みたのは「豊富町の住居」だが、「山崎町の住居」[PP. 070-071]では18ミリのフレキシブルボードを重ねて作った。この材料でしか作り得ないハードな表情が好ましかったが、大変硬い材料で切断などの加工は大変だった。「塩屋の住居2」[PP. 136-137]では3×6版(910×1820ミリ)の6ミリフレキシブルボードを半分に切って重ねるだけの簡素な作りとしたので価格を抑えることができた。すべて素地で仕上げていて特に問題も起こっていないが、「北野町の住居2」[PP. 072-073]では日当たりが悪い部分に少し黒ずみが発生したため、竣工後10年目のメンテナンスで撥水剤を塗布した。

左の壁がモイス、柱を挟んで右の壁がラワン合板。
奥の床がフレキシブルボード、
手前の床がナラフローリング

COLUMN

内装について

小さな住宅では素材が身体の近くにまとわりつくように存在するため、気をつけて選ばざるを得ない。外壁と同じく、予算が潤沢にあれば、さまざまな素材を試みることもあり得るのだけれど、大抵の場合限られた予算の中で選び取っていくことになる。一般的によく使われる石膏ボードに寒冷紗パテを施し塗装する方法は、よく気をつけて施工しないと割れが生じるし、壁紙も補修が大変であるため、白い壁面が欲しい場合はラワン合板を突き付けで張って白く塗装することが多かった。最初から目地があるので割れの心配はなく、ペンキは調色せず缶から出したものを塗ると汚れた場合の補修も簡単だ。とはいえ経年で色褪せていて色が合わないこともあるのだけれど。

サスティナビリティの観点もあり、最近は壁材としてモイスという板材の素地仕上げを使い続けている。これは、けい酸カルシウム板をベースに天然鉱物のバーミキュライト、珪藻土などを配合した板材で、調湿性や耐火性に優れており、耐力面材として使用できるため、ビスなども効く。また、廃棄しても有害物質が出ず、主成分である石灰やシリカは肥料、バーミキュライトは土壌改良材として働き、土に還る点も気に入っている。何よりも表層を白く塗って仕上げるのではなく、素材本来の色のごく薄い灰白色であるため、光の反射がやわらかく美しい。さらに、わずかな柔軟性があり、ラワン合板よりもうまく張りやすく、目地が目立たない。ラワン合板より素材自体の値段は高いが、大工工事ですべてが完結するので価格が抑えられる。ただ、石膏ボードをバンバンと張り、上下を廻縁や巾木で押さえて仕上げる方法に比べると手間はかかる。

床材は、できればナラ材等の広葉樹のフローリングで仕上げたいが、1階ではモルタルなどで土間にすることも多い。少し水をこぼしても気にしなくて良いラフさが良いが、クラックは避けられないので、その点は十分に説明が必要だ。上階でそのような表情が欲しい場合はフレキシブルボードで床を仕上げる。予算次第ではラワン合板仕上げにすることもあるが、キャスター椅子などを使う際は表面が剥がれてくる可能性があり、注意が必要だ。なるべく素朴で、値段のよく判らない、まだ価値観の張り付いていない材料を探し続けている。

15｜山崎町の住居

>>> P. 070

立体化した中庭

敷地は山間部ですぐ日が陰り、やや涼しい気候だった。クライアントからは、明るく、冬でも暖かい家をと望まれていた。斜面地を造成した敷地を良好な地盤面まで掘り下げるため、1階床面を地盤面から760mm掘り下げた。それにより屋上と地面が近くなり、敷地全体を庭のように使えるのではないかと考えた。敷地は住宅地の角に位置するため、屋上面を下げることで空や山などの周辺環境への抜けをつくり出すことは、この住宅地にとってもよいことのように思えた。その掘り下げた基壇の上に3つの家型の小屋を並べた。そのうち2つはポリカーボネイト波板で仕上げ、下階の採光や吹き抜けを利用した自然換気の役割を担っている。

外部から住居のように見える家型は実は常に滞在するようなスペースではなく、その下の基壇に生活がひろがっている。結果としてリビングは近隣の目線からは遠ざかり、庭や外で遊ぶ子どもの目線と近づくことになって、周辺環境から不思議な近さと遠さをつくり出せた。

2F Plan 1:300

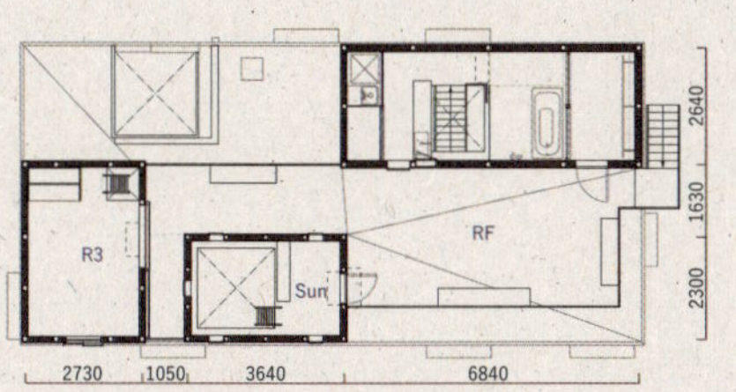

R3
Sun
RF
2640
1630
2300
2730
1050
3640
6840

1F Plan

E:玄関　R:個室
L:リビング　CL:クローゼット
D:ダイニング　Sun:ライトルーム
K:キッチン　RF:屋上

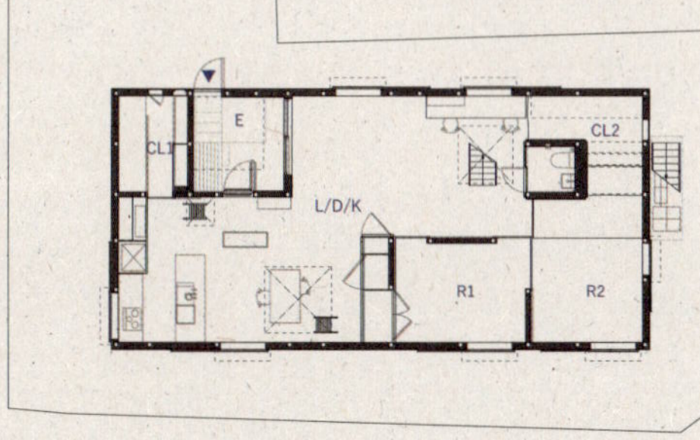

E
CL1
CL2
L/D/K
R1
R2

断面詳細図 1:20

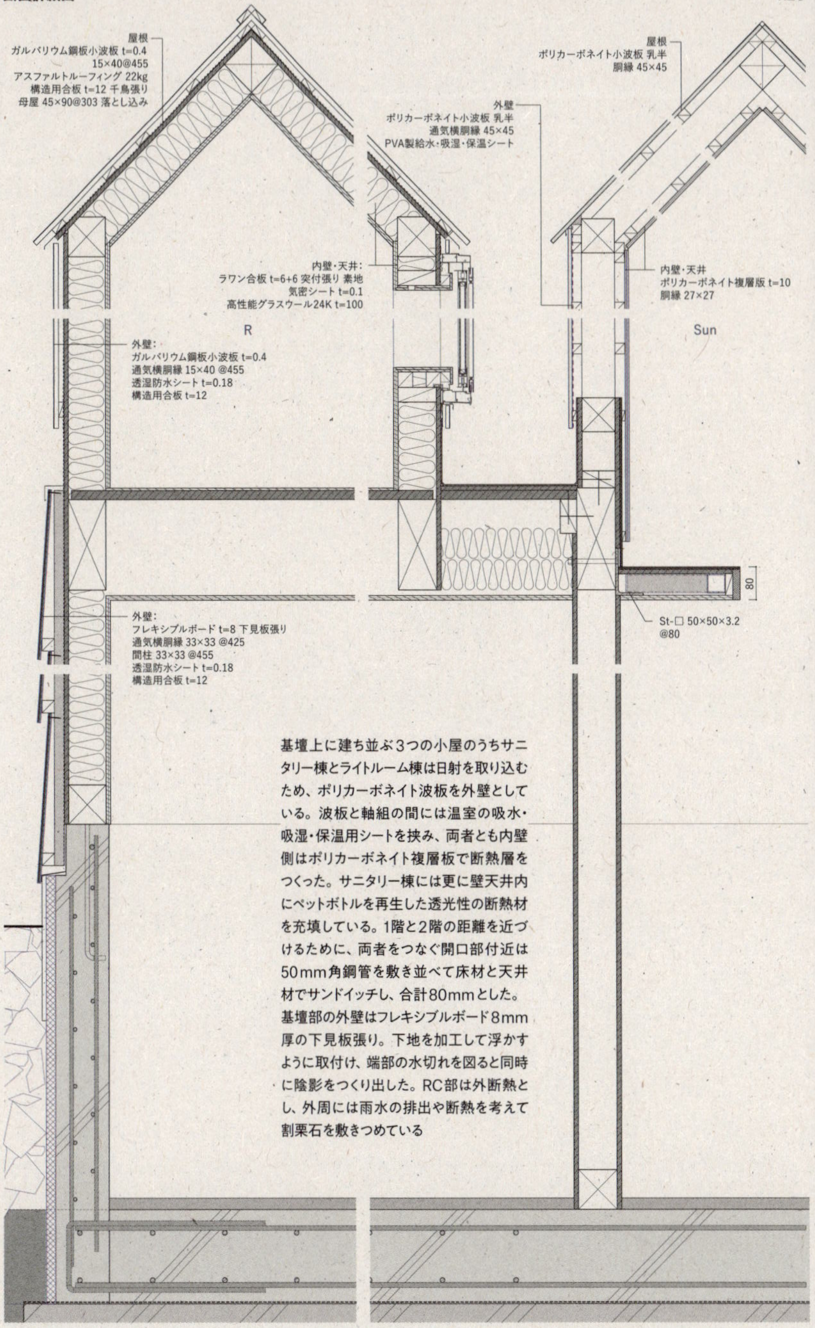

屋根
ガルバリウム鋼板小波板 t=0.4
15×40@455
アスファルトルーフィング 22kg
構造用合板 t=12 千鳥張り
母屋 45×90@303 落とし込み
屋根
ポリカーボネイト小波板 乳半
胴縁 45×45
外壁
ポリカーボネイト小波板 乳半
通気横胴縁 45×45
PVA製給水・吸湿・保温シート
内壁・天井:
ラワン合板 t=6+6 突付張り 素地
気密シート t=0.1
高性能グラスウール24K t=100
内壁・天井
ポリカーボネイト複層板 t=10
胴縁 27×27
R
Sun
外壁:
ガルバリウム鋼板小波板 t=0.4
通気横胴縁 15×40 @455
透湿防水シート t=0.18
構造用合板 t=12
外壁:
フレキシブルボード t=8 下見板張り
通気横胴縁 33×33 @425
間柱 33×33 @455
透湿防水シート t=0.18
構造用合板 t=12
80
St-□ 50×50×3.2
@80

基壇上に建ち並ぶ3つの小屋のうちサニタリー棟とライトルーム棟は日射を取り込むため、ポリカーボネイト波板を外壁としている。波板と軸組の間には温室の吸水・吸湿・保温用シートを挟み、両者とも内壁側はポリカーボネイト複層板で断熱層をつくった。サニタリー棟には更に壁天井内にペットボトルを再生した透光性の断熱材を充填している。1階と2階の距離を近づけるために、両者をつなぐ開口部付近は50mm角鋼管を敷き並べて床材と天井材でサンドイッチし、合計80mmとした。

基壇部の外壁はフレキシブルボード8mm厚の下見板張り。下地を加工して浮かすように取付け、端部の水切れを図ると同時に陰影をつくり出した。RC部は外断熱とし、外周には雨水の排出や断熱を考えて割栗石を敷きつめている

Section 1:150

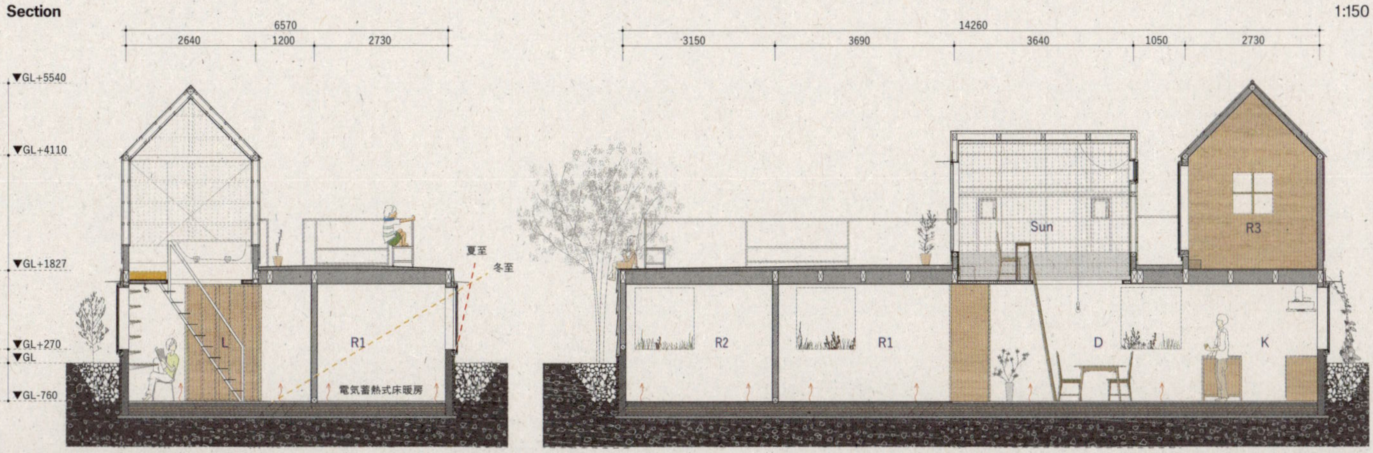

6570
2640
1200
2730
14260
3150
3690
3640
1050
2730
▼GL+5540
▼GL+4110
▼GL+1827
▼GL+270
▼GL
▼GL-760
夏至
冬至
L
R1
電気蓄熱式床暖房
R2
R1
Sun
D
K
R3

上：北側外観｜下左：リビング机前から入り口方向を見る。机の眼前には庭が、上部には洗面台が掛かり、壁と収納は箱に収められて、
後の「伊丹の住居／豊中の住居」で試みた動的な抽象性へと続く｜下右：洗面台前から浴室を見る
外壁はポリカーボネイト波板＋透光性断熱材＋ポリカーボネイト複層板による構成で吹き抜けを介して下階へ光を届ける

Study Process

① 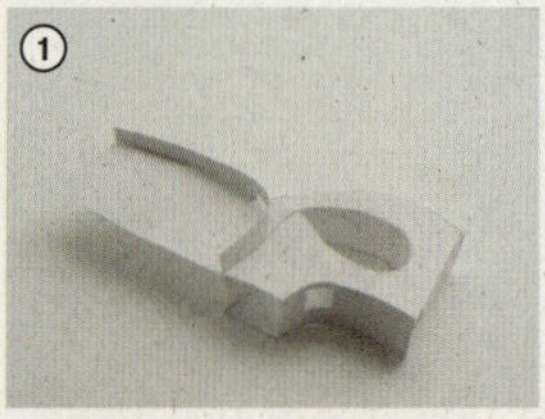

② 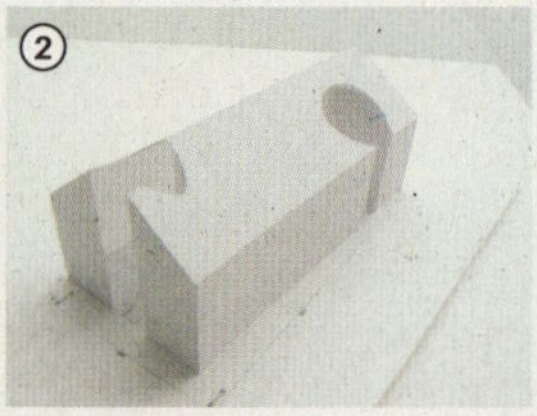

③ 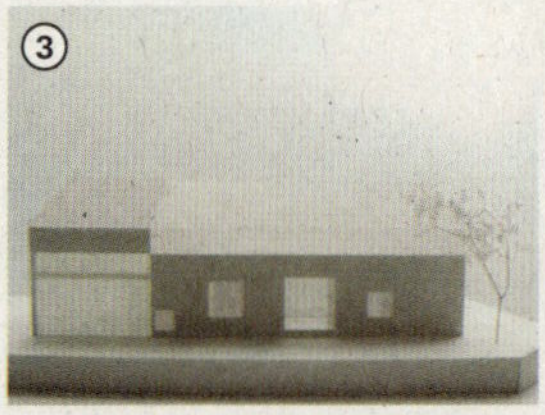

④ 

⑤ 

⑥ 

⑦ 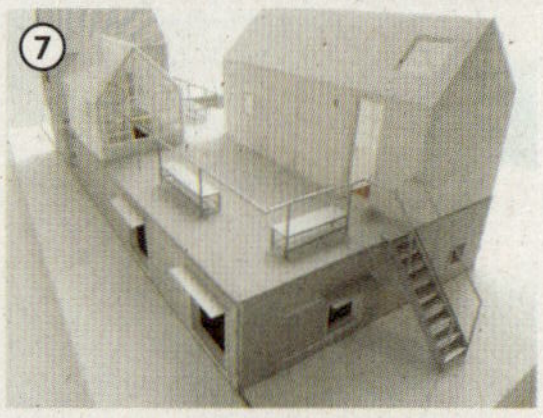

いくつかの中庭を内包した案①②の
構想から、温室的な半外部空間が
内包された案③④へ一気にジャンプし、
半外部空間の小屋と基壇という
最終案⑤-⑦へ進んだ

DRAWING -------- P. 070

House in Yamasaki
Location: Shisou, Hyogo
Type: Single Family House
Main structure:Timber; 2-storey
Site Area: 231.72 m²
Building Area: 93.68 m²
(40% of max 60%)
Total Floor Area: 119.11 m²
(51% of max 200%)

SITE WALK_Yamasaki

敷地は曇天の多い山間部で、田畑が住宅地に置き換わっていく境界に位置する真新しい住宅地の角。2階建てのボリュームを建てると、住宅地から山への視線の抜けが損なわれるのが気がかりだった

Construction Period

階間の距離を近づけるために50mm角の鋼管を密に敷き並べ、吹き抜けの床を構成している

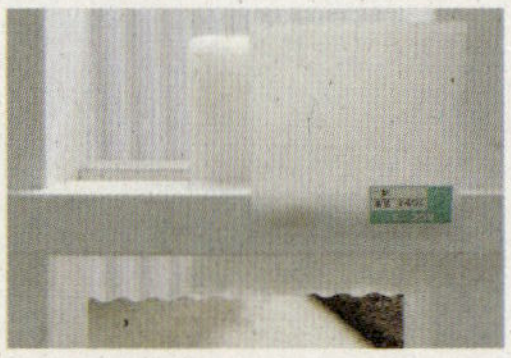

浴室棟壁構成モックアップ

Elevation 1:400

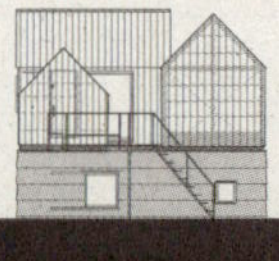

16｜北野町の住居 2

>>> P. 072

敷地を愛する方法を見つけ出すこと

建築設計とは、敷地を愛する方法を見つけ出すことだ。建築により、その環境がより魅力的に感じられるような在り方を、いつも探している。

この住宅は都市と自然の境界に位置する。まず歪な形の敷地から道路斜線を巧妙に避けられる平面を探し出すと、平行四辺形となった。これをそのまま立ち上げると、北側道路に対して巨大すぎて、自らが建つ環境を損なう。そこで道路面より上は2つに分割し、その隙間を階段室とした。分棟のような外観は、それぞれ周囲の異人館の下見板壁とワンルームマンションの新建材による壁を参照している。一方、南側から見ると一体感のある外観とし、分棟にも1棟にも見える事で認識に揺らぎをもたらす。

階段室の床は周辺の坂道と同じ勾配で建物に入り込んでいる。路地のような階段室と、階段とまぜあわされた家具、鏡に映り込み食卓のように見える洗面台。そういったすべてにより、認識がずらされ、窓の外の集合住宅の壁面や室外機も、なにか浮遊感を持った、新鮮な風景に感じられればと考えた。

上：南側では構造的につなげてHPシェル状にデッキを張り出す。一体感のある外観とし、足下に建物に囲まれた中庭のような場所をつくり出した。分棟にも1棟にも見える事で認識に揺らぎをもたらす
右上：東側道路から眺める
右中：北側外観｜右下：階段室

Section 1:300

E：玄関
L：リビング
D：ダイニング
K：キッチン
ATL：アトリエ
R：ゲストルーム
BR：寝室
STD：書斎
CL：収納室
V：ベランダ

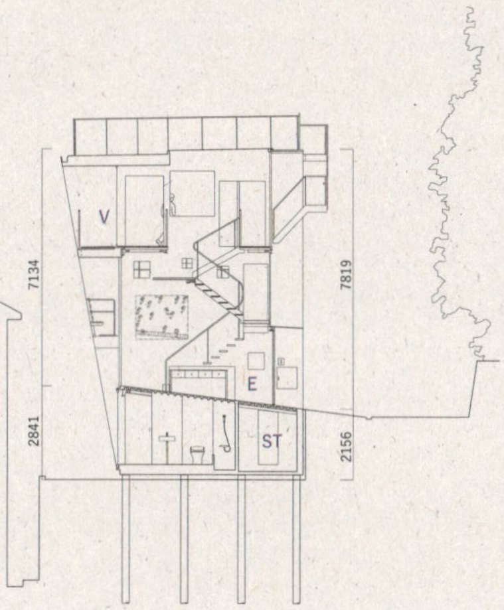

1F Plan 1:300

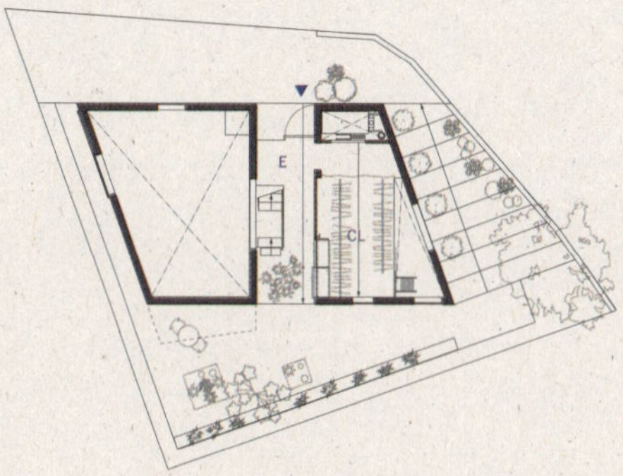

3F Plan

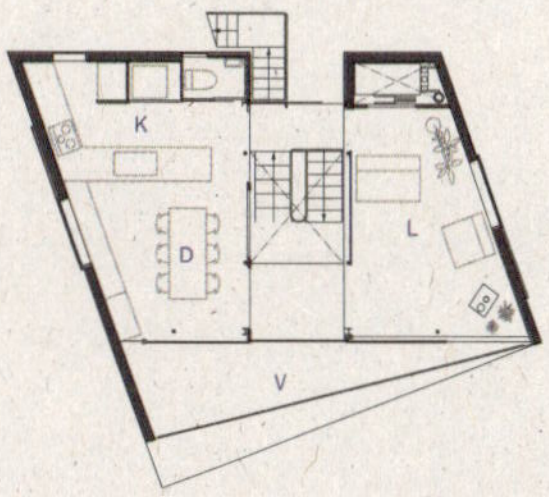

B1F Plan

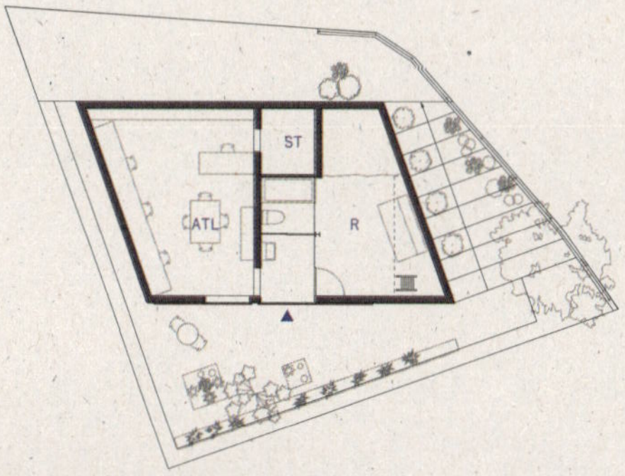

2F Plan

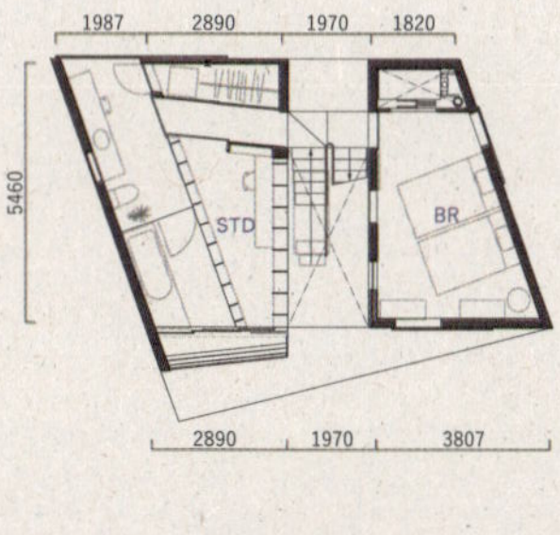

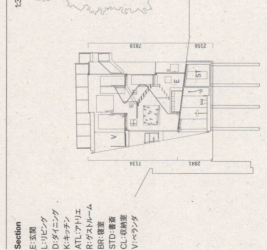

DRAWING -------- P. 072

House in Kitano2
Location: Kobe, Hyogo
Type: Atelier+House
Main structure: Steel; 3-storey, 1-below
Site Area: 130.11 m^2
Building Area: 47.30 m^2
(34.58% of max 80%)
Total Floor Area: 123.776 m^2
(90.49% of max 240%)

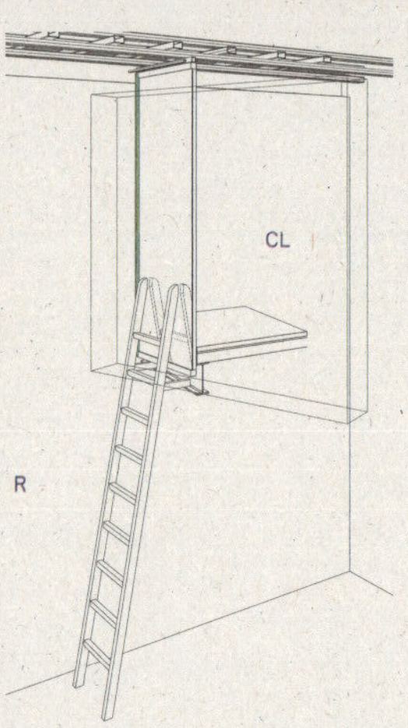

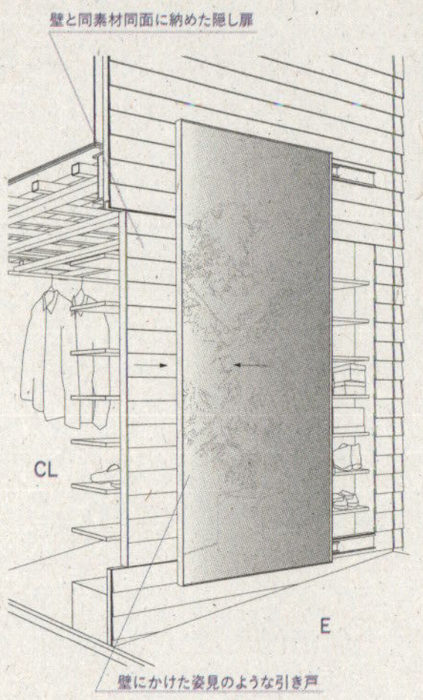

上:寝室には空やキッチンを見るための鏡張りの回転窓、絵を見るための窓などさまざまな開口を用意した
左・右:ゲストルームと収納室をつなぐ梯子は鏡に写り込んで、虚像の空間に掛かる脚立のように見える
中:収納室と階段室の双方から使える棚の引違い戸。一方は壁と同素材同面に収めて隠し扉とし、一方は壁にかけた姿見のように設え、引き出し用のスライドレールで動く

断面パース

1:100

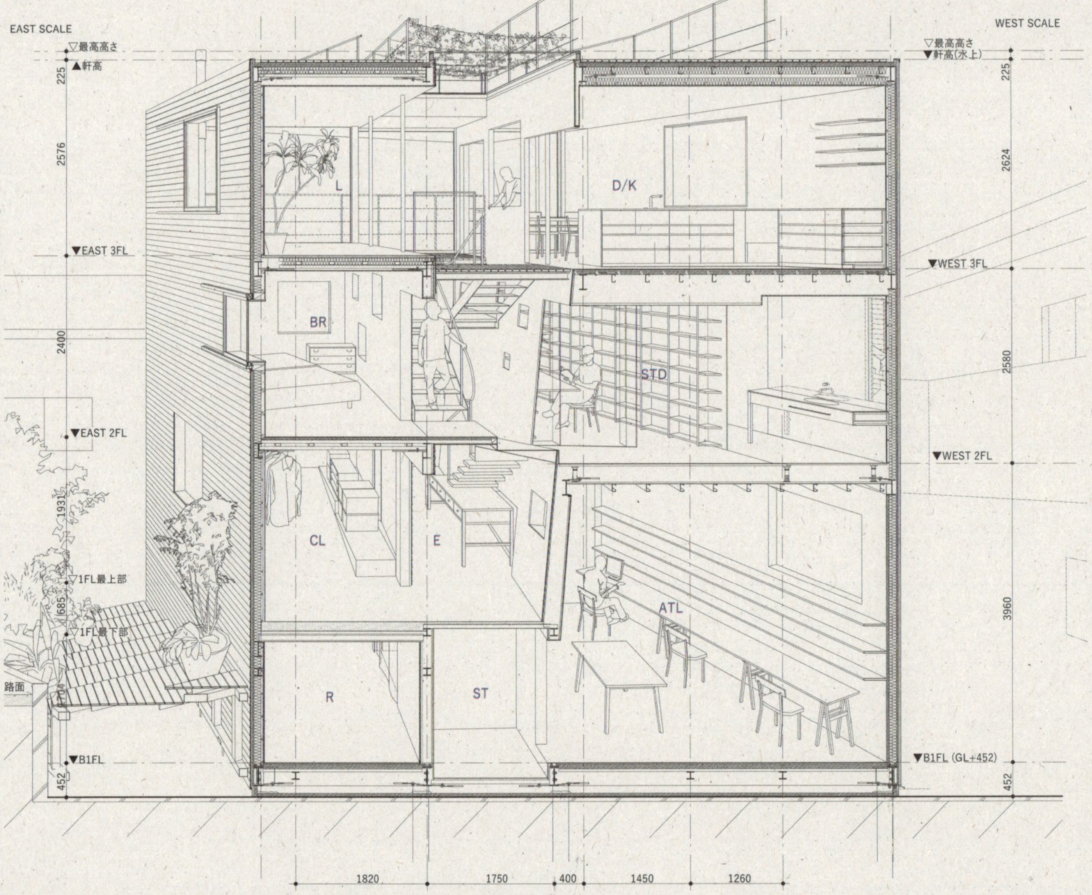

SITE WALK_Kitano

北側に大きな山を背にした道が敷地から2mほど上にあり、南と西を単身者向け集合住宅に囲まれた敷地は、ほとんど窪地のような印象だった。眺望がどのレベルから得られるか、足場を建てて確認した

Construction Period

残存基礎を貫いて鋼管杭を打ち込み、その上に直接鉄骨構造を組んでいる

Study Process

周囲のワンルームマンションからの視線を遠ざけるべく分棟案①から考え始めたが、新しく建つ住宅の影で北側道路の環境が悪くなるのが気になった。壁状のボリュームに穴を穿つもの②や低層案③も考えたが必要な諸室が収まらず、塔状の④から、塔状案に穴を穿つ案に。十字状の通路の中央に設置したハーフミラー扉の開閉で周辺の風景を編集する⑤⑥で設計が進んだ。しかし周囲の風景を受け入れていない事が気になり、一気に最終案に変化した

Elevation

1:400

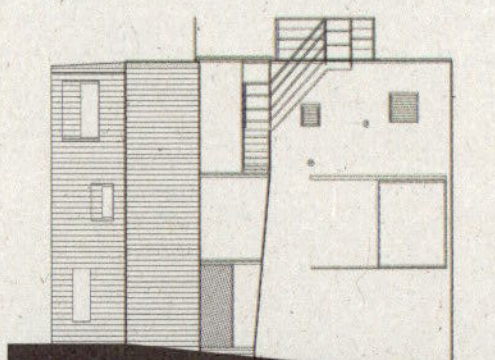

17｜伊丹の住居

>>> P.074

隙間の生成と再利用

外壁同士が接しない密度の都市住宅では、民法による500mmの外壁後退によって計1000mmの隙間が隣家との間に形成される。いつも、その隙間をもっと有効に活用できないかと考えていて、この住宅では北東側の隣地境界線から900mmほど外壁面を後退させることにより、隣家の外壁との間に空いた計1400mmの隙間を通路とし、側面の中央に玄関を用意して住宅内での動線空間を最小化した。それにより北側斜線を避けて約9mの軒高を確保し、構造の入っていない壁は外に押し出して収納等としている。トイレは半分外に飛び出させることで、室内からは薄いクローゼットに見えるように仕立てた。LDKのある階にトイレをつくって欲しいという要望から生まれたものだが、団欒の場から直接トイレに入る違和感を、薄いクローゼットの奥に空間が広がっている意外性と楽しさによって書き換えようとした。

上：玄関扉は斜めにスライドして開く
斜めにすることで路地側にドアの存在を示すことを狙った
下：ダイニングからキッチンを見る。階段開口の上にテーブルが掛かっている

断面詳細図　1:50

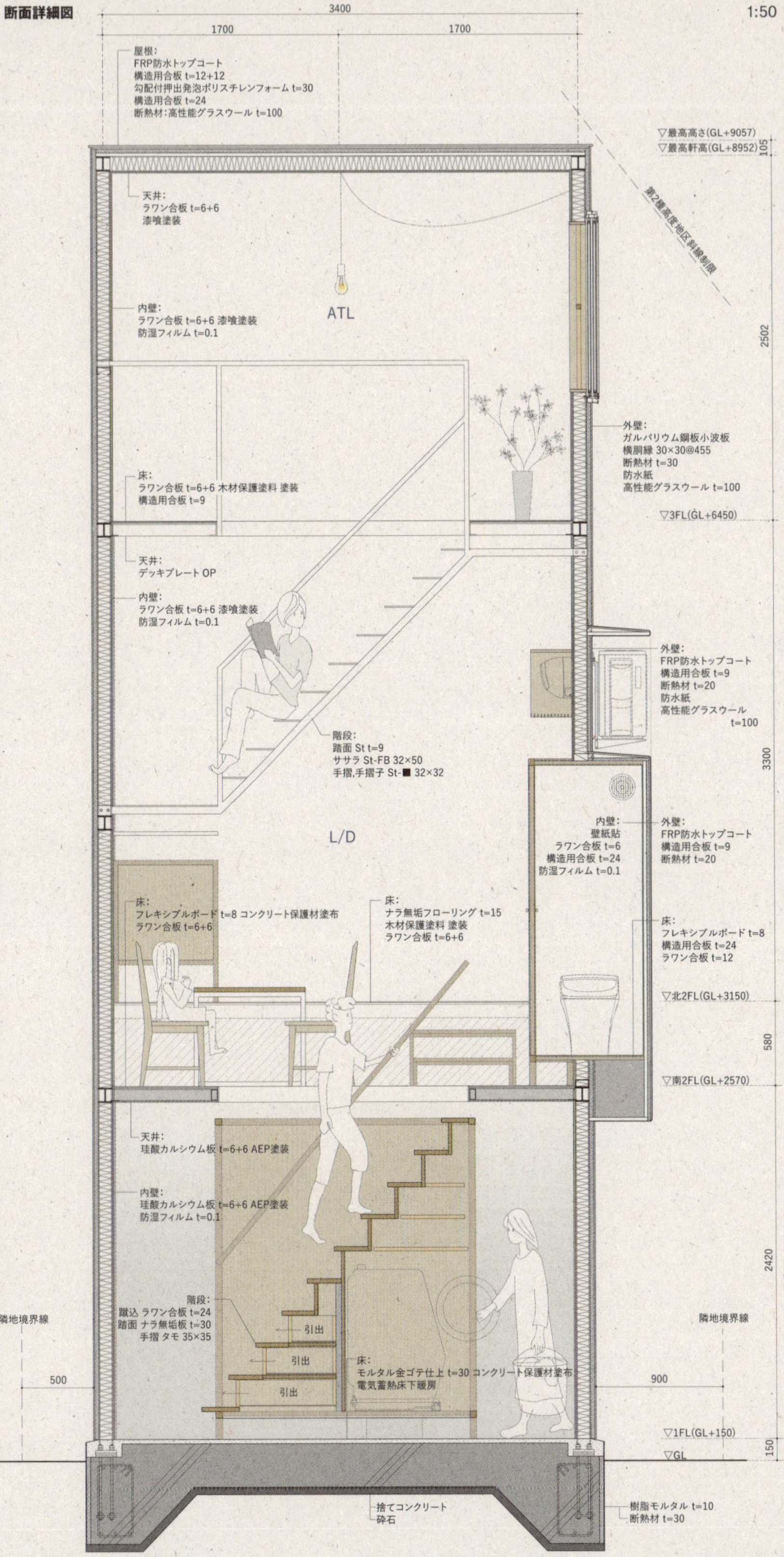

3400
1700
1700
屋根：
FRP防水トップコート
構造用合板 t=12+12
勾配付押出発泡ポリスチレンフォーム t=30
構造用合板 t=24
断熱材：高性能グラスウール t=100
▽最高高さ(GL+9057)
▽最高軒高(GL+8952)
105
第2種高度地区斜線制限
天井：
ラワン合板 t=6+6
漆喰塗装
ATL
内壁：
ラワン合板 t=6+6 漆喰塗装
防湿フィルム t=0.1
2502
外壁：
ガルバリウム鋼板小波板
横胴縁 30×30@455
断熱材 t=30
防水紙
高性能グラスウール t=100
床：
ラワン合板 t=6+6 木材保護塗料 塗装
構造用合板 t=9
▽3FL(GL+6450)
天井：
デッキプレート OP
内壁：
ラワン合板 t=6+6 漆喰塗装
防湿フィルム t=0.1
外壁：
FRP防水トップコート
構造用合板 t=9
断熱材 t=20
防水紙
高性能グラスウール t=100
階段：
踏面 St t=9
ササラ St-FB 32×50
手摺,手摺子 St-■ 32×32
3300
内壁：
壁紙貼
ラワン合板 t=6
構造用合板 t=24
防湿フィルム t=0.1
外壁：
FRP防水トップコート
構造用合板 t=9
断熱材 t=20
L/D
床：
フレキシブルボード t=8 コンクリート保護材塗布
ラワン合板 t=6+6
床：
ナラ無垢フローリング t=15
木材保護塗料 塗装
ラワン合板 t=6+6
床：
フレキシブルボード t=8
構造用合板 t=24
ラワン合板 t=12
▽北2FL(GL+3150)
580
▽南2FL(GL+2570)
天井：
珪酸カルシウム板 t=6+6 AEP塗装
内壁：
珪酸カルシウム板 t=6+6 AEP塗装
防湿フィルム t=0.1
2420
階段：
蹴込 ラワン合板 t=24
踏面 ナラ無垢板 t=30
手摺 タモ 35×35
引出
引出
引出
隣地境界線
隣地境界線
床：
モルタル金ゴテ仕上 t=30 コンクリート保護材塗布
電気蓄熱床下暖房
500
900
▽1FL(GL+150)
▽GL
150
捨てコンクリート
砕石
樹脂モルタル t=10
断熱材 t=30

1F Plan　　2F Plan　　3F Plan　　1:300

E：玄関
BR：寝室
CL：収納
L：リビング
D：ダイニング
K：キッチン
V：ベランダ
ATL：アトリエ

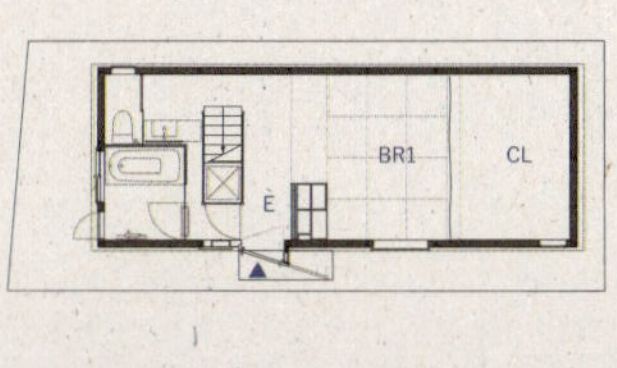

BR1
CL
E

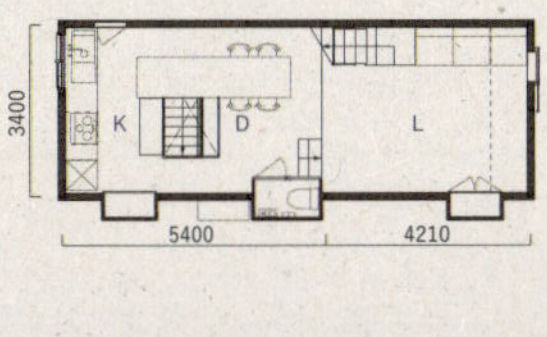

3400
K
D
L
5400
4210

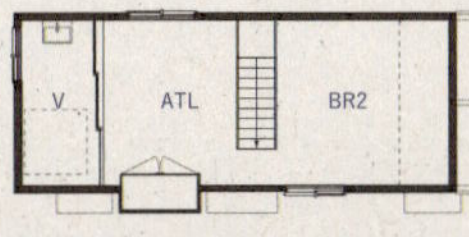

V
ATL
BR2

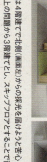

DRAWING -------- P. 074

House in Itami
Location: Itami, Hyogo
Type: Single Family House
Main structure: Steel; 3-storey
Site Area: 59.16 m^2
Building Area: 34.95 m^2
(59.07% of max 60%)
Total Floor Area: 95.79 m^2
(150.10% of max 196%)

上：3階へはソファの一端、階段からキャンティレバーで出た鉄板、階段家具を経て、中空に掛かった鉄骨製の階段を使って上がる
下：キッチンからリビングを見る。リビング奥の壁にはトップライトからの光が落ちる

構造ダイアグラム

床面の水平剛性はデッキプレート上面に敷設した6mmのフラットバーによる水平筋交とデッキプレート谷部に沈めた50角の梁で構成している。床面が切れる段差部は両端に柱を通してレベルの異なる床面同士の連続性を確保している

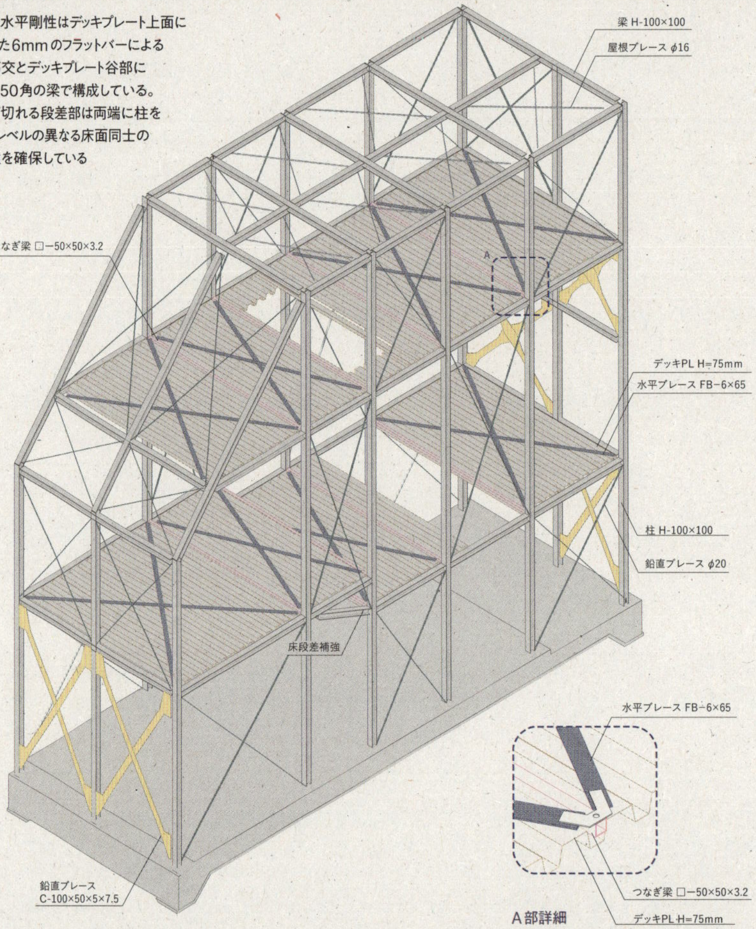
梁 H-100×100
屋根ブレース φ16
つなぎ梁 □-50×50×3.2
デッキPL H=75mm
水平ブレース FB-6×65
柱 H-100×100
鉛直ブレース φ20
床段差補強
鉛直ブレース
C-100×50×5×7.5
水平ブレース FB-6×65
つなぎ梁 □-50×50×3.2
デッキPL H=75mm

A部詳細

SITE WALK_Itami

敷地は狭い袋小路の奥で、周辺の古い木造住宅はこれから建て替えられていくことが予想された。東側には大きな集合住宅の共用廊下が並んでいて、そこからの視線が気になった

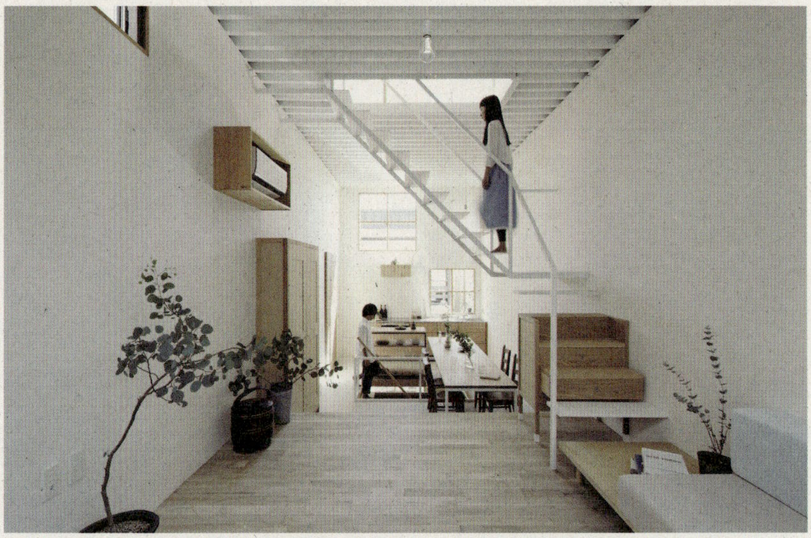

右：リビングからダイニングを見る
上：家具階段は玄関と洗面室を仕切る壁でもあり、洗濯機収納でもある。収納の扉を開くと脱衣室とすることができる

Construction Period

敷地は搬入に制限があり、100角のH鋼と75mmのデッキプレートという軽量な部材による構造とした。その結果、鋼材量を減らすことで木造と大きく変わらない施工費とすることができた

Study Process

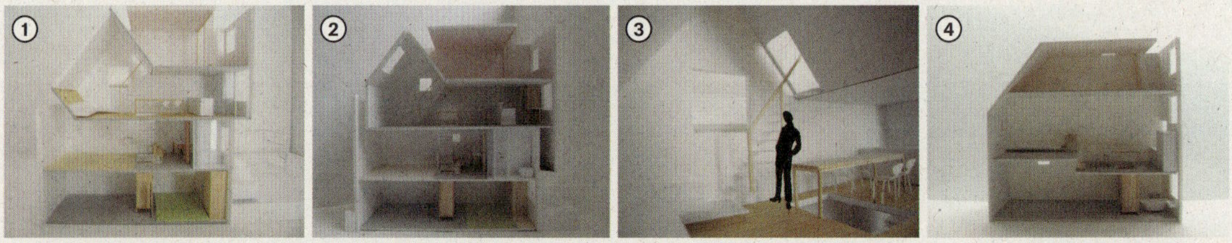
①
②
③
④

当初は4階建てで北側(画面左)からの採光を届けようと苦心していた①②が
予算上の問題から3階建てとし、スキップフロアとすることで南側(画面右)からの光を階下に届けることにした③④

Elevation 1:400

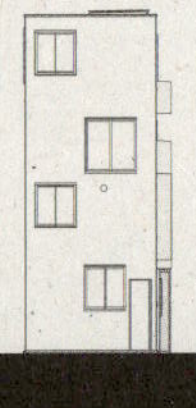

18 | 豊中の住居

>>> P. 076

建築を水平方向に帯状に分割

建築を立ち上げる際、階段や手摺といった、床、壁、天井による建築の主要な構成と直接関係していない部分の取り扱いは難しい。なるべく見えないように扱うのは簡単だが、そうやって付加的なものを空間から減らすほど、静的で、抽象的な空間になっていく。そういった空間がもつ抽象性には人びとの生活、それを支える家具などが鮮やかに浮かび上がる効果もあるのだが、なにかそういった生活にまつわるものごと自体を否定しているように見えることがある。山崎町の住居や伊丹の住居では階段や手摺りなどのエレメントを家具と同一化するようにつくることで、スラブ同士の関係などの主要な構成だけが浮かび上がり、同時に脇役であるはずの設えが活き活きした主題になるような設計を試みている。そうして人びとの活動や事物が、空間と混ざり合って、ものが溢れるほど、生活の豊かさとともに建築がまとまっていく。この動的でかつ空間の抽象性を失わない、〈動的な抽象性〉とでもいうべき質をたたえた空間をつくり出すことを試みている。

この住宅では、ボリュームを水平方向に帯状に分割し、ずらしながら積層した。ずれたボリュームはバルコニーや庇、窓として機能し、内部に生じた段差は机や踊り場、アルコーブ、棚などになる。外部のバルコニーや庇は内部では机や浴槽、収納になり、住人の持ち込んだ家具と混然とまとまって居場所をつくり出す。

階段詳細図 1:40

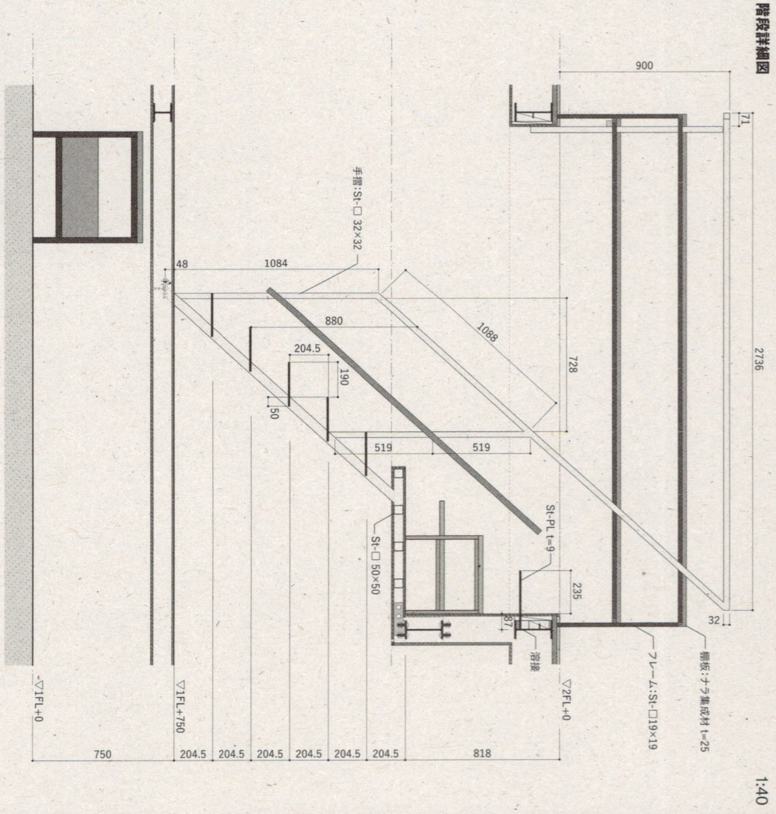

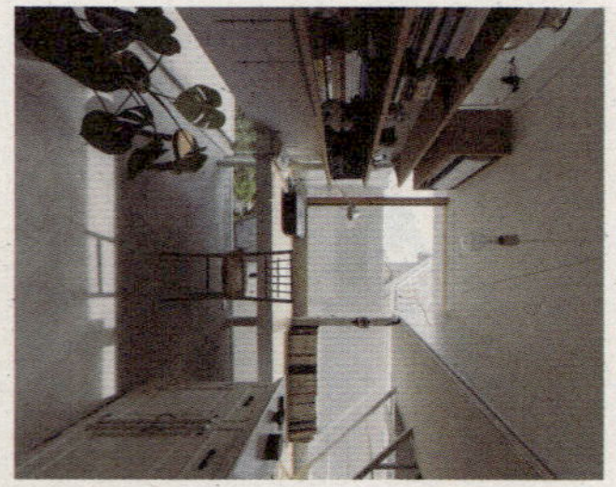

上段左:書斎 | 上段右:西側道路からの外観
下段左:洗面台左手のバルコニーには、予算上割愛された階段が将来追加される場合の手摺が予めセットされている。ずれの隙間に設けた窓からは、隣地の草むらや、周辺が切りとられ垣間見える
下段右:浴槽から階段踊り場、書斎の机が一続きに連なっている

2F Plan 1:300

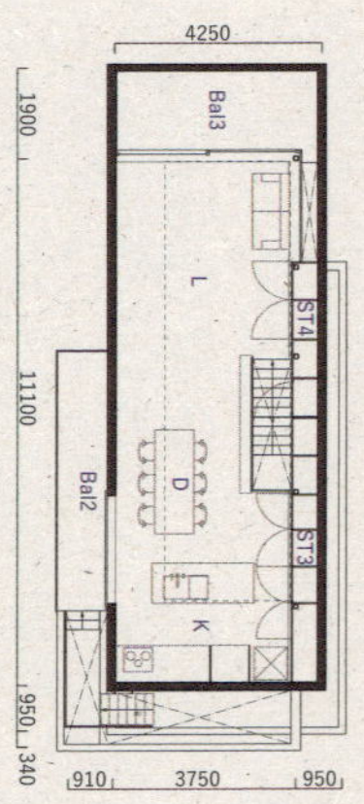

1F Plan

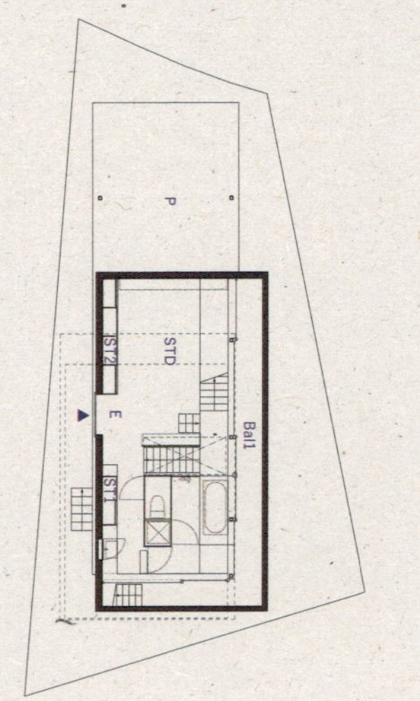

B1F Plan

R:予備室
BR:寝室
CL:クローゼット
P:カーポート
STD:書斎
E:玄関
Bal:バルコニー
ST:収納
L:リビング
D:ダイニング
K:キッチン

断面詳細図

1:150

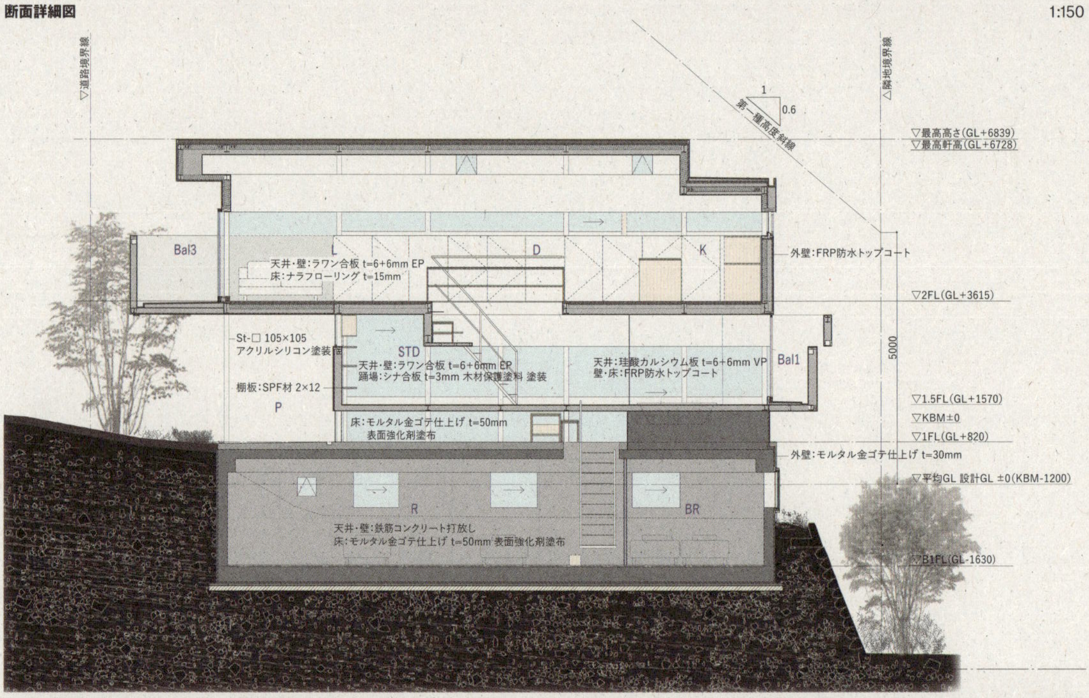

玄関から階段を見る。左に書斎、右に浴室。地下への階段には手摺を兼ねたベンチが掛かる

Study Process

この敷地は壁面後退の指定も厳しく、日影規制もあったので、デッキや庇は壁面後退線にかからない法の緩和を利用して周囲と関係をつくり出しつつ、適度に閉じる方法を探すことにした。まず日影規制を受けない軒高7m以下にするため、地下1階地上2階とし、その地上部を7層にスライスしてずらしながら、積層したり抜いたりすることにより襞深い外観をつくりだした

DRAWING -------- P. 076

House in Toyonaka
Location: Toyonaka, Osaka
Type: Single Family House
Main structure:
Steel; 2-storey,1 below
Site Area: 129.70 m²
Building Area: 51.10 m²
(39.40% of max 40%)
Total Floor Area: 102.62 m²
(79.12% of max 80%)

SITE WALK_Toyonaka

敷地は隣地に三角形に残された建築不可の土地があり、道を挟んだ向かいは農地として利用されるなど比較的開けていたのだが、クライアントは適度に外部からの視線を遮りつつ暮らしたいようだった。敷地は細長く不整形な斜面地で道路から下がっていた

Construction Period

Elevation

1:400

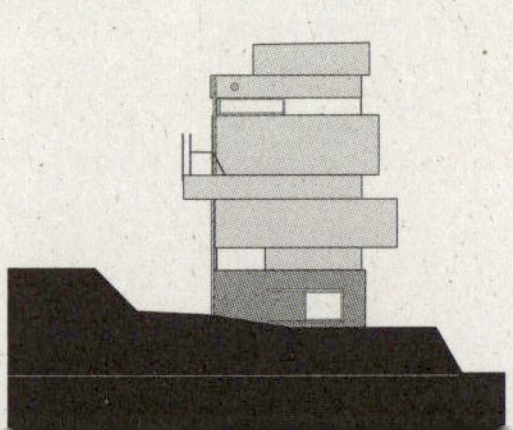

19｜松ノ木の住居

>>> P. 78

街の密度に合わせて

雨が多く日射も厳しい日本の気候では状況が許す限り、庇を出し、外部空間をまとわせて室内の活動が外に漏れだす、襞深い建築をつくりたい。細い道路に三方を取り囲まれて視界は抜けるのだけれど、同時に多方向からの視線に晒される敷地で、住人はある程度閉ざされた快適性を求めていた。そこで外壁後退などの法規制を、庇やバルコニーに関しての緩和を使いながら、小規模な木造住宅が立ち並ぶこの地域の密度感に合わせるために、半層分に分割したボリュームをずらしながら積むように設計した。そうして突き出た部分を庇や収納、窓先の外部空間として、さまざまな方向に視界の抜けるこの敷地で、隣接する外部環境と室内、半外部空間がひとまとまりの環境をつくり出すことを試みた。各階でそれぞれ異なる方角/性格の外部空間とひとまとまりの環境を、トップライトから連なる吹き抜けを階段室として各階をつないでいる。

ダイニングから玄関を見る

断面詳細図

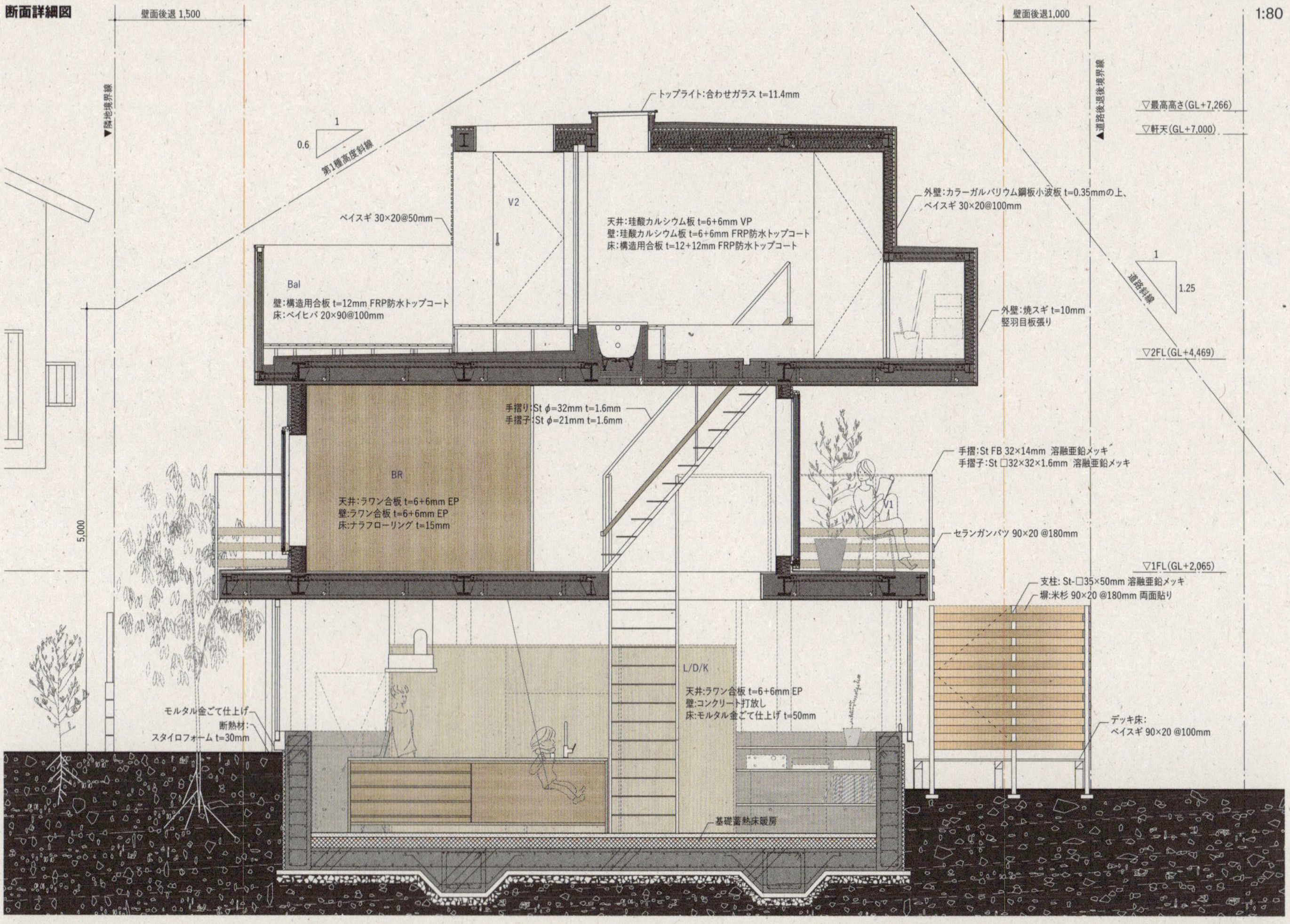

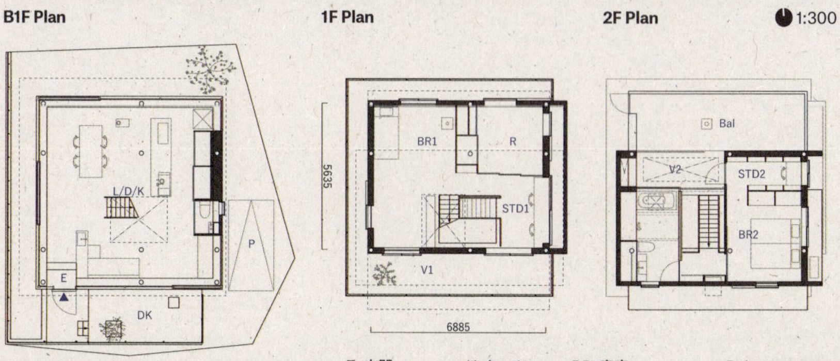

E:玄関　K:キッチン　BR:寝室　Bal:バルコニー
L:リビング　DK:デッキ　R:子ども室　V:ベランダ
D:ダイニング　P:駐車場　STD:スタディルーム

1階南側に位置するバルコニーはGLから2mほどで地面が近い

2階北側に位置する屋上は腰壁でプライバシーが保たれている

Study Process

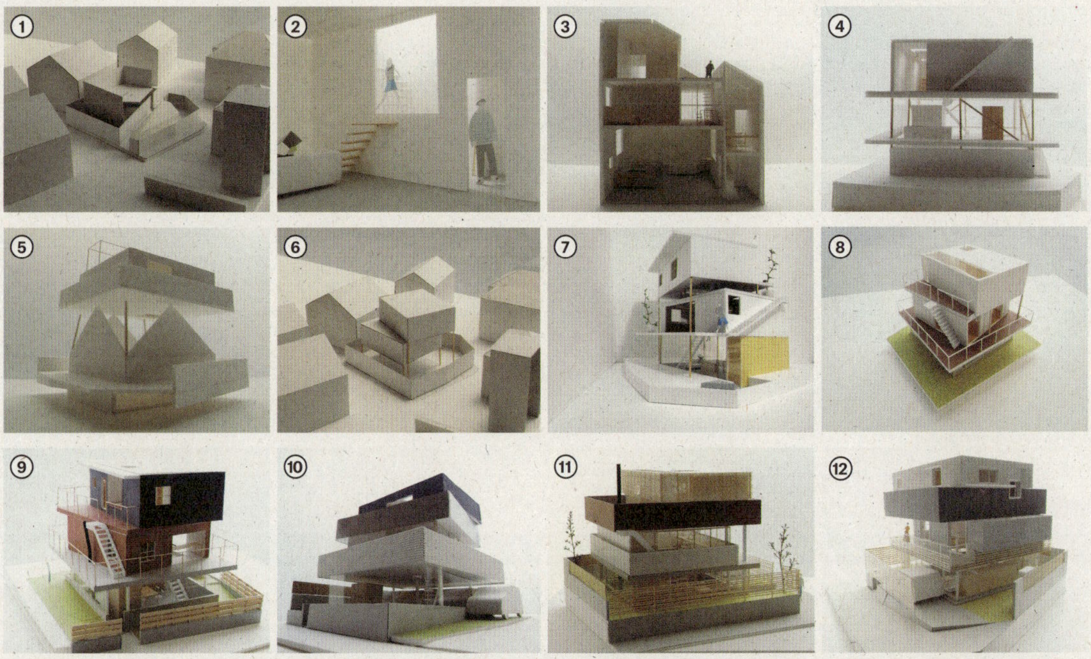

「川西の住居」のように道を通す案①、閉鎖的な案②③のアイデアの一つは後に「呉川の住居」に発展する。斜材で持ち上げる案④⑤は「塩屋の住居2」でも使われたアイデア。今見返すとなかなか良い。ずらしながら積層していく⑥-⑩案は「滝山の住居」にも通ずるアイデアだが構造が複雑になるため⑪で直交グリッドに整理された。最終案との違いは各層の開放性、クライアントの要望と予算調整で⑨とのハイブリッド的なの最終案⑫へ

DRAWING -------- P. 078

House in Matsunoki
Location: Suginami, Tokyo
Type: Single Family House
Main structure:
Steel; 2-storey 1-below
Site Area: 119.18 m²
Building Area: 51.38 m²
(43.12% of max 50%)
Total Floor Area: 118.72 m²
(99.62% of max 100%)

SITE WALK_Matsunoki

敷地は網の目のような細い道と住宅の密度感が心地良い、東京らしい古くからの住宅地だ。さまざまな法規が掛かり、その密度感は今後の新陳代謝を経ても信頼できるように思えた。敷地は西に向かって下っていく道路に面していて最も低い西角に入口を取ると、最下階の床が平均地盤面から900mm下がった法規上の地階となり、日影規制を受けない軒高7m以下、地下1階地上2階建てとすることができるのではないかと考えた

Construction Period

Elevation 1:400

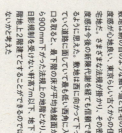

20｜武蔵小山の住居

>>> P. 080

都市の隙間に暮らしをひろげる開口部

現代では、昔の長屋暮らしのように居間を片付けて、そこに川の字で寝るような暮らし方は難しい。一方住宅地は細分化され、その面積は極小化の限界に近づきつつある。この住宅は北側を大きな公園に面する路地の奥、住宅跡地が更に2つに分割された40m²足らずの敷地に建っている。これ以上ないほど細分化された敷地に、家族4人のための住居をどうつくり上げるかが課題となった。

まず、建蔽率一杯の大きさの床を2層重ねて上階をリビング等に、下階を寝室等にすることを考えてみた。しかし、それはかなり手狭で、ダイニングテーブルの置き場所を探すのに苦労するような案にしかなりそうになかった。そこで床を4つに分割してしまい、螺旋状に積み上げていくことにした。それは狭い床をさらに狭く感じさせるリスクもあったが、上下階への視線の抜けが、この空間に広がりを生むのではないかという期待もあった。旗竿部分につくられた階段によって中2階から入る動線はぐるぐると上昇し屋上へと至り、階段を降りるとそれぞれの個室が並んでいる。

法に適合する最大限の躯体に、南側のハイサイドライト、北側の公園へ乗り出すように座れる出窓ベンチや、採光と収納を同時に可能にする出窓キャビネット、旗竿上空へ視線の抜けるトップライト、旗竿状敷地を使い切る玄関等の開口ユニットが取り付き、光と視線の抜けを与えるために働いている。

構造アイソメトリック

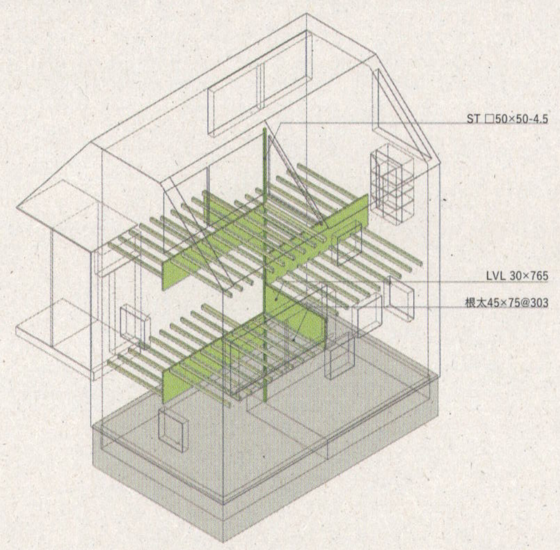

上：玄関からつながるサブリビングからリビング、キッチンを見る。玄関からバスコートまで高さ690mmずつ上がっていく
右：キッチン前から上方にダイニング、洗面室の床が、下方にリビングの床が見える。階段の開口は階段室へ明かりを届け、玄関への視線を通す
下：採光と収納を同時に可能にする出窓キャビネット

1F Plan

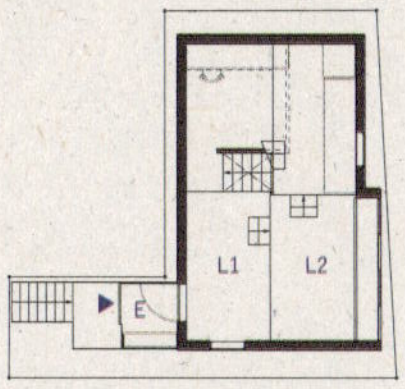

RF Plan　1:300

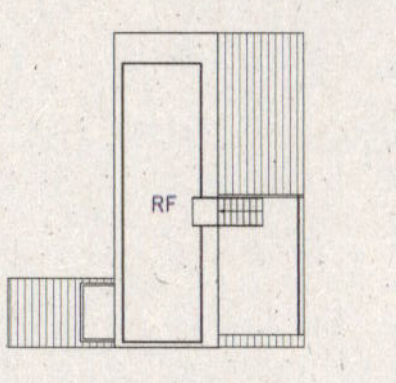

GL Plan

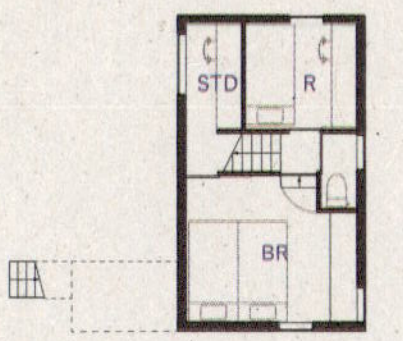

2F Plan

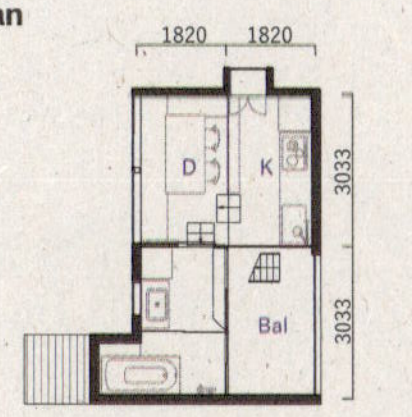

BR：寝室
R：子ども室
STD：書斎
E：玄関
L1：サブリビング
L2：リビング
K：キッチン
D：ダイニング
Bal：バスコート
RF：屋上

出窓キャビネット詳細図　1:50

はたらく開口ユニット

敷地を使い切るために、採光と収納を兼ねた出窓キャビネット、公園の緑を壁紙とするような出窓ベンチ、旗竿に飛び出た玄関ユニット等が各所に取り付いている

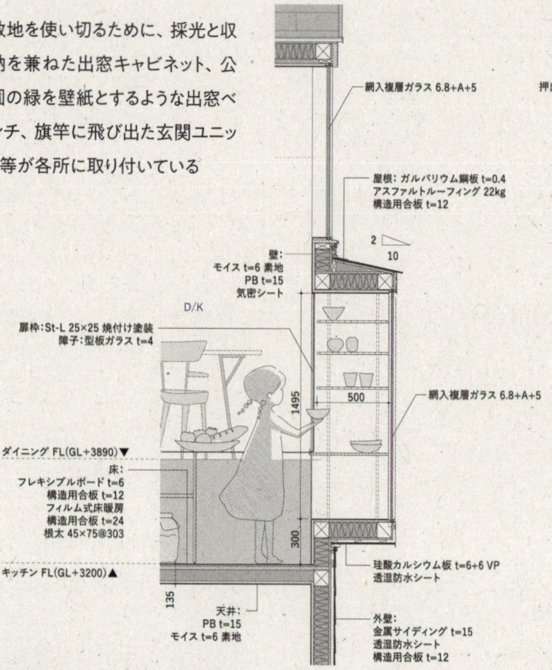

窓辺ベンチ詳細図　1:50

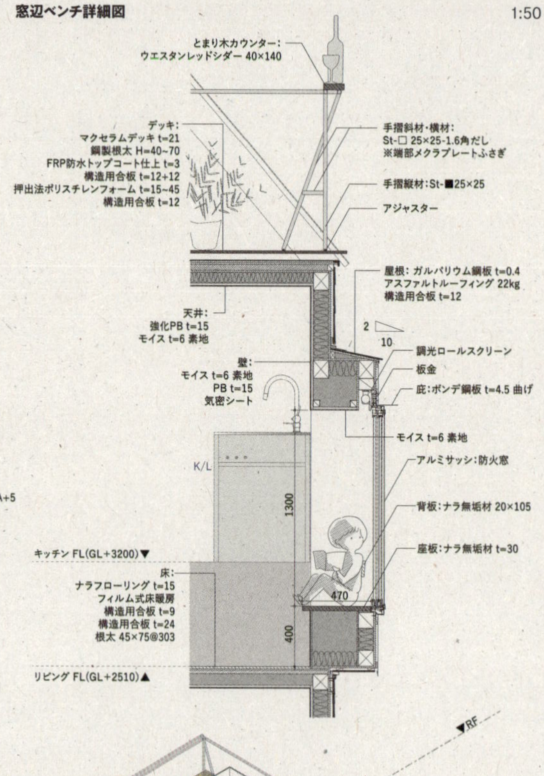

北側外観。住宅密集地の北側を公園に面した旗竿敷地に建つ。入口を中2階(GL+1,829mm)に設けることで、下階の個室などを客動線から外してリビング階を最大化。部屋としては狭い幅2mの旗竿上に玄関と浴室を配し、引き戸を跳ね出すことで開口を確保している

アイソメトリック

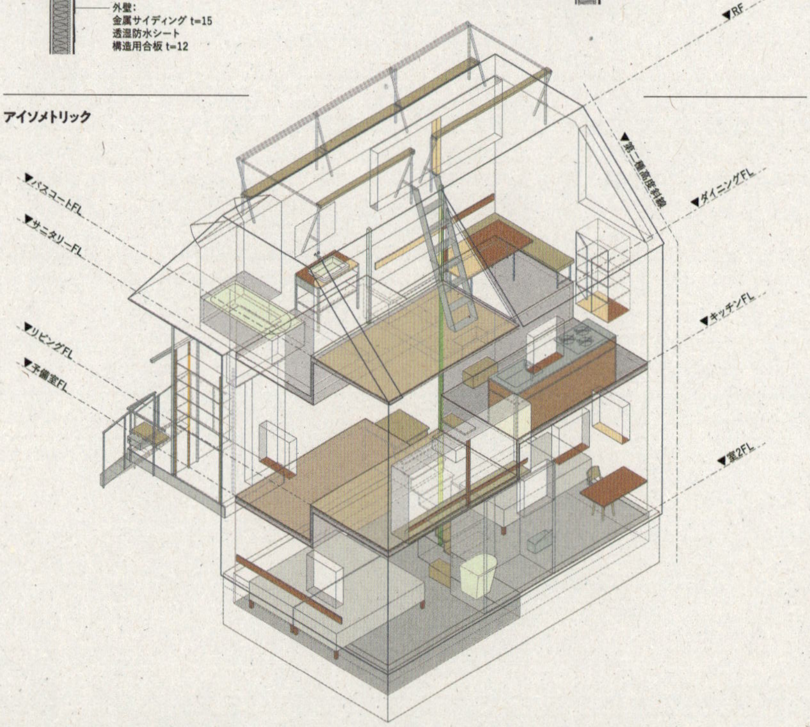

左：リビングからキッチンを見る｜右：ダイニングからキッチン、洗面室を見る。ダイニングは天井高3085mmで北側にハイサイドライトを設けたもっとも開放的な場所

DRAWING -------- P. 080

House in Musashi-Koyama
Location: Shinagawa, Tokyo
Type: Single Family House
Main structure: Timber; 2-storey
Site Area: 39.43 m^2
Building Area: 23.57 m^2
(59.63% of max 60%)
Total Floor Area: 45.65 m^2
(115.49% of max 160%)

SITE WALK_Musashi-Koyama

細い路地の奥の家を解体した敷地は小さかったが、その敷地が更に2分割された奥側の敷地。だが北側を大きな公園に面していて、その環境は決して悪くなかった

Construction Period

通常の木構造を採用すると、それが空間を支配してしまいそうに思えたので、家具スケールとも言える30mm厚のLVLによる梁を、手摺のような太さのスチール材でつないで、約3.6×6m、高さ7.2mの躯体内に螺旋状のスキップフロアを作り出している

Elevation　1:400

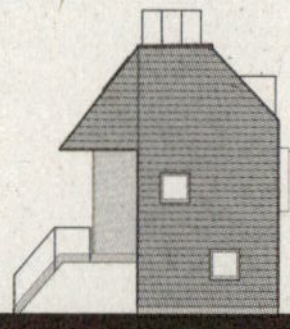

21 | 諏訪山の住居

>>> P. 082

外部環境を空間の構成要素に

住宅兼、革小物のデザイン・製作のためのアトリエ。敷地は都市と山の境界に位置する。その敷地のもつさまざまな周辺環境の魅力を空間の構成要素として最大限に利用することを考えた。

天空率を利用して敷地のほぼ中央に6.3m角の正方形平面、高さ9mのボリュームを配置することにした。その中心を通る斜めの壁が各階で90度切り替わる。斜め壁によって切り分けられた台形平面の、長辺側か短辺両側のいずれかを開口部としている。同じ平面形状が短辺側に開口を取ると異なる環境とつながるメガホン状の「深い」空間に、長辺に開口を取ると大開口で外部環境とひとまとまりとなる「浅い」空間になる。

それぞれが連なる外部環境の性格によって異なる質をもった空間を、縫い針に通された糸が布の表裏を走りながら全体を束ねるように、斜めの壁を突き破って階段が走る。それは各層、各性質の空間を結び、それによって壁や床に穿たれた開口は、思いもよらぬ方向へと平面や階の上下をつなぐ。

3F Plan

1:300

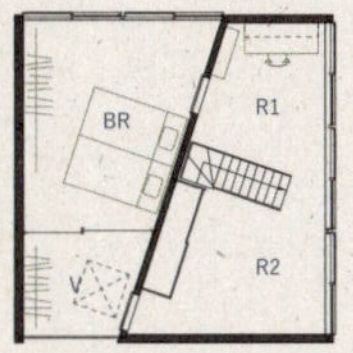

2F Plan

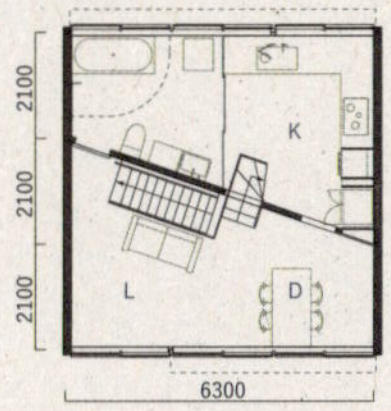

1F Plan

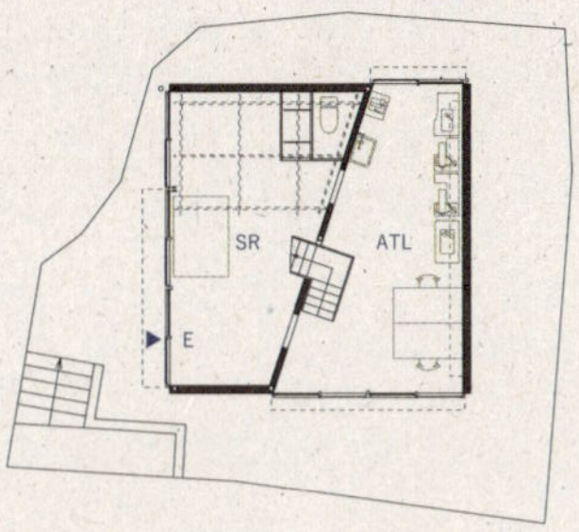

E:玄関
SR:ショールーム
ATL:アトリエ
L:リビング
D:ダイニング
K:キッチン
BR:寝室
R1:予備室
R2:書斎
V:ベランダ

アイソメトリック

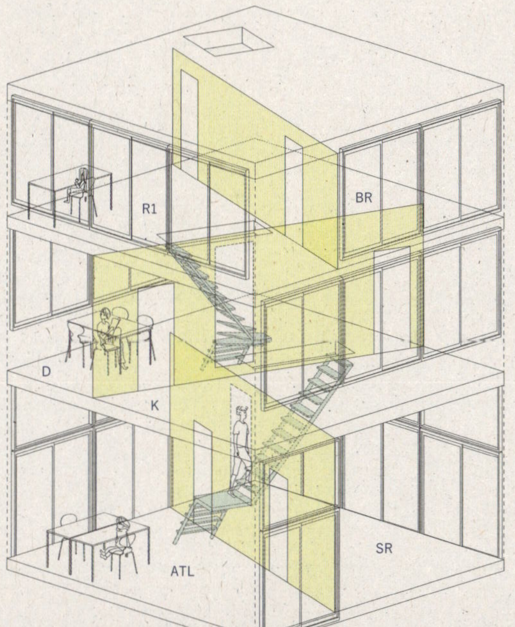

上:リビングからキッチンを通り、上階へと上る階段。床の開口から下のショールームが見える
下:アトリエからショールームを貫き上階へ伸びる階段

断面詳細図

1:100

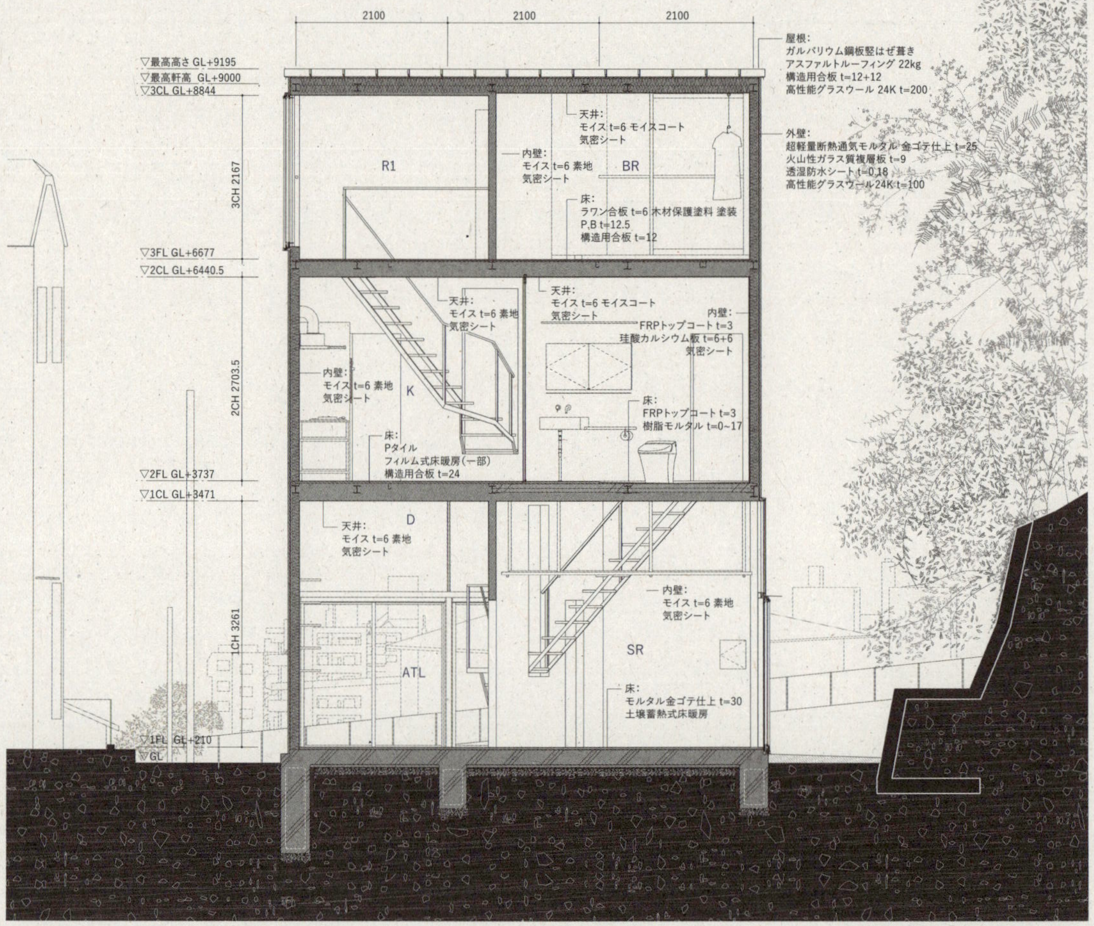

Study Process

ⒶⒷⒸ案は同時進行で発展した。Ⓐ法規に従ったほぼ最大の家型ボリュームを眺望の方へ捻じ曲げている。ある意味では「灘の住居」の祖型と言える

Ⓑ家族の一員である犬たちの上下を考えて螺旋状の床を連ねたが、工房内に段差ができることを危惧し、当時同時に検討中だった「宮本町の住居」に引き継がれた

Ⓒ最終案につながる案。地盤が悪い前面道路側から距離を取り、山側の北側斜線をクリアするボリュームを探した

上:東側外観
下:洗面室からキッチンを見る

DRAWING -------- P. 082

House in Suwayama
Location: Kobe, Hyogo
Type: Atelier+House
Main structure: Steel; 3-storey
Site Area: 93.53 m²
Building Area: 39.69 m²
(35.90% of max 60%)
Total Floor Area: 113.92 m²
(126.94% of max 160%)

SITE WALK_Suwayama

敷地は神戸の中心部北端、都市と山の境界に位置する。道路側には都市を越え海まで臨む眺望、山側には擁壁と樹々の緑が迫っていた。狭隘な道の最奥に位置する敷地は建設の難しさと、山からの湿気が気掛かりだったが、多様な周辺環境は魅力的だった

Construction Period

重機の入れない敷地で、人力での施工が予想されたため、100角のH鋼を基本とする軽量な鉄骨造としている

Elevation

1:400

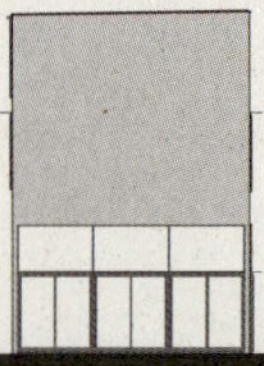

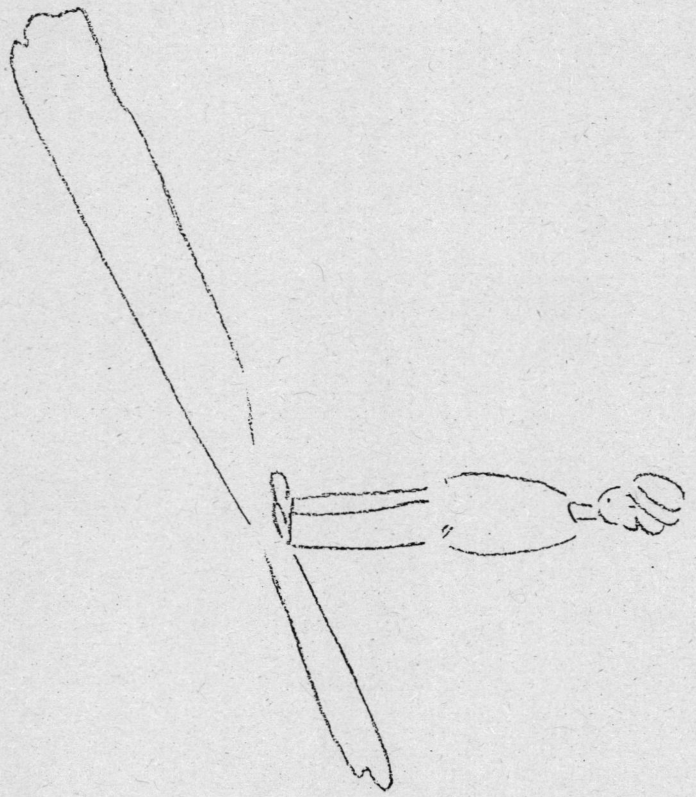

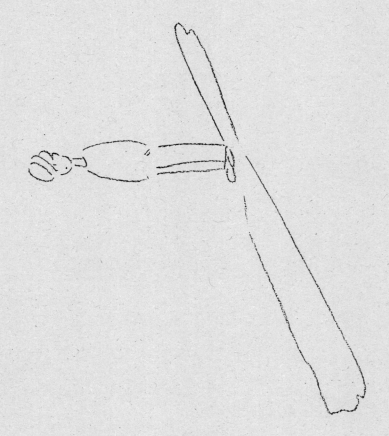

In between Past and Future

これまでとこれからのあいだで

環境とどう接するか

荒野にぽつんと建つのであれ、猥雑な町並みに建つのであれ、既存の環境に加わるという意味では、新たに建てられる建築も広い意味ではリノベーションと言えます。そう考えると、新たに加わる住宅が自らが参加する街並みを否定して、悪化させるのは良いこととは思えません。できることならば、その住宅が建つことで以前より街並みが良くなるような建ち方を探したいものです。

「六甲の住居」[PP.106–107]は眺めの良い環境でしたので、大きなデッキのある2階にリビングをつくって、背後の擁壁や近隣を視界から隠し、遠くに広がる眺めだけを享受するような建ち方もあり得たでしょう。ですが、あえて周辺に対しフラットに接するような建ち方を考えて、外周に均等にデッキを廻しています。その結果、キャンプでもしているような気軽さがこの住宅に生まれました。「六甲の住居」での高床ボリュームと開放的な下階の関係は気に入ったのですが、どこでもガラス張りにするわけにはいかないので「川西の住居」[PP.112–113]や「讃葉山の住居」[PP.108–109]では高床的な2階ボリュームにコンクリートブロック塀を組み合わせました。2階建てや3階建ての住宅を、いくつかのボリュームに分けるのは良い方法で、「北野町の住居2」[PP. 072–073]ではボリュームを2つに分けることで道路へ光を落とし、「石切の住居」[PP.110–111]や「朝霧の住居」[PP.114–115]は斜面の上に建っているので斜面の下から見たときの量塊感を減らすためにボリュームを分解しています。

敷地一杯に建てて通風や採光を悪化させるのも良いこととは思えません。オーストラリア人の「ハミルトンの住居」[PP. 042–043]の建主が、わざわざ言葉の不自由な日本人に依頼してきた理由のひとつが、「オーストラリア人の建築家は予算に対して大きさや素材の豪華さで応えようとしてくるが、日本人の建築家が質素に小さく、空間を効率的に使ってくれることを期待している」と言っていたのは印象的で自戒を込めて思い出します。小さく建てるのは予算的にも優れています。予算はいつも僕の目を覚まさせてくれる大事な要件です。「明石の住居」[PP.142–143]は予算の問題で目が覚めて小さく建てることにして上手く行った好例です。

「滝山の住居」[PP.134–135]や「塩屋の住居2」[PP. 136–137]、「比叡平の住居」[PP.138–139]のように成人した家族の暮らすこれらの住宅では、それぞれが独立した住宅が集合しているかのように設計することで、家族間の距離、関係を設計し、周辺に対してもボリュームを分解し、小さく感じさせるようにしています。

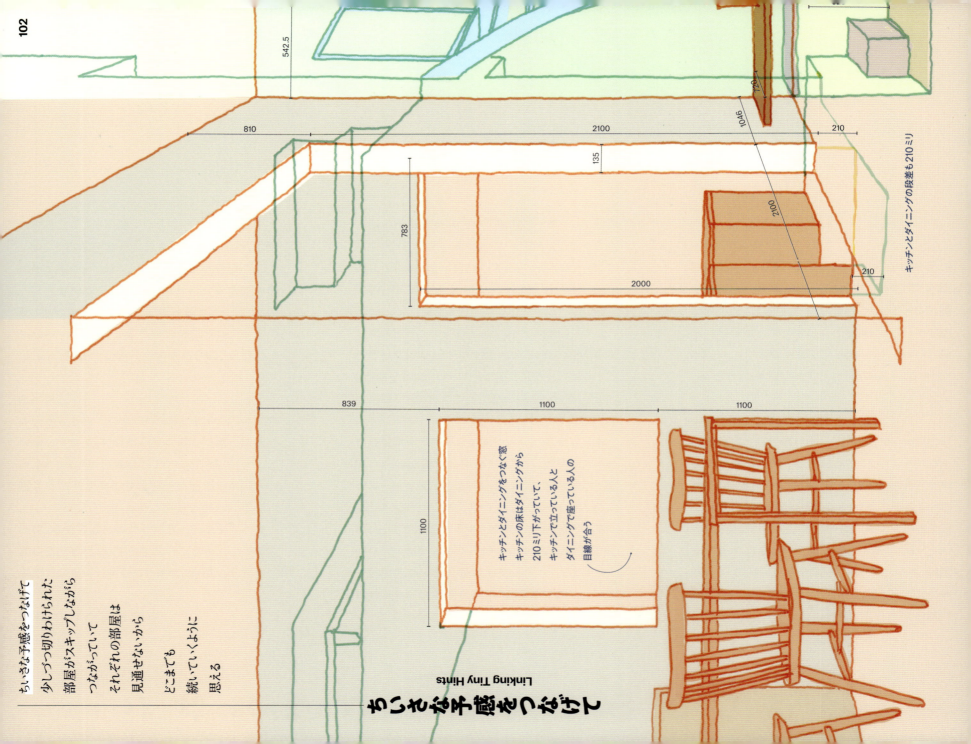

ちいさな予感をつなげて
少しづつ切りわけられた
部屋がスキップしながら
つながっていて
それぞれの部屋は
見通せないから

どこまでも
続いていくように
思える

ちいさな予感をつなげて

Linking Tiny Hints

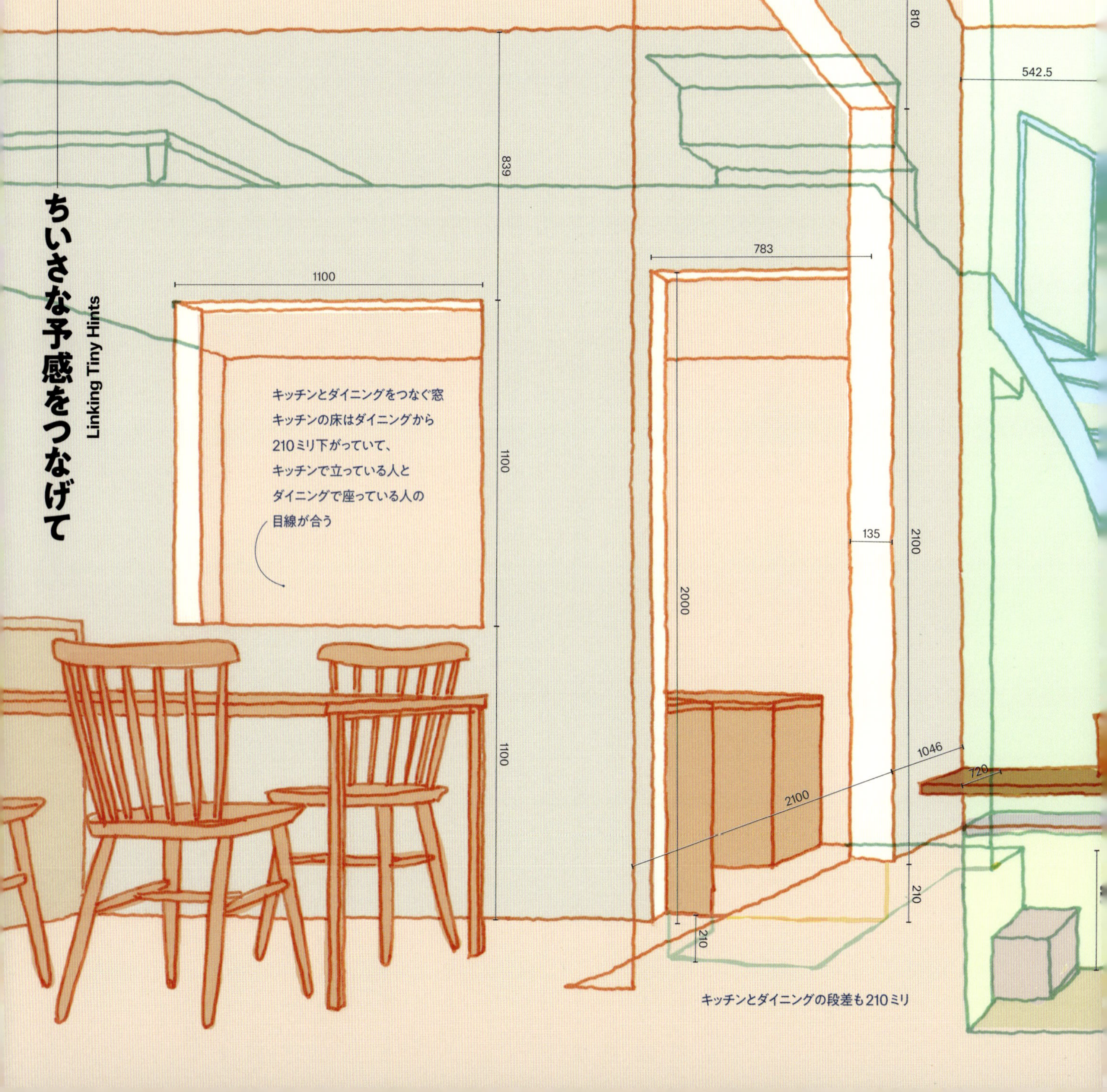
キッチンとダイニングをつなぐ窓
キッチンの床はダイニングから
210ミリ下がっていて、
キッチンで立っている人と
ダイニングで座っている人の
目線が合う
キッチンとダイニングの段差も210ミリ
1100
839
1100
1100
783
810
542.5
135
2100
2000
2100
1046
720
210
210

22 | 呉川町の住居
House in Kurekawa

境界を越えていく階段

Stair Across the Border

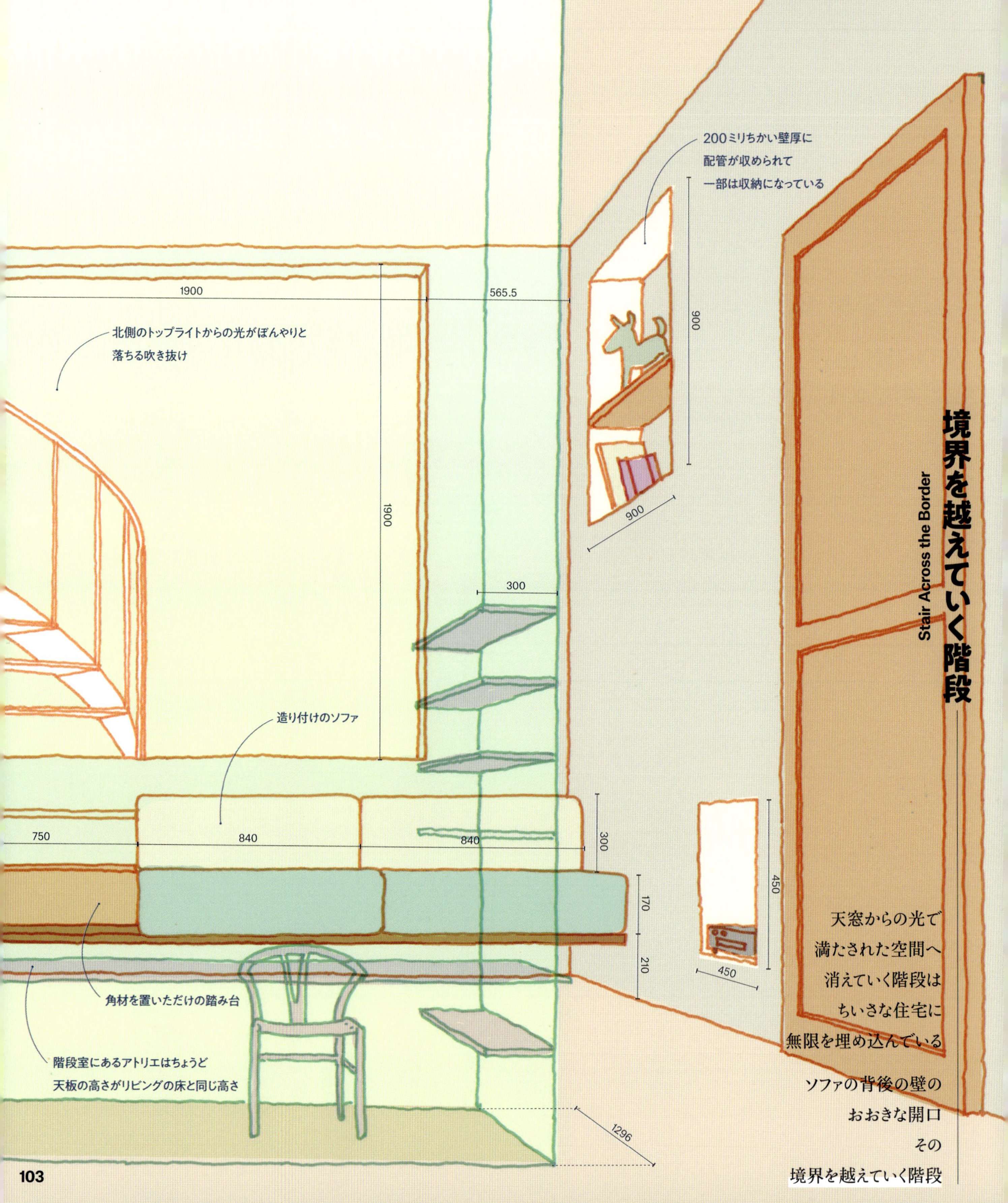
200ミリちかい壁厚に
配管が収められて
一部は収納になっている
1900
565.5
北側のトップライトからの光がぼんやりと
落ちる吹き抜け
900
900
1900
300
造り付けのソファ
750
840
840
300
170
210
450
450
角材を置いただけの踏み台
階段室にあるアトリエはちょうど
天板の高さがリビングの床と同じ高さ
1296

天窓からの光で
満たされた空間へ
消えていく階段は
ちいさな住宅に
無限を埋め込んでいる

ソファの背後の壁の
おおきな開口
その
境界を越えていく階段

境界を越えていく階段
Stair Across the Border

境界を越えていく階段が
かがり縫いのように
L字型に組み合わされた床を
角でつないでいる

一方の床は
コンパクトに積まれた3層
一方の床は
キャットウォークのような書斎のある
おおらかな2層

三角形の階段室を通して
それぞれの床が見え
しっかりと結びつけられる

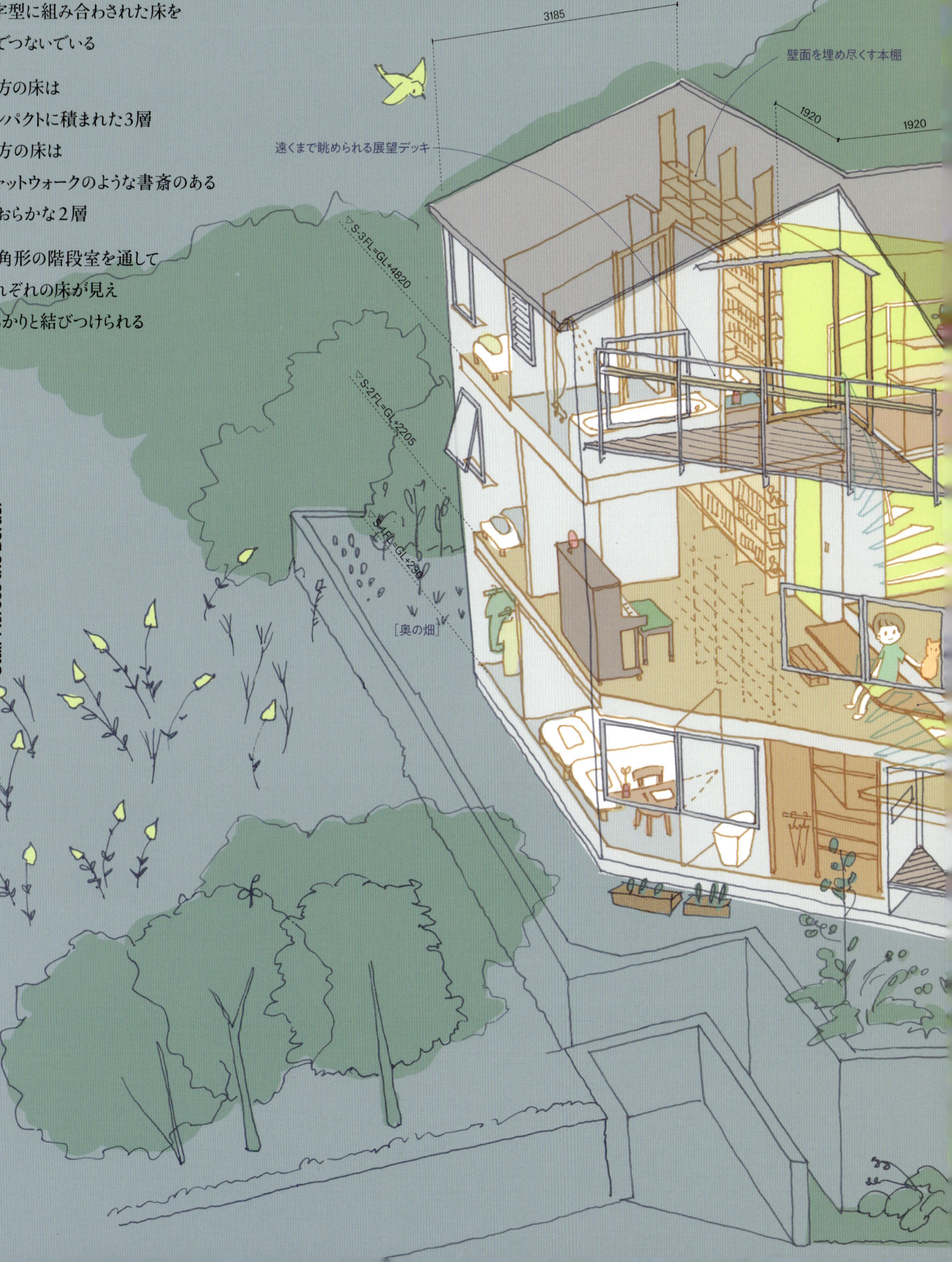

23 | 鎌倉の住居
House in kamakura

道具箱のように
Like a Toolbox

山際の家は
ちいさな畑や
裏山での薪割りや
日曜大工
書斎での調べ物
台所仕事のために
用意された
道具箱のよう

道具箱のように
シンプルなこの家は
まるで、敷地でキャンプでもするかのように
鉄骨を運んできて、鉄板を敷き並べ
さっと組み立てられている

2階に並べられた窓が、
海と山を抜けていく
風をあつめて

デッキが
夏の光は遮り
冬の陽射しは
土間に当てて
ひだまりの熱をためる

道具箱のように

Like a Toolbox

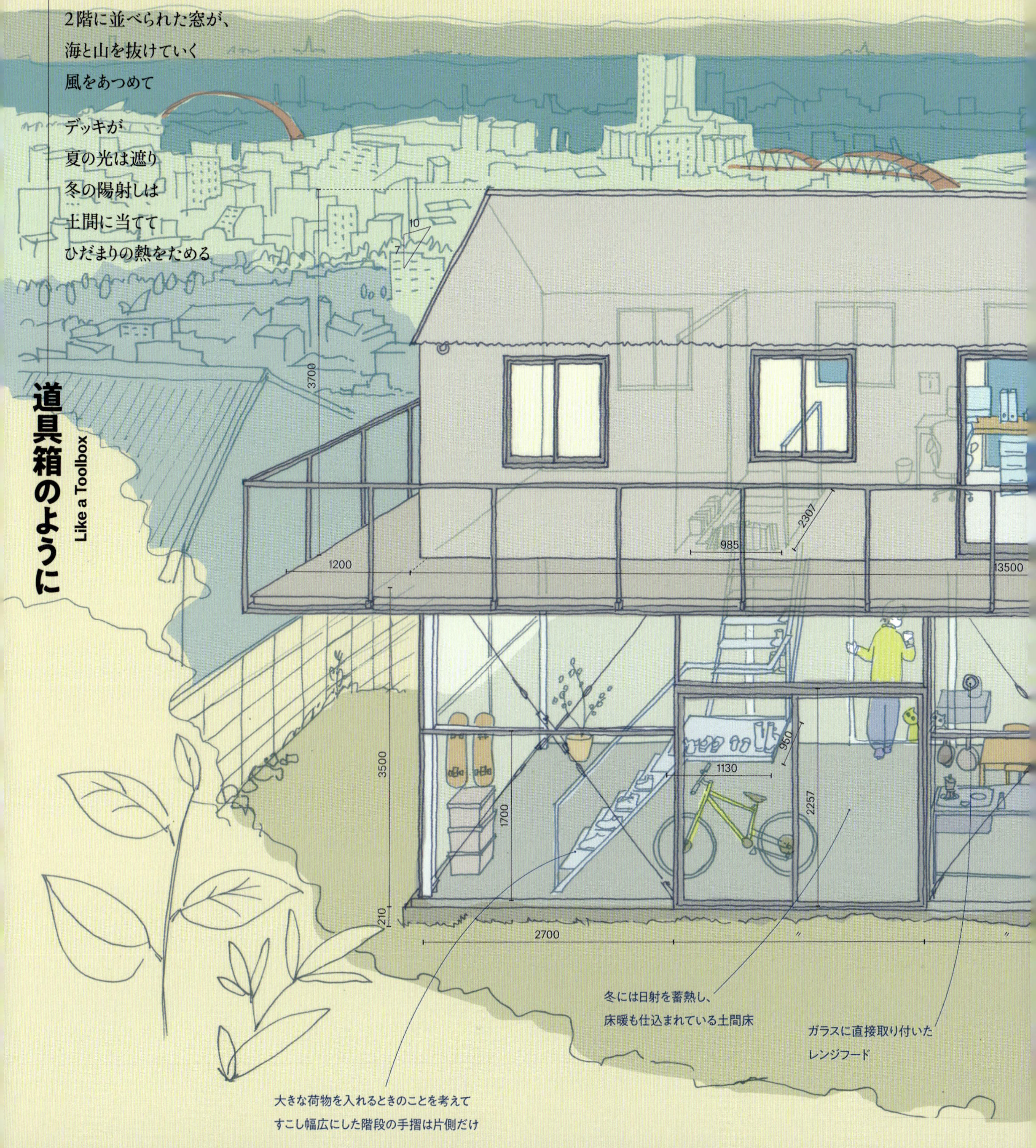
10
7
3700
1200
985
2307
13500
3500
1700
1130
950
2257
210
2700
冬には日射を蓄熱し、
床暖も仕込まれている土間床
ガラスに直接取り付いた
レンジフード
大きな荷物を入れるときのことを考えて
すこし幅広にした階段の手摺は片側だけ

24｜六甲の住居
House in Rokko

畜産施設用の断熱材付き波板による屋根と外壁
3500
1200
1200
2700
トイレや空調が収められた箱
色々な使い方ができるように、
水道や排水は1階のさまざまな場所に
用意してある

浮かんだ家
In the Air

1階は皆のための場所
2階は自分だけの場所
だから
1階はガラス張りで
どこからでも入ってこられる
2階はシンプルな
浮かんだ家

浮かんだ家の
下に並んだ
ダイニングテーブル
ソファ
キッチン
わたしたちの勉強机
のむこうに
お父さんの仕事部屋

いろんな居場所と
庭のあいだに
ひろがる暮らし

浮かんだ家
In the Air

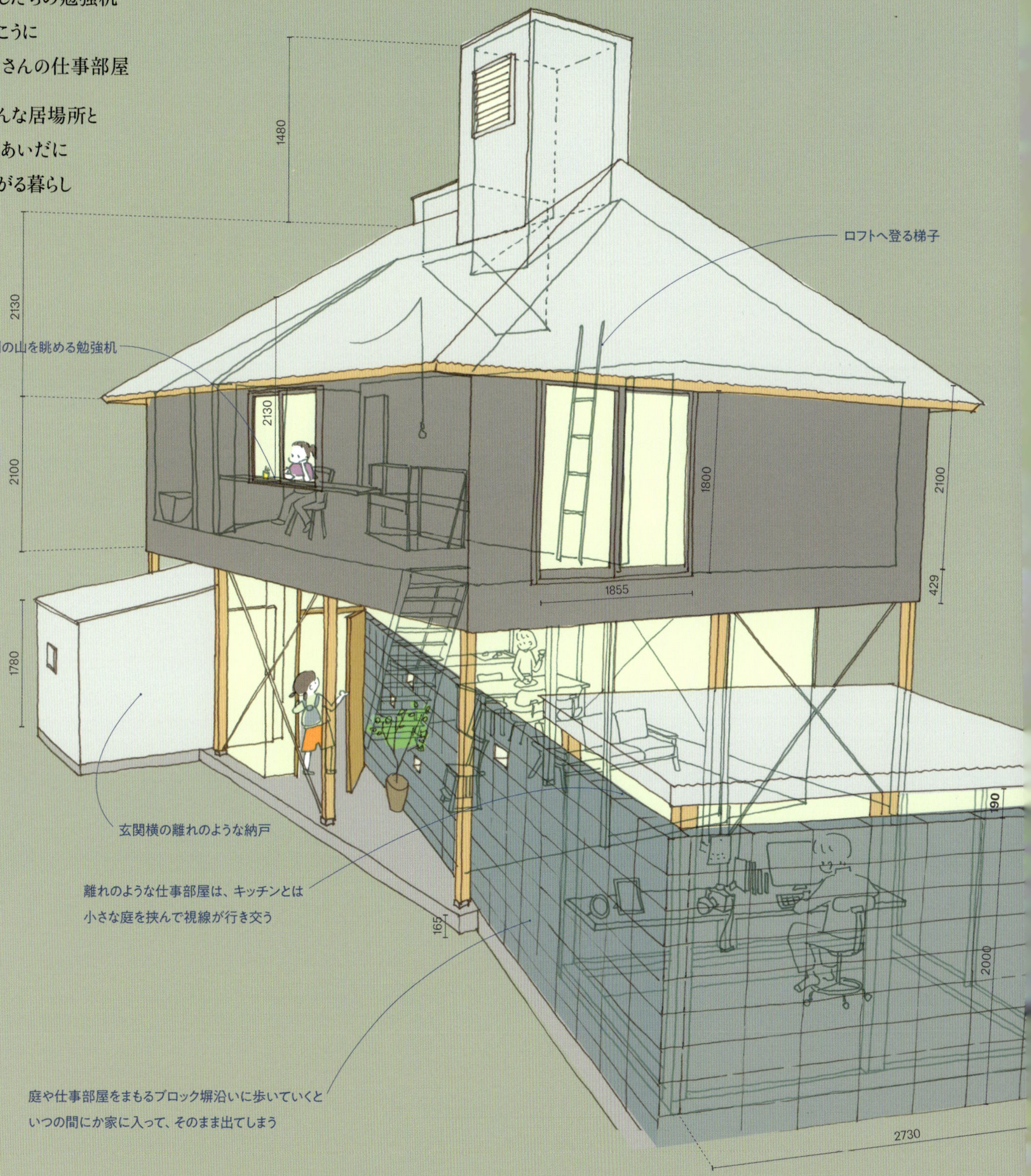

25 | 譲葉山の住居
House in Yuzurihayama

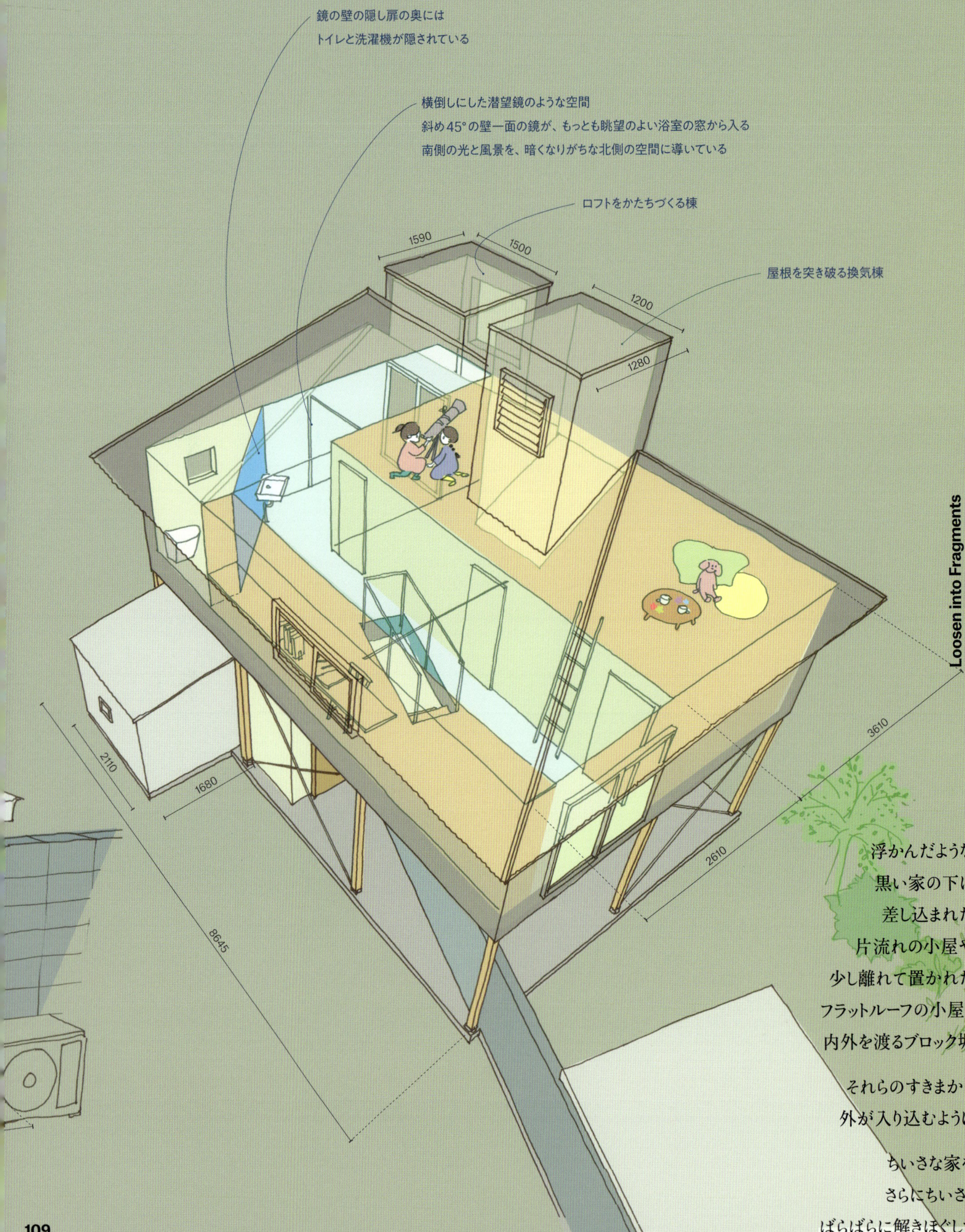
鏡の壁の隠し扉の奥には
トイレと洗濯機が隠されている
横倒しにした潜望鏡のような空間
斜め45°の壁一面の鏡が、もっとも眺望のよい浴室の窓から入る
南側の光と風景を、暗くなりがちな北側の空間に導いている
ロフトをかたちづくる棟
屋根を突き破る換気棟
1590
1500
1200
1280
2110
1680
8645
3610
2610

ばらばらに解きほぐして
Loosen into Fragments

浮かんだような
黒い家の下に
差し込まれた
片流れの小屋や
少し離れて置かれた
フラットルーフの小屋と
内外を渡るブロック塀

それらのすきまから
外が入り込むように

ちいさな家を
さらにちいさく
ばらばらに解きほぐして

ばらばらに解きほぐして
あいだをつくる
真っ白で現代的なフラットな屋根と
工事現場の仮囲いのような銀色の箱
のあいだの
わたしの部屋
銀色の箱と古びたコンクリート壁
のあいだの
玄関
灰色のコンクリート壁と
浮かんだ家型
のあいだの
リビング

ばらばらに解きほぐして

Loosen into Fragments

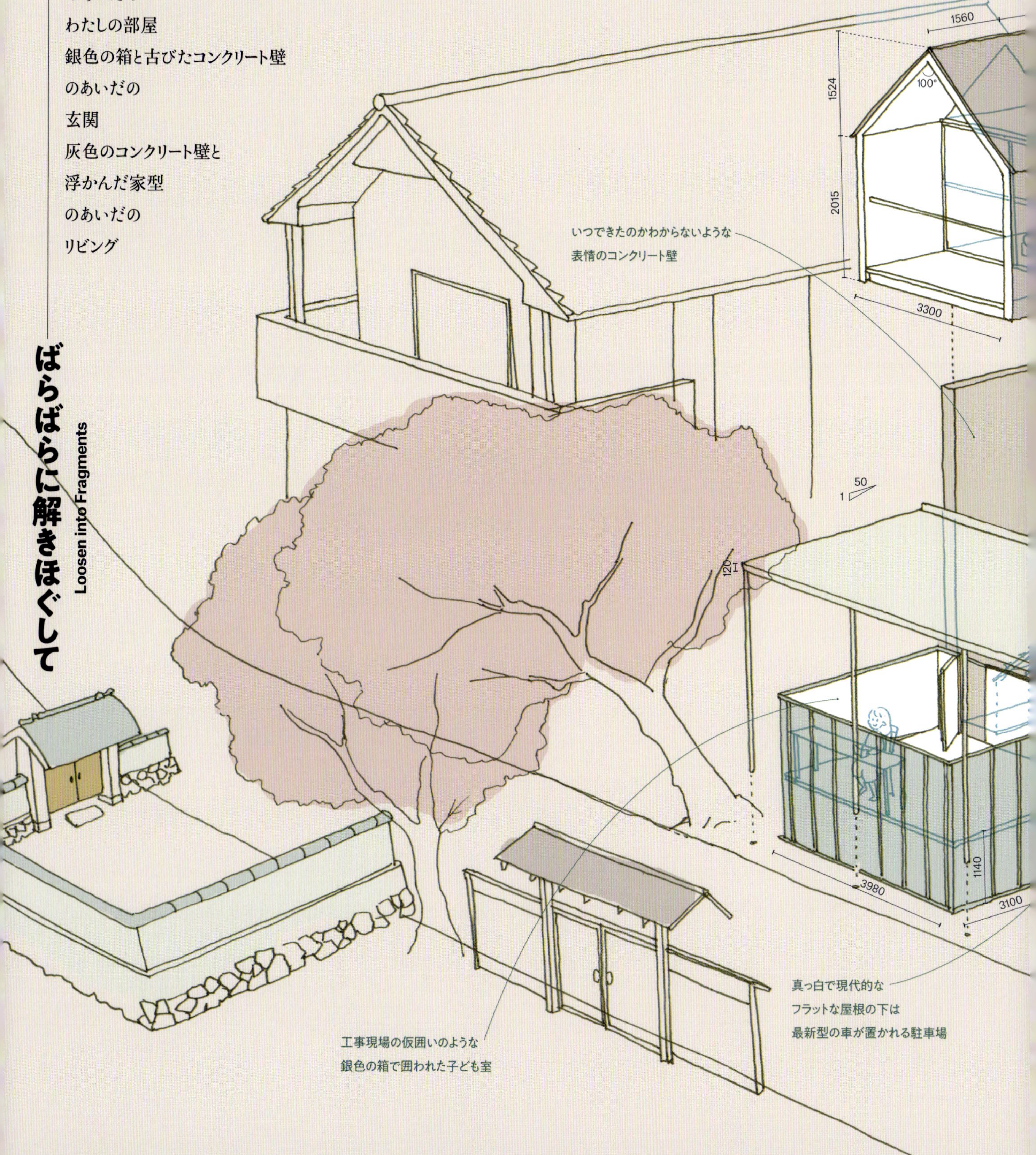
1560
1524
100°
2015
3300
いつできたのかわからないような
表情のコンクリート壁
50
1
120
3980
1140
3100
真っ白で現代的な
フラットな屋根の下は
最新型の車が置かれる駐車場
工事現場の仮囲いのような
銀色の箱で囲われた子ども室

IMAGES / PLAN -------- P. 126

26｜石切の住居

House in Ishikiri

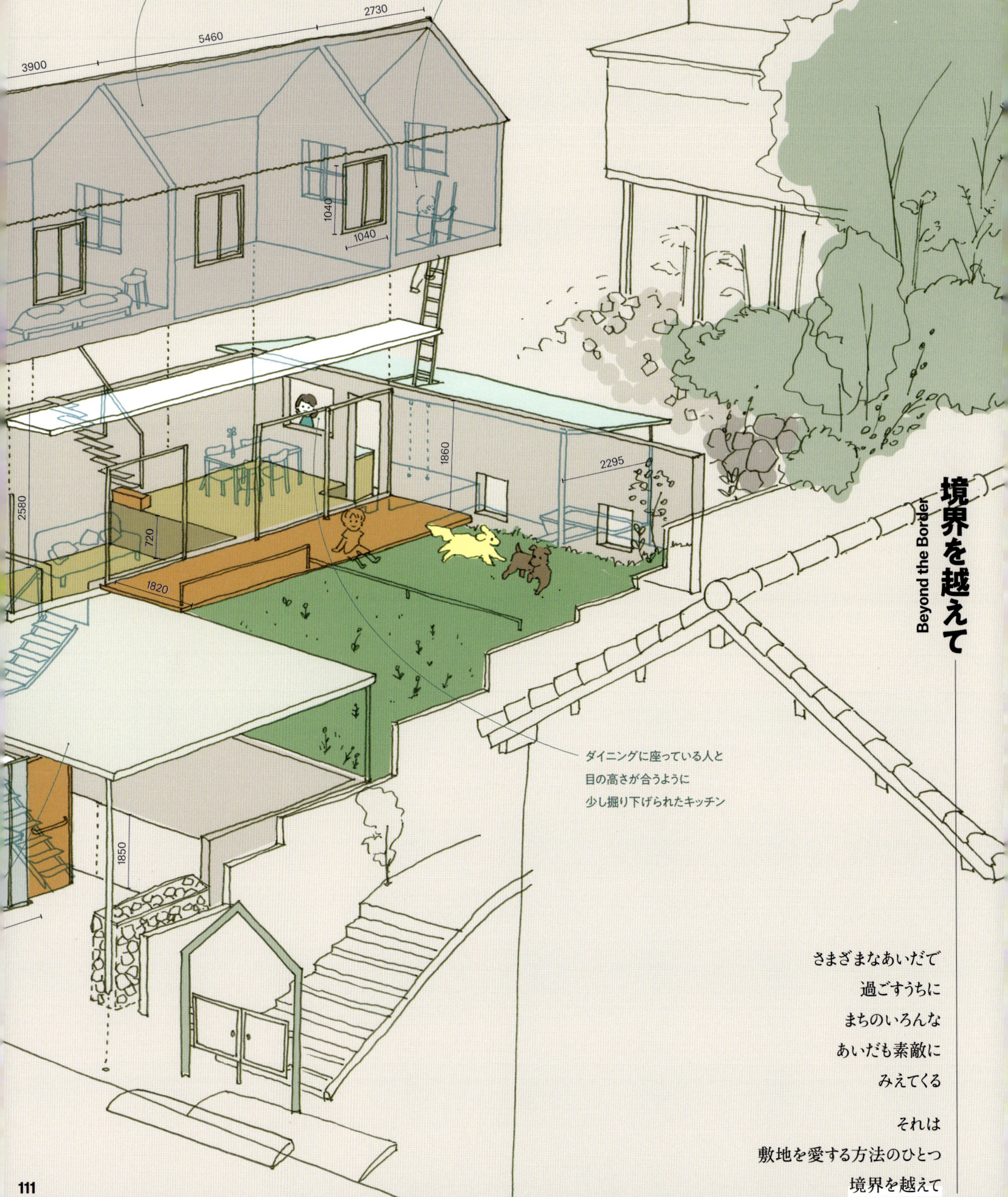

境界を越えて

Beyond the Border

さまざまなあいだで
過ごすうちに
まちのいろんな
あいだも素敵に
みえてくる

それは
敷地を愛する方法のひとつ
境界を越えて

境界を越えて

Beyond the Border

境界を越えて
道に建ってしまっているのか
アスファルトの敷かれた玄関に
置かれた下駄箱はまるで
誰かがバス停に勝手に持ってきた
椅子みたい

ぼくの家は、本当は
どこまでだっけ？

階のあいだ
Between the Floors

道路の上に
越境して建つような
この家の
階段の踊り場に
置いてある
椅子に座れば

2階の床が
机の高さに来て
1階と2階と
中と外が
同時に見える

ぼくらは
長い時間を過ごす
どちらにも属さない
階のあいだで

階のあいだ

Between the Floors

階のあいだの
アトリエはガラス張りで
すべての方向がよく見える

道路からは
平屋に見えるこの家
の1階はどこ？
庭に面したぼくらの部屋からは
道路に面した部屋は
まるで3階
2つの筒型に挟まれて
色んなすきまが
あちこちに

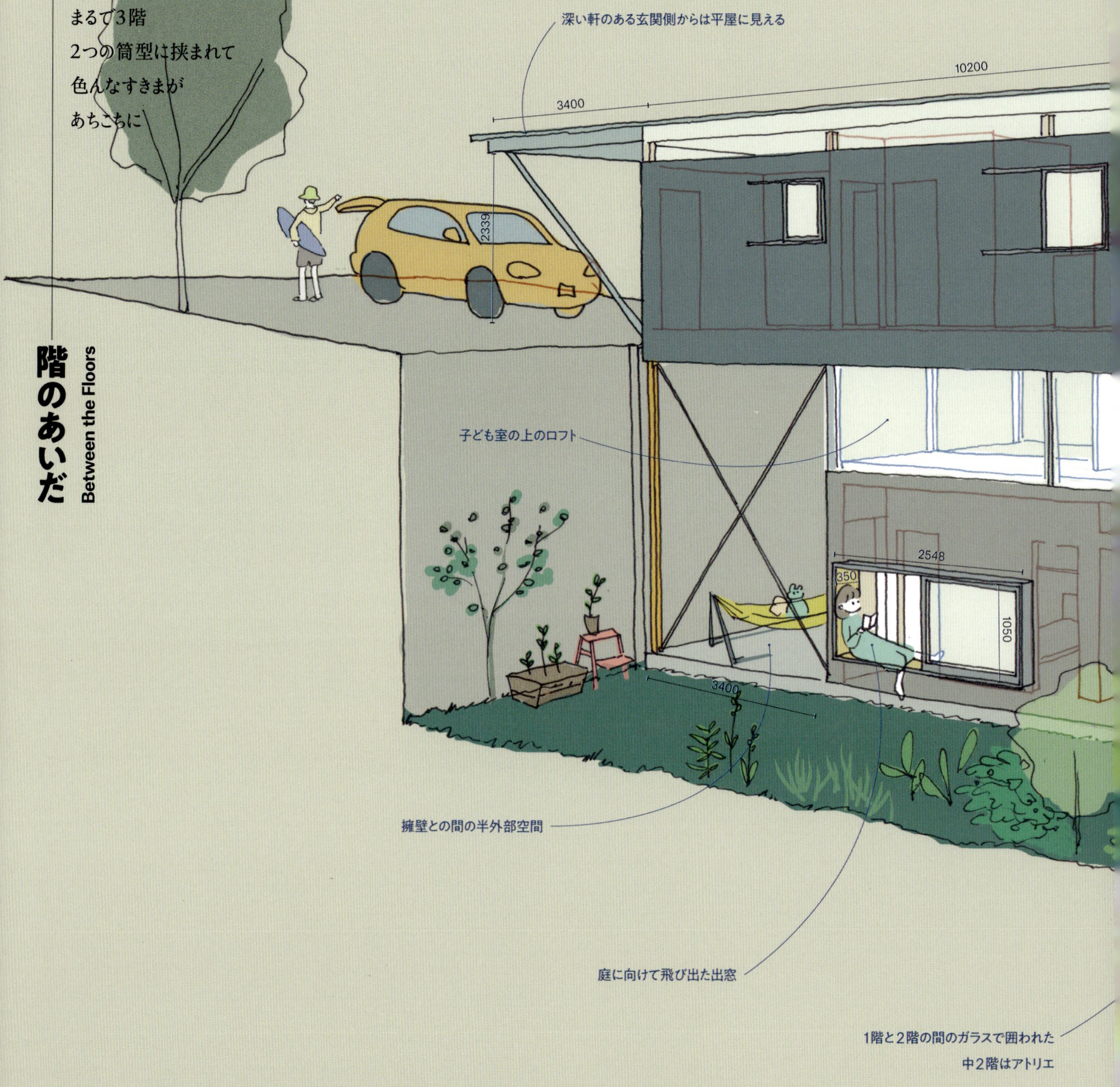
深い軒のある玄関側からは平屋に見える
10200
3400
2339
子ども室の上のロフト
2548
350
1050
3400
擁壁との間の半外部空間
庭に向けて飛び出た出窓
1階と2階の間のガラスで囲われた
中2階はアトリエ

地形に合わせて
Adapting to the Topography

明石海峡大橋に向けて開けた大窓とテラス
5600
3291
2220
1608
1204
2690
3894
105×105
200
浴室の前の軒下空間は
洗濯物干し場にも使われる

道路から
がくんと下がった
この敷地に
建つ家は
道路側の土地には触れず
入り口と屋根だけが
そちらに顔を出して
眺望の方にくいっと
体をねじ曲げて
黒い筒型を浮かせている
地形にあわせて

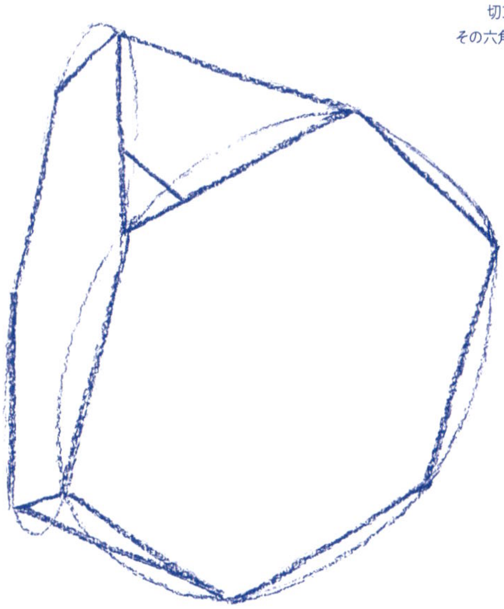

アルキメデス多面体の1つ、
切頂4面体は六角形で構成されるが、
その六角形に外接する円によってつくられた
ペンダントライト

COLUMN

あかりについて

昼行灯の言葉にあらわれているように照明器具は昼間は無用の長物なのであまり目立ってほしくない。建築化照明や間接照明のようにつくり込んだ照明も以前はよく試みたが、予算も掛かるし、つくり込んだ雰囲気が簡素に見せたい室内風景を損なうこともある。また、天井に安易に照明をつけると自分で居場所をつくり出している雰囲気が損なわれる気がするのと、空間の重心が高くなりすぎる気がして、ダウンライトは極力使わないようにしている。

そこで多いのが壁面の場合は壁にモーガルソケットを直接つけてしまう方法だが、より目立ってほしくない場合は壁に埋め込んでしまう①。

壁面に家具用コンセントを取り付け、そこにソケットアダプターを介して直接裸電球を取り付けることもある。

この場合、照明が必要無ければ取り外したり、そのコンセントから電源を取ってペンダントにすることも可能なので、よりフレキシブルな計画ができる。電球が眩しい場合はミラー電球を使ったり②、モーガルソケットに円盤を取り付けて反射板兼目隠しとすることもある③。

以前はよく、両口リネストラランプを使っていた。ガラス管に長いフィラメントが封入されていて、彫刻的な美しさを持っていたが、EUでの白熱電球の製造・販売禁止によって生産中止となってしまった。慌ててデッドストックを買い集めたが、もう殆ど手元にはない。残念なことだ④。

白熱球と入れ変わったLEDは白熱球を模したデザインのものも、性能的には意味のあまりないフィラメント的な素子の扱いなども歪な面白さがあって僕は好きだが、10 mm角棒程度で十分に光量のあるものが出てきて、日中は殆ど存在感が無いのでよく使う。ただ線状の照明は人工感が高く、すべてをそういった照明だけで仕上げると、やはり空間にデザインされすぎた印象が生まれるので、注意深く使っている⑤。

キッチンや洗面台のような機能空間には影の出にくいLEDライン照明が向いていて、器具をそのまま吊ったり埋め込んだりする⑥。

LEDライン照明をダクトレールの上部に隠してアンビエントライトとし、下に向けてスポットで照らすこともある⑦。

最も多いのは空間に重心を与えるためにペンダントライトを使うことだ。その際、天井から電源を取ると吊る位置の自由が効かず、天井も美しくできないので壁からコンセントを介して電源を取ることが多い⑧⑨。

最初期は裸電球をぶら下げるだけのことも多かったが、あまりに天井が高い場合はペンダントが揺れたり、空間をコードが縦に貫くのも気になって、壁から持ち出すホルダーを使うことも多く、いくつかバージョンを変えながら使い続けている。電球を高所に設置する場合は200 Wの耐震電球を使って調光すると色温度も下がって落ち着いた雰囲気になり、フィラメントもなかなか焼ききれない⑩⑪。

最近では三枚の円盤を組み合わせてオリジナルのペンダントをつくっていて、素材を変えながら使い続けている⑫–⑮。

● 鎌倉の住居 ----- PP. 120-121

① 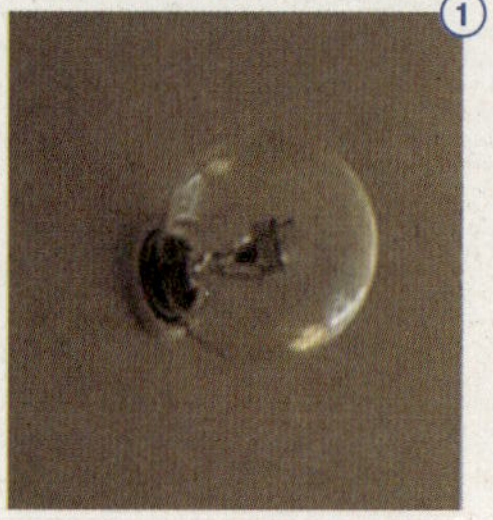

壁にモーガルソケットを埋め込む際は配線に問題がないか十分注意する必要はあるが、前面から引き出して補修することは可能

● 白楽の住居 --- PP. 026-027

② 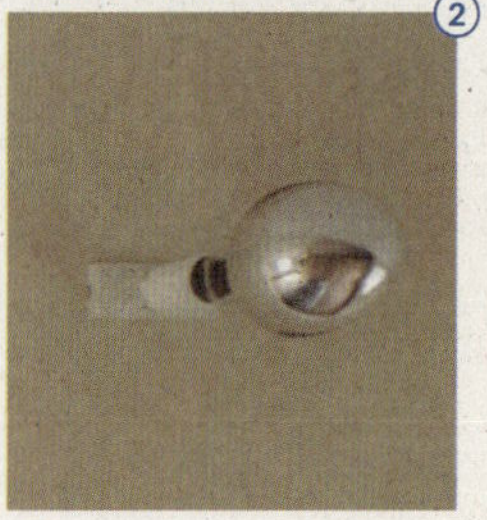

家具コンセントとソケットアダプターとミラー球の組み合わせ

● 月見山の住居 ---------- PP. 064-065

③ 

真鍮製の円盤をモーガルソケットに取り付け、向きが自由に変えられるようにしている。
NEW LIGHT POTTERYの永冨さんに相談してつくってもらった

● 石切の住居 ---------- PP. 126-127

④ 

リネストラランプ、樹脂製の台座には錆シートを張って、より彫刻的な雰囲気としている

● 明石の住居 ---------- PP. 158-159

⑤ 

キッチンにはLEDライン照明、ダイニングにはペンダント

● 高槻の住居 ---------- PP. 034-035

⑥ 

キッチンの上に吊られたLEDライン照明

● 滝山の住居 ---------- PP. 150-151

⑦ 

LEDラインとダクトレールの組み合わせ

⑧ 

外部照明用のコンセントは板金でカバーをつくる

● 明石の住居 ---------- PP. 158-159

⑨ 

最もシンプルなコンセントプラグで壁面から電源を取っている

⑩ 

デッドストックのフラットボール球と溶融亜鉛メッキ製ペンダントの組み合わせ

⑪ 

鉄板でできたペンダントの原型。
メッキ槽に浸けるために小さなナットが溶接してあり、メッキ後に取り除く

● 灘の住居 -------- PP. 062-063

⑫ 

鉄板製ペンダント 六価クロムメッキ

● 少路の住居 -- PP. 028-029

⑬ 

真鍮製ペンダント
通常のものよりも大きくつくってみた

● 白川の住居 ---------- PP. 024-025

⑭ 

ラワン合板製ペンダント

● 垂水の住居 ------ PP. 066-067

⑮ 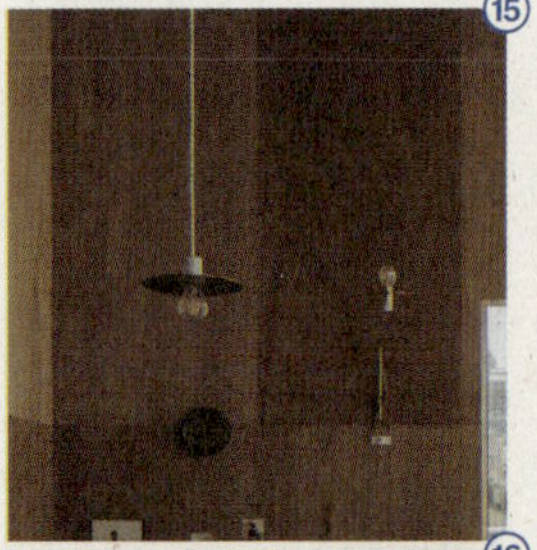

⑯ 

垂水の住居ペンダントと壁面からの持ち出し照明。どちらも反射板付き

● 園部の住居 ---------- IMAGES / PLAN --- PP. 060-061

⑰ 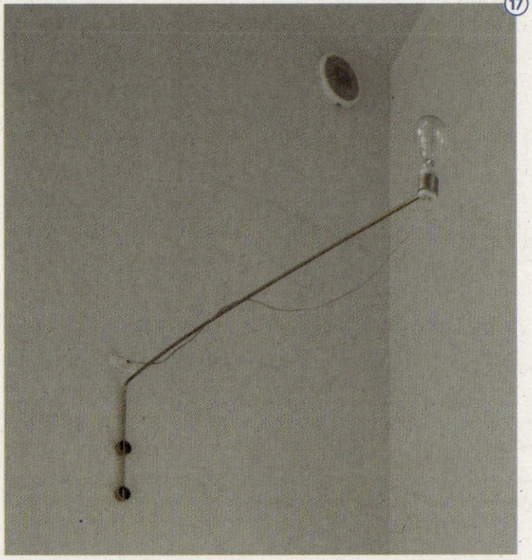

壁面からの持ち出し照明

22｜呉川町の住居

>>> P. 102

小さな住宅に距離を埋め込む

狭小な敷地での住宅に典型的な解法は、階段を中央に、その両側に諸室を配していく方法だけれど、各階が分断され階段が各階の同じ位置を貫いているのは体験としては貧しくないだろうか。

この住宅では、部屋をあえて分割することで見え隠れする関係をつくりだし、四角く切り取られた開口からそれぞれの空間が垣間見える。そのことにより実際以上の広がりを得られることを目指した。細かく分割された部屋がスキップして螺旋状につながり、それぞれのフロアは互いに一望できない。どこまでも続いていくような、小さな予感に満ちた空間をつくり出そうとした。

1階に店舗とゲストルーム、2階をLDK、3階に個室とサニタリー、バスコートを収め、トップライトのあるホワイト・アウトした階段室によって小さな住宅の内部に距離を生み出した。それぞれの部屋はつながりつつも適度な距離をつくり出している。都市住居のひとつのプロトタイプとして考えた。

上:北東側外観。外壁は焼杉｜下:ソファの背後に広がるトップライトのある階段室に螺旋階段が消えていく。階段の下は家事室

螺旋階段詳細図 1:40

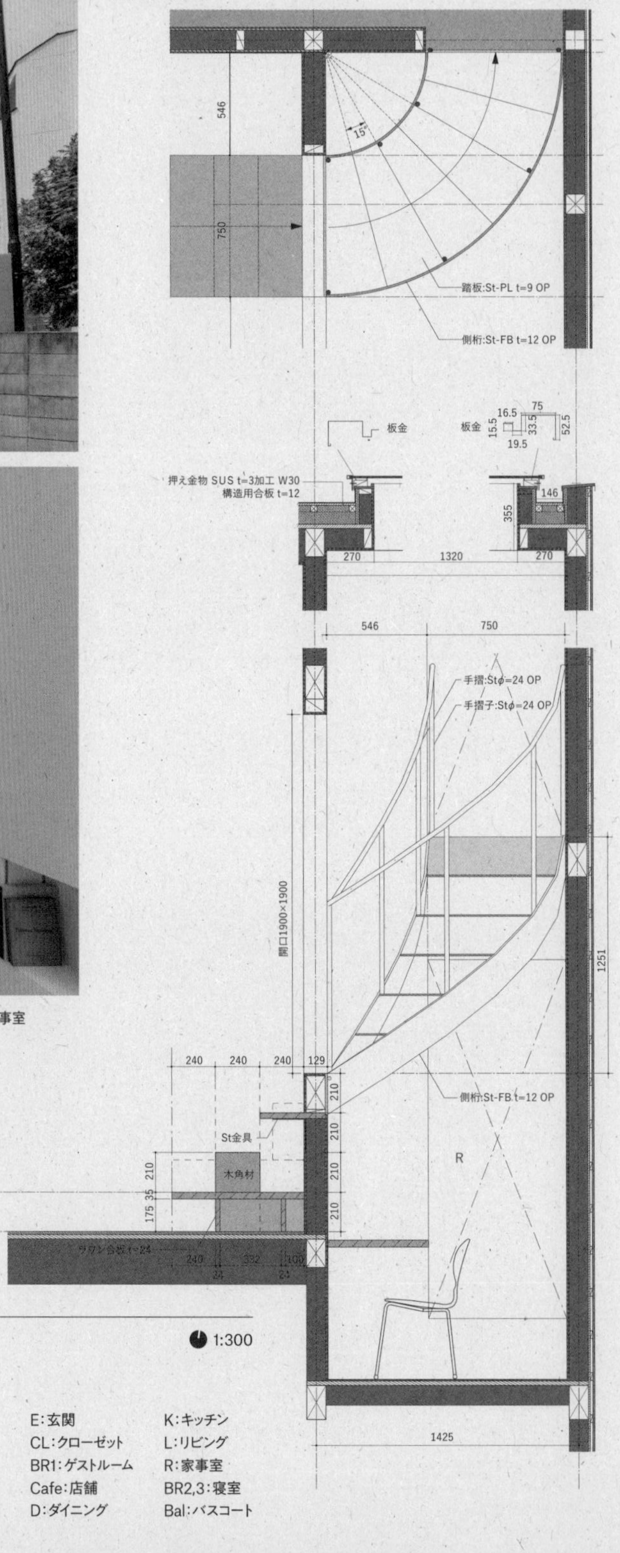

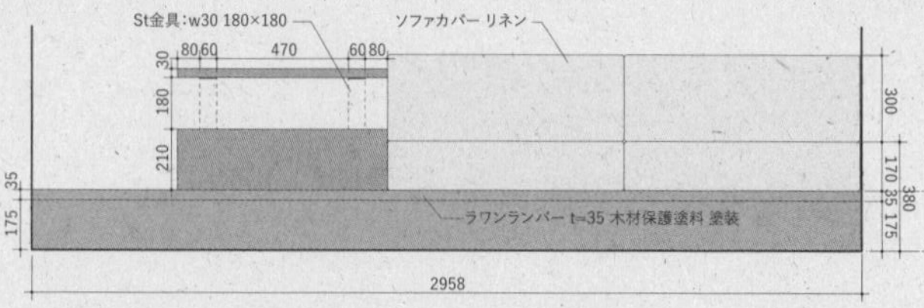

1F Plan

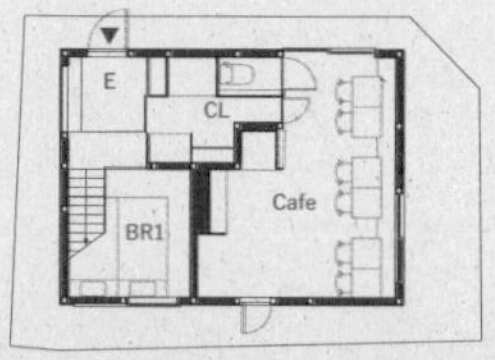

2F Plan

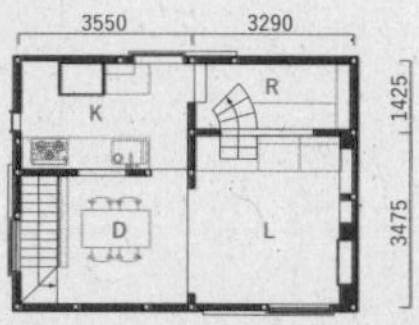

3F Plan

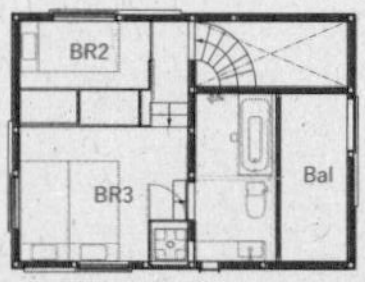

1:300

E:玄関
CL:クローゼット
BR1:ゲストルーム
Cafe:店舗
D:ダイニング
K:キッチン
L:リビング
R:家事室
BR2,3:寝室
Bal:バスコート

上:リビング。リビング奥の壁は配管スペースになっていて、一部は壁内収納としている
下:リビングソファ前。左奥にダイニング、螺旋階段の下が家事室

上:キッチンはダイニングから210mm下がっていて、立って作業している人とダイニングに座っている人の目線が合う｜下左:洗面台｜下右:浴室とバスコート

螺旋階段の下は家事室。奥にキッチン

上:店舗｜下:ゲストルーム。右手に玄関の窓と一体となったベンチ

Study Process

① 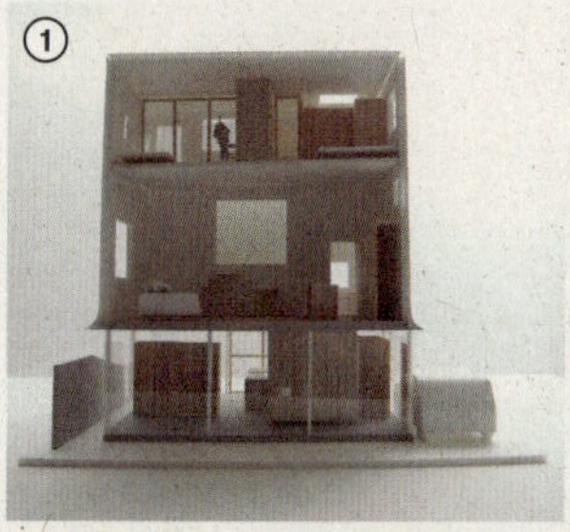
② 
③ 
④ 

店舗部は当初ガラス張りで考えていた①②がプライバシーの観点から大きな窓に変更となった。当初からトップライト空間に螺旋階段が消えていくイメージはあり、③④では1階から3階まで続く吹き抜けに配置されていた

DRAWING -------- P. 102

House in Kurekawa
Location: Ashiya, Hyogo
Type: Single Family House+Shop
Main structure: Timber; 3-storey
Site Area: 165.15 m²
Building Area: 121.38 m²
(73.5% of max 80%)
Total Floor Area: 321.09 m²
(177.3% of max 349.8%)

SITE WALK_Kurekawa

落ち着いた住宅街の一角の狭隘な敷地は、川や大きな公園に隣接しつつも比較的大きな集合住宅が近隣に立ち並び、プライバシーの確保が必要だった

Construction Period

Elevation 1:400

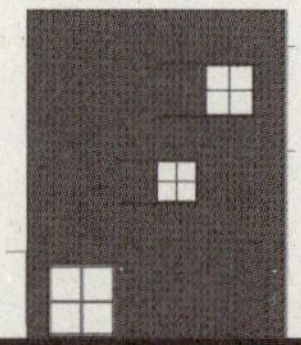

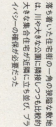

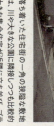

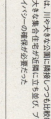

23 | 鎌倉の住居

>>> P. 104

角でつなぐ

ブックデザイナーである大学時代からの友人と、編集者である夫、その子どもたちの暮らし方と地域の雰囲気を考え、なるべく穏やかな家を建てようと考えた。各階にそれぞれ外部とつながるデッキや軒下空間を用意し、周辺環境を使い倒せる便利な道具箱のように使ってもらう。とはいえ敷地はのどかな風景に反して条件が多く、さまざまな状況を解決するために片流れの3層の棟と、片流れの2.5層の棟をL字に角でつなぐことにした。片流れの棟が角で合わさることで家型のようにも見え、角をつなぐ三角形の階段室を透かして視線が行き交う。

バルコニーからは山の遊び場がよく見える

1F Plan

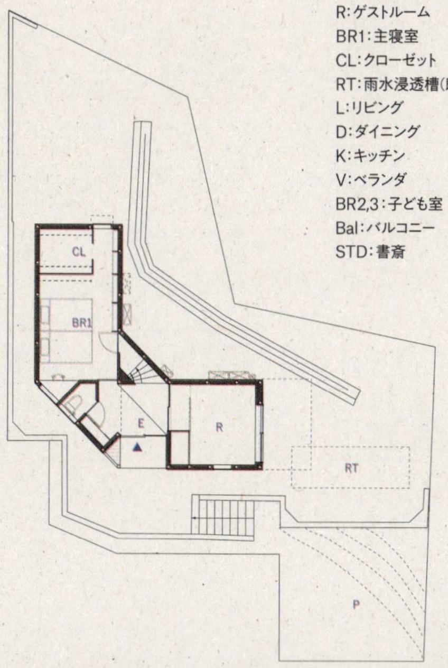

CL
BR1
E
R
RT
P

P:駐車場
E:玄関
R:ゲストルーム
BR1:主寝室
CL:クローゼット
RT:雨水浸透槽(既設)
L:リビング
D:ダイニング
K:キッチン
V:ベランダ
BR2,3:子ども室
Bal:バルコニー
STD:書斎

3F Plan　1:300

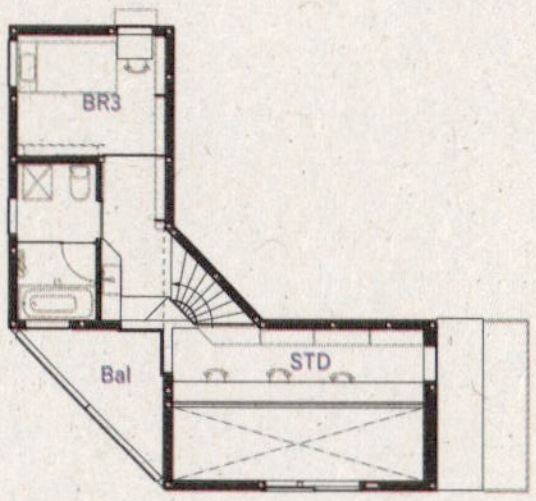

BR3
Bal
STD

2F Plan

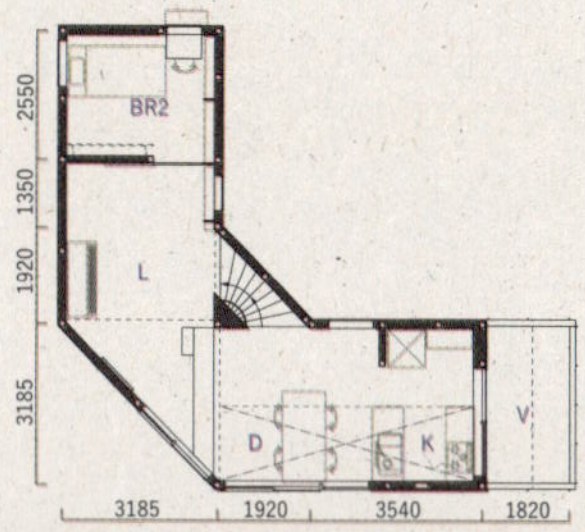

2550
1350
1920
3185
BR2
L
D
K
V
3185
1920
3540
1820

断面詳細図　1:50

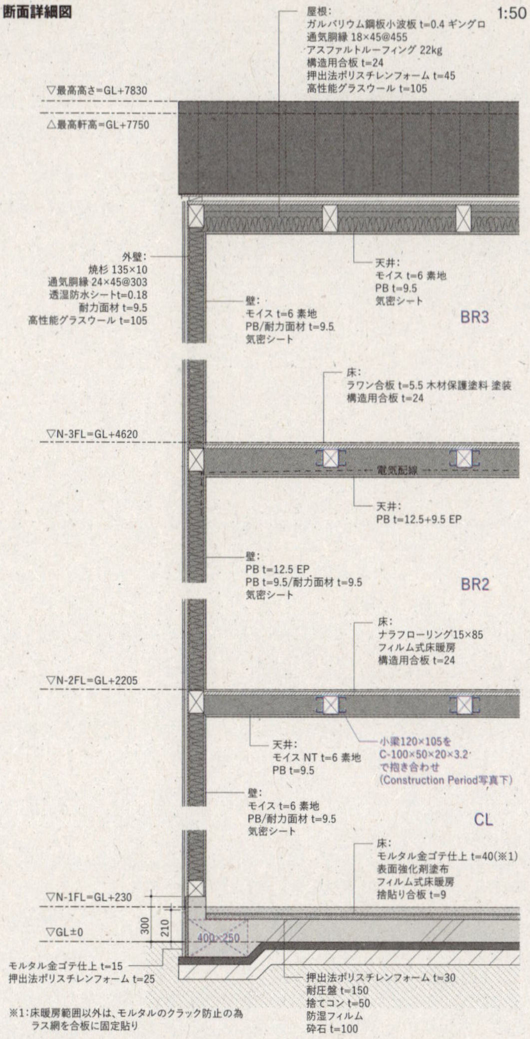

屋根:
ガルバリウム鋼板小波板 t=0.4 ギングロ
通気胴縁 18×45@455
アスファルトルーフィング 22kg
構造用合板 t=24
押出法ポリスチレンフォーム t=45
高性能グラスウール t=105
▽最高高さ=GL+7830
△最高軒高=GL+7750
外壁:
焼杉 135×10
通気胴縁 24×45@303
透湿防水シート t=0.18
耐力面材 t=9.5
高性能グラスウール t=105
天井:
モイス t=6 素地
PB t=9.5
気密シート
壁:
モイス t=6 素地
PB/耐力面材 t=9.5
気密シート
BR3
床:
ラワン合板 t=5.5 木材保護塗料 塗装
構造用合板 t=24
▽N-3FL=GL+4620
電気配線
天井:
PB t=12.5+9.5 EP
壁:
PB t=12.5 EP
PB t=9.5/耐力面材 t=9.5
気密シート
BR2
床:
ナラフローリング15×85
フィルム式床暖房
構造用合板 t=24
▽N-2FL=GL+2205
天井:
モイス NT t=6 素地
PB t=9.5
小梁120×105を
C-100×50×20×3.2
で抱き合わせ
(Construction Period写真下)
壁:
モイス t=6 素地
PB/耐力面材 t=9.5
気密シート
CL
床:
モルタル金ゴテ仕上 t=40(※1)
表面強化剤塗布
フィルム式床暖房
捨貼り合板 t=9
▽N-1FL=GL+230
▽GL±0
300
210
400×250
モルタル金ゴテ仕上 t=15
押出法ポリスチレンフォーム t=25
押出法ポリスチレンフォーム t=30
耐圧盤 t=150
捨てコン t=50
防湿フィルム
砕石 t=100
※1:床暖房範囲以外は、モルタルのクラック防止の為
ラス網を合板に固定貼り

地面を少し掘ると埋蔵文化財の発掘調査が必要になるため、基礎梁を扁平として地面を殆ど掘らない構造としている

左:西側外観。袋小路の道は子どもたちの遊び場となっている | 右:北側外観。見る方向によって大きさが変わって見える

キッチンからリビング、洗面室を見る。上部に書斎

階段構成図

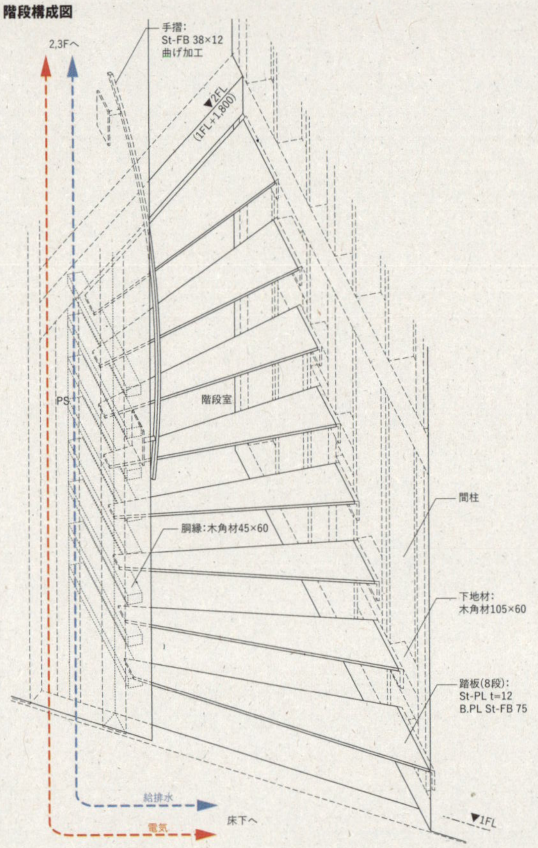

<u>三角形の螺旋階段</u>

入隅の階段は実質的には螺旋階段なのだが、製作が難しくなり、また外壁を納めるのも工夫が必要なので三角階段に変形させている。見通しを良くするために鉄板製として、鉄工所から送られてきた部材を大工が組み上げられるようにしている。手摺は単純な円に曲げたフラットバーを簡単に取り付けられるようにしている。中心の三角部はパイプスペースとして機能している

階段平面図 1:50

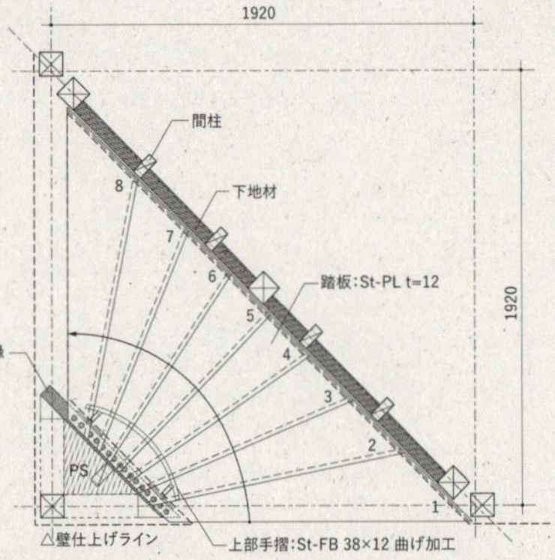

階段標準断面図 1:10

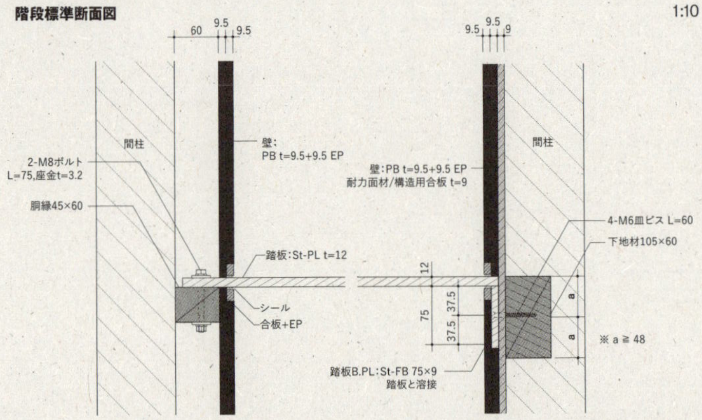

Study Process

敷地形状から、当初より最終案に近い案が模索され、山側と道側の2つのテラスと住空間が交わるような暮らしが目指された。
敷地一杯に建てる細長い2階建て案①②は要求を満たそうとすると廊下と部屋に分かれるのが違和感があり、階高を絞り3階建て③④として敷地に畑などをする余地をつくり出した。
山側のテラスや1階の半外部空間は実現させたかったが予算の問題などもあり、なるべくシンプルな、道具箱のような家として最終案が生まれた

DRAWING -------- P. 104

House in Kamakura
<u>Location</u>: Kamakura, Kanagawa
<u>Type</u>: Single Family
<u>Main structure</u>: Timber; 3-storey
<u>Site Area</u>: 235.12 m^2
<u>Building Area</u>: 46.13 m^2
(19.62% of max 40%)
<u>Total Floor Area</u>: 114.74 m^2
(48.80% of max 80%)

SITE WALK_Kamakura

鎌倉駅から徒歩15分程の古くからある閑静な住宅街は、近くに寺もあり、落ち着いた雰囲気だった。敷地山側には「やぐら」と呼ばれる横穴式の納骨窟がある鬱蒼とした林があったが、市街化調整区域であるその林は敷地でありながら建築は建てられず、新たに整備した第一種低層住居地域の低い擁壁の上が敷地だった

Construction Period

埋蔵文化財の発掘調査を避けるためには1階床を埋める事も難しく、階高を縮めるために床梁は鉄のCチャンネルで補強し、梁成を抑えている

Elevation 1:400

24｜六甲の住居

>>> P. 106

グラウンドレベルを開放する

現代の住宅はプライバシーを優先するあまり、閉鎖的になりすぎているように思う。よそよそしい顔が立ち並ぶ住宅地では歩いていても楽しくないし、豊かなコミュニティも育まれないだろう。この住宅は階段によって縫い合わされた住宅地の最奥にあって、擁壁上の敷地は周囲からの視線が届かない。そこで、ここでは四周に均等にデッキを持つボリュームを持ち上げ、1階をガラス張りにしてセミパブリック的な場所とすることを考えた。上部のボリュームは周辺の街並みとの関係を考えて家型として、均等に窓を配置して南北に常に吹いている風を捕まえる。デッキや庇によって夏季の日射を遮り、冬季は日射により室内の基礎に蓄熱する。

住人は日用品へのこだわりと愛があったので、住宅の設計としてはご法度だと思うのだが、ほとんど収納を設けず、住人の持ち物が一切隠されず家中に散らばるようにした。それでも乱雑な感じを与えないよう、1階は横幅と同じ3.5mの階高としている。唯一設けた収納室も光学フィルム貼りのガラスで仕切った。これにより、収納された物と室内に置かれたさまざまな日用品がグラフィックパターンのように混ざり合い映し出される。

部分断面詳細図　1:40

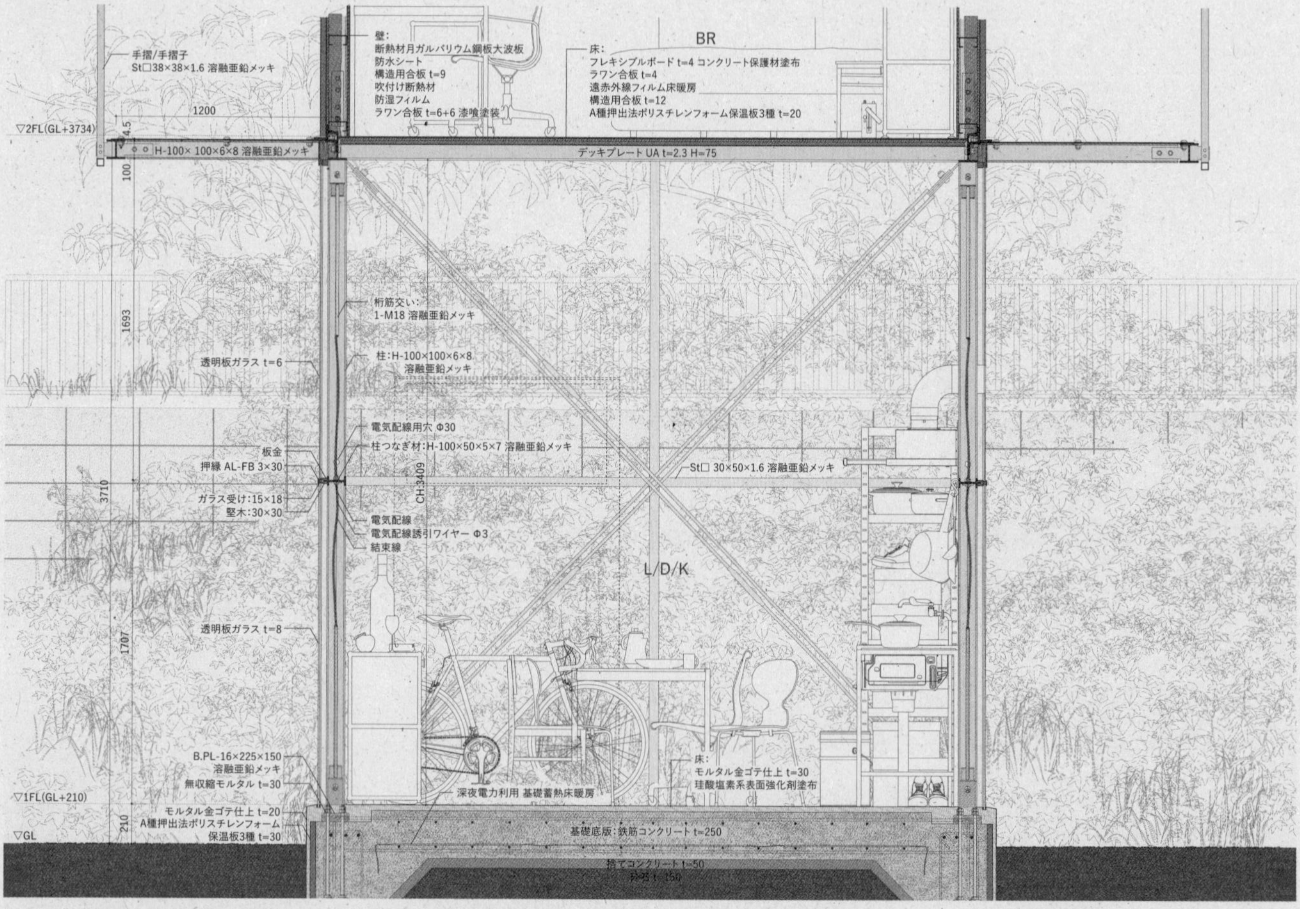

遠くのきらめく海面、そこに掛かる橋、移動し続ける船、電車、車の群れ、マンションの高架水槽、さまざまな素材による屋根の連なり、雑草に覆われた庭、H鋼の柱、そこに張られた電線、テーブル、テーブルに置かれたペットボトル、室内に持ち込まれた自転車、硝子壁にかかる蜘蛛の巣、背後の擁壁から垂れ下がる葛の葉。それら一切が等価に立ち上がる

1F Plan　1:300

E:玄関
L:リビング
D:ダイニング
K:キッチン
BR:寝室
CL:収納室

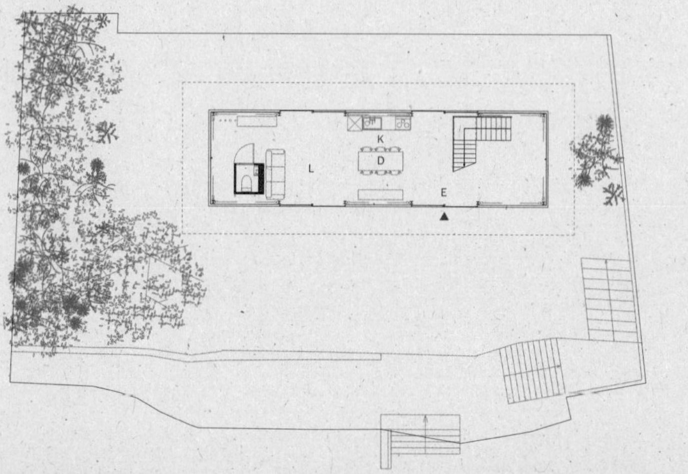

2F Plan

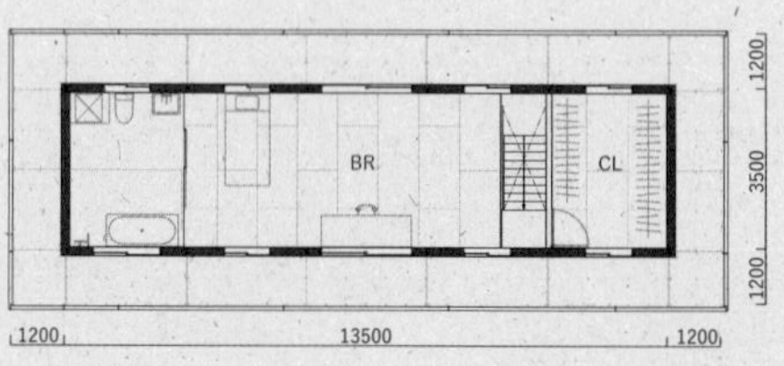

構造システムアクソメ

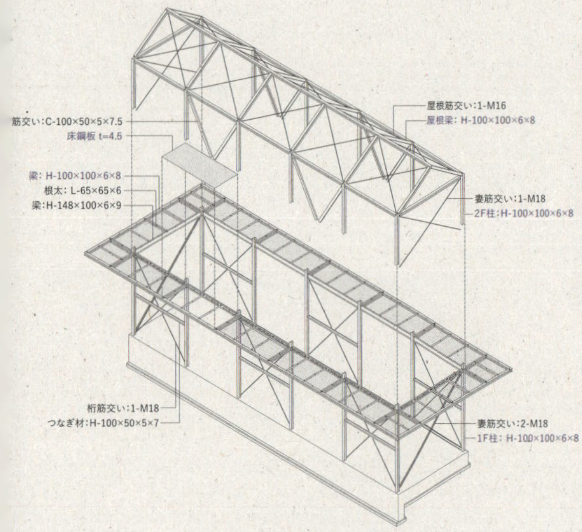

上：外周をぐるりと廻る鉄板が水平構面となり、内部には梁材がない。
筋交いはM18を2本ずつ、たすき掛けにして軽快な構造としている
右：内部床厚は高さ75mmのデッキプレート＋スチレンボード20mm＋
構造用合板9mm＋ラワン合板4mm＋フレキシブルボード4mmの計112mm

西側外観。1階は、高さ約3.5mのガラス張りで、トイレやエアコンが収まるラワン合板仕上げの箱が置かれたがらんどうの空間

Study Process

匿名的な設計にしようと、まず箱型のボリュームで考え始めた①②が、周辺の下町的な環境に合わないと思い直し、簡素な家型ボリューム③へ。
軒の出を出しすぎる④と匿名的な表情が失われるため、夏季の日射が室内に入らないギリギリの寸法とした。
最後まで一部を安全鋼板で仕上げるか全面ガラス張りとするか悩んだが、プライバシーの問題がないことを確認してガラス張りに

DRAWING -------- P. 106

House in Rokko
Location: Kobe, Hyogo
Type: Single Family House
Main structure: Steel; 2-storey
Site Area: 295.31m^2
Building Area: 56.00m^2
(18.96% of max 60%)
Total Floor Area: 94.50m^2
(32.00% of max 150%)

SITE WALK_Rokko

敷地は古くからの擁壁の上で、北側には10m以上あるコンクリートの擁壁がそびえ立つ。南側にはやや古びた町並みから、遠くまで見渡すことができる瀬戸内海の光景が広がっている

Construction Period

敷地は階段しかアクセスがなく、重機が入らない。人力での施工を可能にするため100角のH鋼を主構造とし、外周を巡る片持ちバルコニーに厚さ4.5mmの鋼板を敷き詰めて水平構面を構成している。そのおかげで内部床は梁もなく75mmのデッキプレートに合板とフレキシブルボードを敷き詰めているだけの軽量で安価な構造体とすることができた

Elevation

1:400

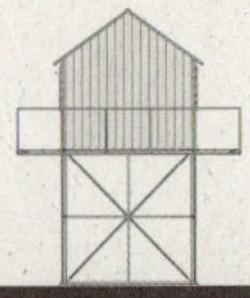

25｜譲葉山の住居

>>> P. 108

木造高床形式の可能性

敷地北側には山が、南には平野への眺望が広がっているが、南側には大きな家が建っていた。そこでまず、庭と一体となった1階と、山の気配を感じつつも眺望へ向けて背伸びしているような2階によって構成された住宅を考えた。「六甲」や「川西」と同じく高床式住居のような形式だが、1階のガラス面を構造より控えて軒下空間とすることで、より内外が一体となる暮らしができるよう考えた。室外に露出した柱からのヒートブリッジを防ぐために、構造は木造を選択し、ブレースやタイロッドにより固めている。古くからの住宅地である敷地周辺に散見されるブロック塀でL字型に建てて道路/駐車場と庭を切り分け、そのまま室内までつなげてエントランスとリビングを切り分けている。南側には大きな住宅があり、それを避けて眺望の開けた方向へ向けるために建物全体を17度振って配置した。それによって敷地形状に従い隣地境界と直交するブロック塀と平面との関係に変化が生まれ、異なる性格の庭や空間の奥行が生まれた。

上・中：比較的閉じた構成の上階に眺望と光を導くため1.5m角、1.2m角の塔屋が屋根を突き破りロフトと一体となった部屋のような空間をつくり出している
下：洗面台の鏡として機能する斜め45度の反射面は、もっとも眺望のよい浴室の全面開口から入る南側の光と風景を、暗くなりがちな北側の空間に導いている

1F部分平面図

1:200

コンクリートブロック塀は内外を貫通し、サッシやドアはそれを邪魔しないように取り付けてある。スイッチプレートは遊び心でアクリルとして、内部の配線が見える

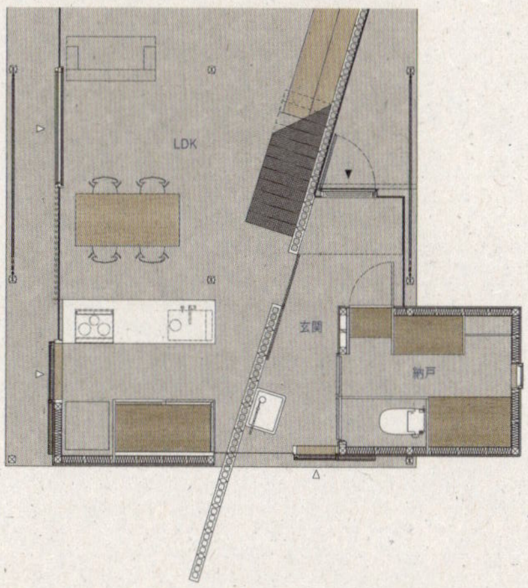

洗面部詳細図

1:50

配管部材によるタオル掛を兼ねた水栓

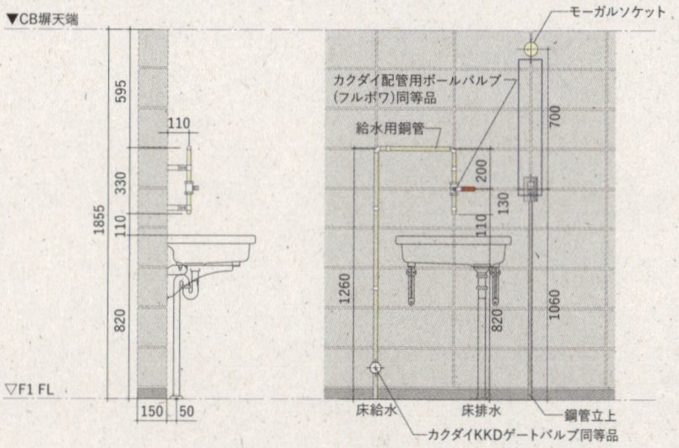

1F Plan

1:300

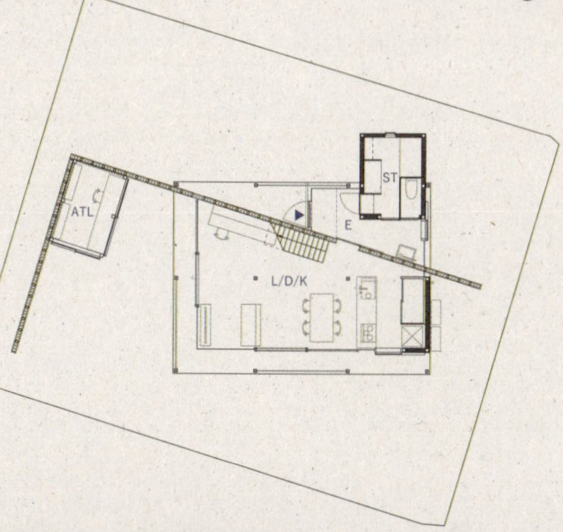

2F Plan

ATL：アトリエ　K：キッチン
E：エントランス　STD：書斎
ST：納戸　BR：寝室
L：リビング　V：ベランダ
D：ダイニング

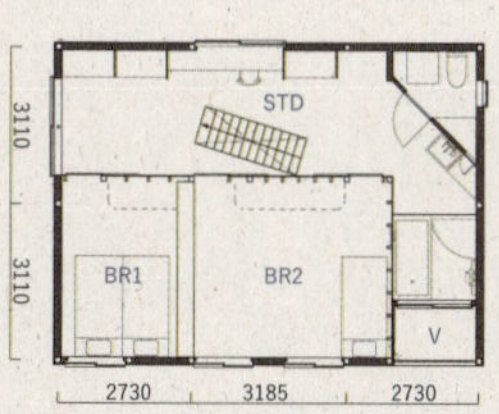

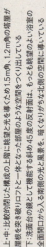

DRAWING -------- P. 108

House in Yuzurihayama
Location: Takarazuka, Hyogo
Type: Single Family House+Atelier
Main structure: Timber; 2-storey
Site Area: 232.26 m^2
Building Area: 62.03 m^2
(26.70 % of max 60 %)
Total Floor Area: 99.80 m^2
(42.97 % of max 200 %)

SITE WALK_Yuzurihayama

敷地は昭和30年代に山を切り開いてひな壇造成された住宅地で山が近く、南へ向かって下がっている。南側には大きな家が建っていたが、敷地の角からは眺望がひらけていた

コンクリートブロック開口部詳細図

1:15

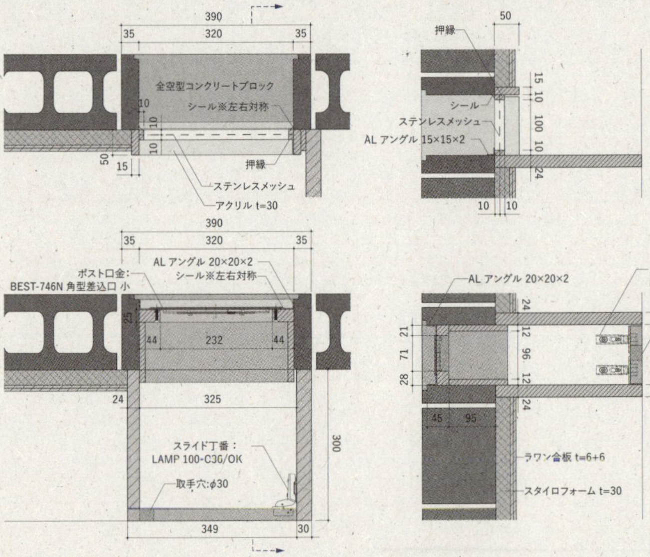

庭を囲うコンクリートブロック壁は通風のために一部を有孔コンクリートブロックとし、室内になる部分にはステンレスメッシュと可動式のアクリルブロックを嵌めて窓や、ポストにしている。コンクリートブロックの室内側は内断熱し本棚としている

Construction Period

浴槽は木下地にFRP仕上

Study Process

①過去に構想した、自由曲線のデッキと高床形式の家の組み合わせを試す｜②U字型③U字型と高床のハイブリッド案｜④予算を鑑みてシンプルな高床案に⑤⑥案を90度回転して駐車場を確保｜⑥⑦案ほぼ最終案で南側の光を北側の部屋に届ける鏡面のアイデアが生まれている｜⑧予算の関係で床面積を縮小しベランダが無くなり、仕事部屋が小さくなった最終案

Elevation

1:400

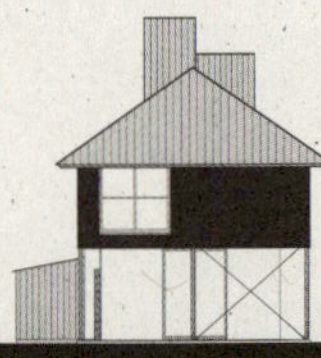

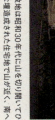

26 | 石切の住居

>>> P. 110

ばらばらをあつめて

てんでばらばらの素材や色と屋根形状のボリュームが組み合わされて、この住宅はかたちづくられている。敷地は、道路から3.5mほど高く、どうしても道路側に対して大きくなりがちだ。そこで、周辺の質感にふさわしい建ち方を探しながら、徐々に場所をつくっていくような感覚で設計を進めた。まず、この住宅地に散在する古くからの石積み壁やコンクリートブロック壁の時間軸につながるような小割りのラワン型枠で、くすんだ質感のコンクリート壁をつくり、その上に近隣の屋根形状に倣った黒い家型の構造体を載せた。そのうえで、内部を改装するように居場所をつくり出し、道路側には、新しい生活や車などにつながるような、現代的な薄いフラットルーフを掛け、その下に進行中の現場のような安全鋼板でできた箱を置いた。結果として、敷地内には、住宅地の「これまで」と「これから」それぞれにつながるような場所がつくり出された。「コンクリート壁」と「背後の擁壁」、「白いフラットルーフ」と「安全鋼板の箱」のように、異なる時間軸につながるような部分の間に人の居場所が設けられている。このような住宅の在り方から、再び住宅地全体を見直してみると、さまざまな時間軸をもった住宅地のすべての要素やその間に生まれたスペースが、より豊かに見出されると考えた。

ゲストルームへはガラスに囲われた梯子で一旦外に出るかのように上がる

木製建具詳細図(リビング・寝室) 1:15

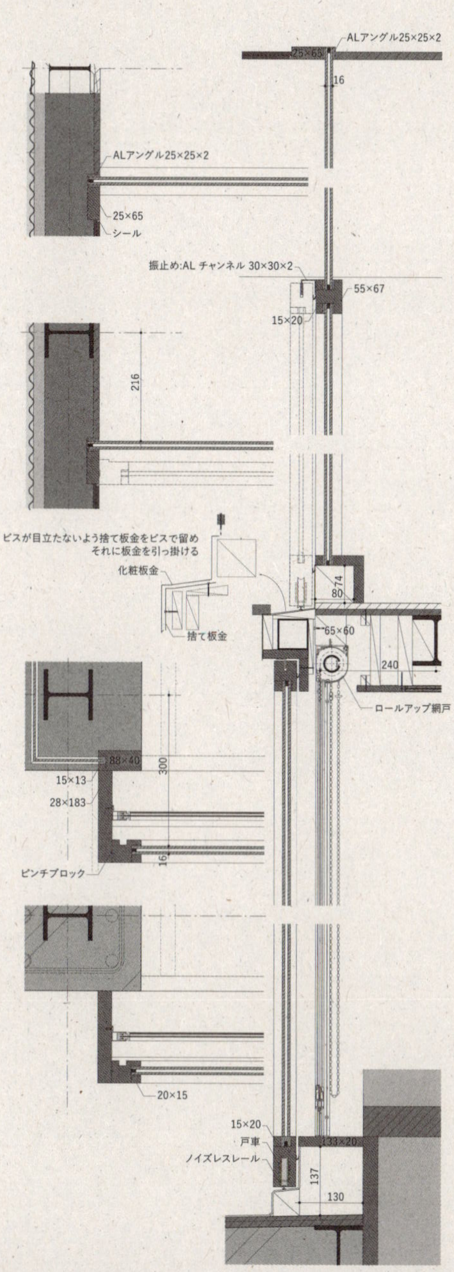

2F Plan 1:300

E:エントランス
P:ガレージ
ST:納戸
BR1:子ども室
L:リビング
D:ダイニング
K:キッチン
V:ベランダ
BR2:寝室
R:ゲストルーム

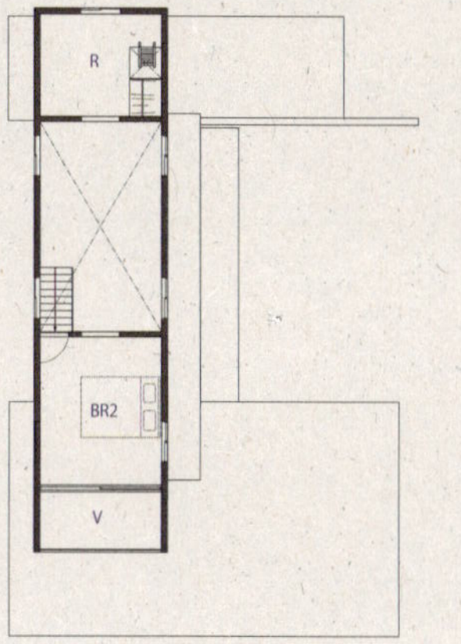

1F Plan

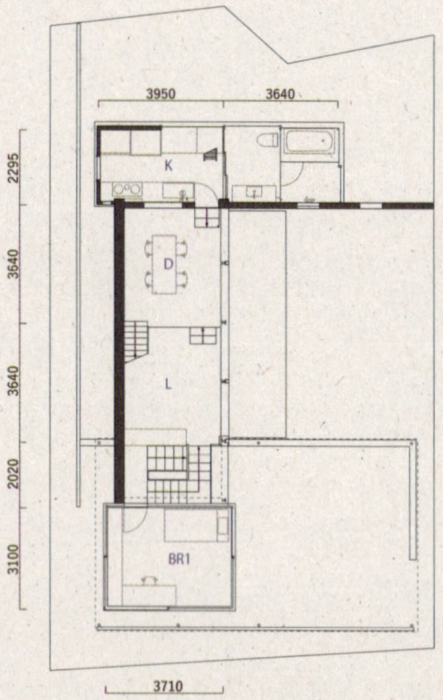

B1F Plan

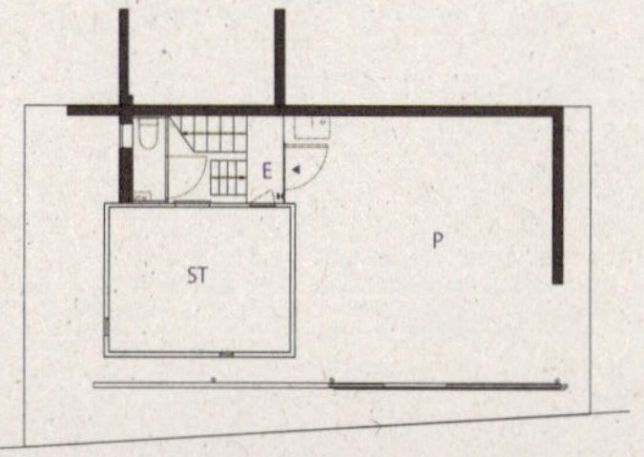

構造ダイアグラム

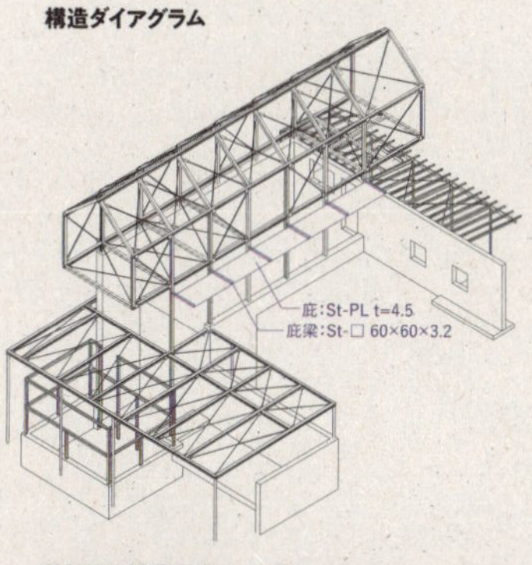

鉄板庇も構造要素として働き、RC壁と鉄骨をつないでいる

左:安全鋼板でできた箱とコンクリート壁の間の階段室。踊り場になっている箱の中はトイレ
中:コンクリート壁と背後の崖面との間に、半透明の片流れの屋根と木製建具で作られたキッチンや浴室
右:黒い家型の内部とコンクリート壁の間のダイニング、奥にリビング。家型上部の十字桟の入った室内窓の奥が寝室

断面詳細図

1:40

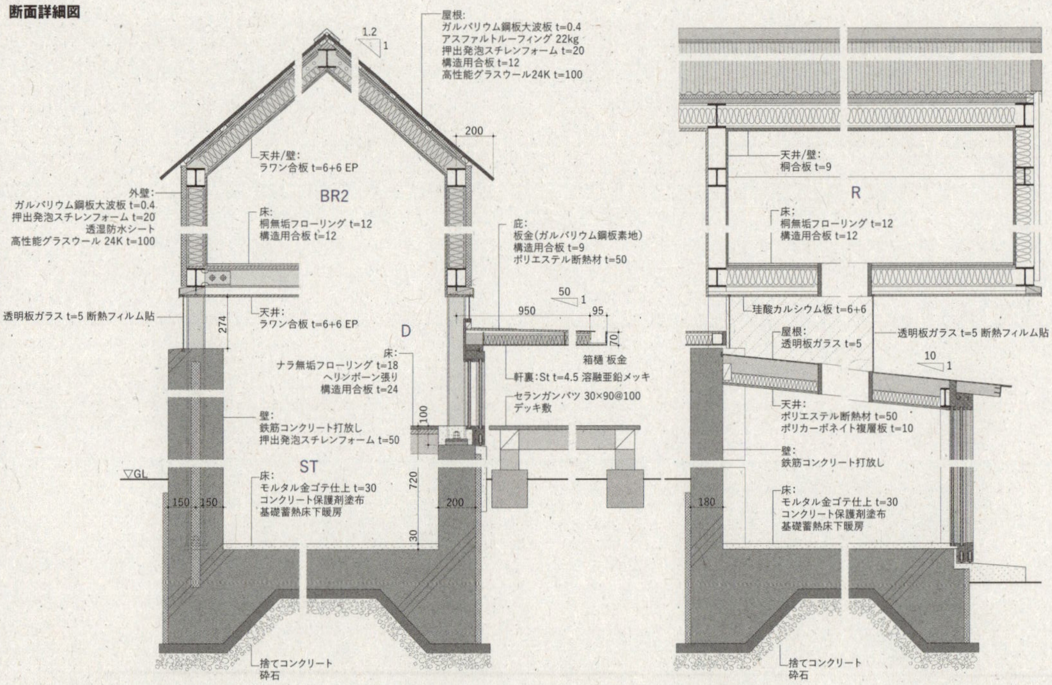

Study Process

中庭と筒型の住居を組み合わせたアイデアで考え始めたが、閉鎖的な表情が気になった①②。いくつかのボリュームを集めて住宅を構成できないか考え始めた③。ある日六甲の住居の模型をスタディ模型に乗せてみたところ、隣家と形態的なつながりをつくりつつ、隣家からの視線を遮ることができることに気づいた④。道路から上の擁壁状の庭に半分埋まった寝室や、浮かんだ家型の下に展開するリビング等、擁壁上の庭を巡る構成は今も気に入っているのだが、道路側との断絶、大きすぎるボリュームがどうしても気になっていた⑤。六甲の住居の2階と同じ大きさのボリュームの内部はなるべくがらんどうとすることで、クライアントの希望である吹き抜け感や、リノベーションしたような自由さをつくり出せることに気づいた。道路側も鉄骨造として浮かんだ屋根で奥の庭と道路側をつなげ、寝室を家型の先に移動し、眺望のために全面開口とした⑥

DRAWING -------- P. 110

House in Ishikiri
Location: Ishikiri, Osaka
Type: Single Family House
Main structure:
Steel; 2-storey, 1-below
Site Area: 215.11 m²
Building Area: 99.37 m²
(46.19% of max 60%)
Total Floor Area: 133.53 m²
(62.08% of max 150%)

SITE WALK_Ishikiri

敷地は、生駒山中腹の住宅地で西に向かって傾斜し、眼前に大阪平野の市街地への眺望が広がっている。1930年頃に開発された、80年を超える歴史をもつ住宅地は、古くからあるものと順次取り替えられてきたものがモザイク状に存在し、それぞれの経てきた異なる時間が混在するさまは、とても好ましく思えた

Construction Period

Elevation

1:400

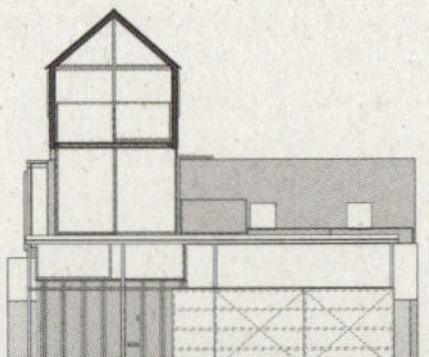

27｜川西の住居

>>> P. 112

境界を越えて

この住宅の敷地の西側には細い私道が通っている。どういう訳か、奥から続く幅3mほどの道が、この敷地に面した箇所だけ70cmほどになってしまい、そのまま南側の道路につながっている。通行量が意外に多いこの道に対してプライバシーを守るために、たとえば敷地いっぱいに塀でもつくって住宅を建てると、この道は確実に使い勝手が悪くなるだろうし、住宅地としても、なんだかみすぼらしくなってしまうような気がした。そこでまず、この細い私道を奥から続く立派な道路に仕立ててみた。その上に覆い被さるように住宅を建てると、まるで道路に越境しているような不思議な建ち方になった。更に隣地からブロック塀を伸ばしてきて、室内を横切って南まで伸ばし、そのブロック塀に面して敷地の高低差を利用して納戸とした。その上を階段の踊り場にして、そこを2階の床面を机に使える高さに揃えると、床と机、1階と2階、内部と外部の境界のような場所になった。敷地境界を感じさせない建ち方では、街全体を自分の敷地のように考えられ、街に参加し、その一角を占拠して住んでいることがより強く感じられるのではないかと考えた。

上：リビングから納戸の上、踊り場に位置するスタディルームを見る。浮いたボリュームと地上のボリュームの間はハイサイドライトとして機能し、視線を制御しつつ周辺に対し否定的な建ち方とならない事を意識した
下：玄関内はゴムチップ舗装で道路のように仕上げた。ガラスで囲った玄関に置かれた下駄箱は、近所の人たちによってバス停に勝手に置かれた椅子たちのように、境界を曖昧にする

上：南東側外観。安全鋼板でできた大扉を開けると室内と道路が一体化する
下：持ち上げられたボリュームの中はすべてラワン合板で仕上げ、さまざまな素材や物に囲まれた1階と対照的な場所とした

2F Plan　1:300

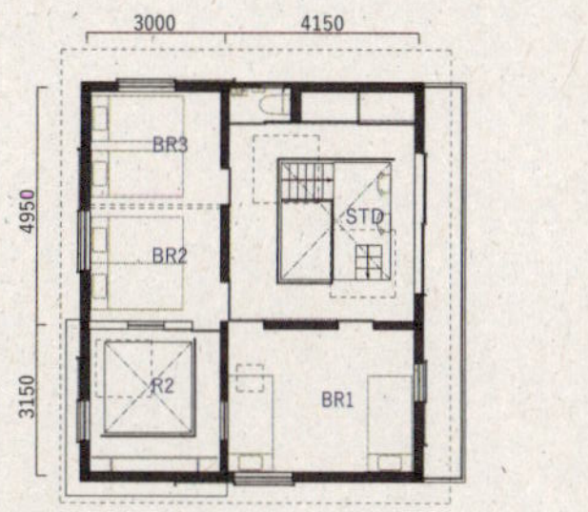

1F Plan

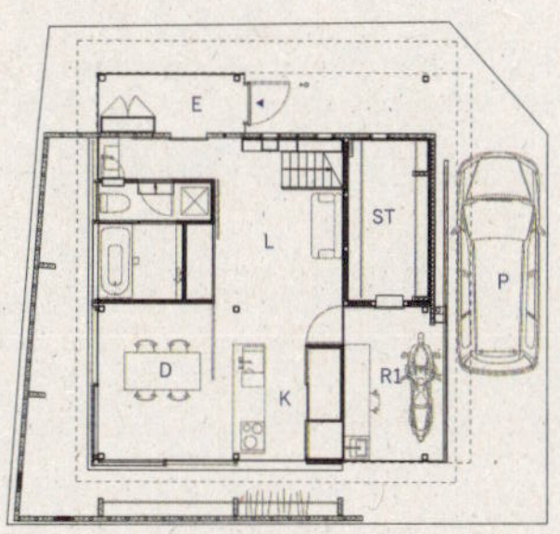

E：エントランス　ST：納戸
L：リビング　P：駐車場
D：ダイニング　STD：スタディルーム
K：キッチン　BR：寝室
R1：ガレージ　R2：予備室

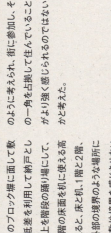

アクソノメトリック

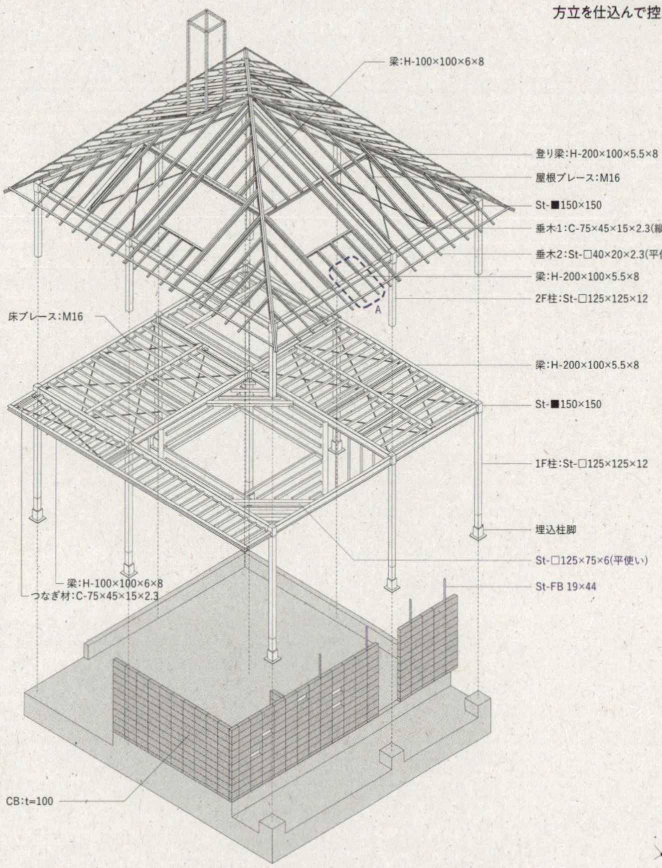

1階のブロック塀は、
ブロック内の空洞部に平鋼による
方立を仕込んで控え壁を省略している

方形屋根の軒先は、C形鋼の垂木に
小径の扁平鋼管を挿入して構成。
その薄い小口を四周に巡らしている

B-B'断面図 1:5

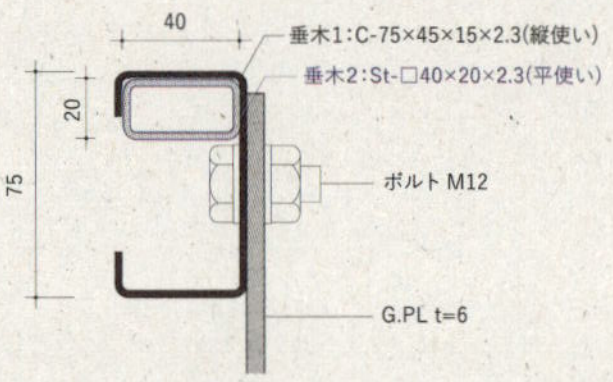

A部詳細

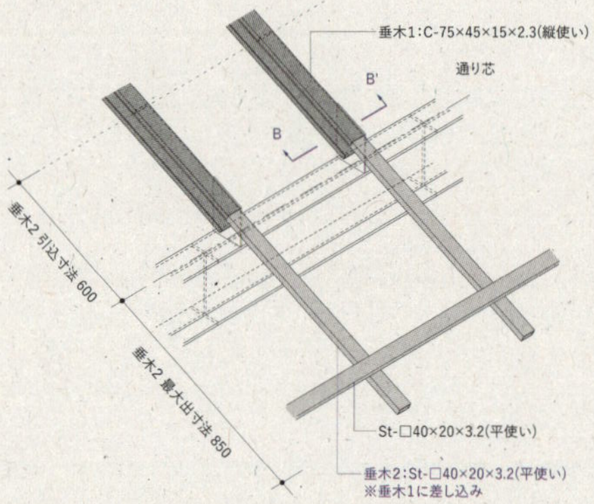

軽快な軒先

125mm角の鋼管柱とH-200mm×100mmの大梁による、シンプルな細身の剛接架構。階高を抑え、柱脚をしっかりと基礎に埋め込むことで架構の剛性を高めた。吹き抜けのある薄い床は□-125×75×6mmの鋼管を横使いにしている

Study Process

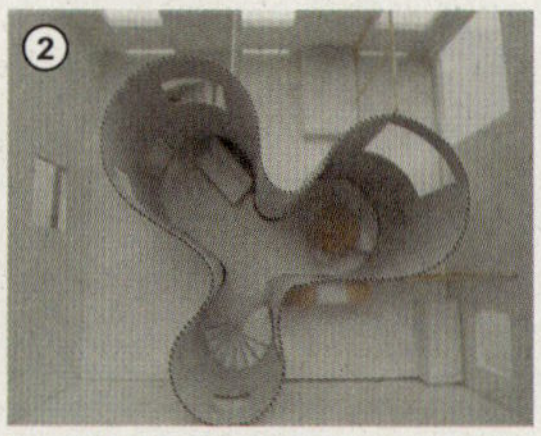

当初は全く異なる案①②をいくつか考えていたが、周辺との関係を捉え直し、分棟のように見える案を考えた。分棟の広場がリビングとなる案③④だが、外壁が多くなり予算面が心配だったのと、当時既に分棟案に飽きつつあったので1階のみを残して切断し、少し浮いたテラスを作ってみた。それでは必要面積が足りないので、思案した結果、事務所にあった家型のティッシュケースを載せてみた⑤(ぼくらの事務所ではチャンス・オペレーション的に、しばしばそういう事が行われる。)

そこから、浮いたボリュームを含めた分棟的な箱による構成が始まった⑥。ただ、法的な条件でもなく使わない屋上が、フラットルーフな事が気にかかった。そこでバルコニーを含め、雨や日差しから開口部を守るために四周に庇を出し、寄棟とした⑦。家型の強すぎるアイコン性を避けるべく、この時期は寄棟とするアイデアが多いが、構造や防水が単純な家型に比べて複雑になることなどデメリットもある。寄棟の一部を切り欠いて中庭等をつくっていたが、トップライトで覆ったりしているうちに、トップライトは分散していき、寄棟の排気の問題から排気塔のアイデアが生まれた⑧

DRAWING -------- P. 112

House in Kawanishi
Location: Kawanishi, Hyogo
Type: Single Family House
Main structure: Steel; 2-storey
Site Area: 120.54 m^2
Building Area: 59.86 m^2
(49.66 % of max 50 %)
Total Floor Area: 107.73 m^2
(88.78 % of max 100 %)

SITE WALK_Kawanishi

敷地は、高低差の激しい住宅地の一角で、整然と区画されたニュータウンらしさと、自然発生的な、村から発展したような狭隘な道とが混在する街。一軒挟んだ近隣の家は空中に持ち上げられて下がガレージになっていて、印象的だった

Construction Period

Elevation 1:400

28｜朝霧の住居

>>> P. 114

斜面地への率直な応答

敷地は海に近い河岸段丘の上部にあり、河川が海に注いだ先には明石海峡大橋が掛かっている。敷地内部には高さ4mほどの擁壁を持つ段差があり、瀬戸内海をシンボリックに横切る橋を眺める良い眺望と、敷地内の段差にどう対応するかが問題だった。

まず基礎を簡素にして予算を抑えるために、高低差のある2つの地盤をまたぐのを避け、擁壁下の地盤に基礎を配置することにした。湿気を防ぐために擁壁から距離を取って1階を配置し、適度にプライバシーを保ちながら、主に庭に向けて開いて浴室や寝室など休息の場とした。その上空、道路に接する位置に筒状のボリュームを配置し、明石海峡大橋に向けて屈曲させ、主な生活の場としている。敷地の眺望や高低差に率直に応答する事で、敷地と2つのボリュームの狭間にさまざまな空間が生まれた。2階建ての住宅が縦に引き伸ばされて、空隙が生まれているという面では「灘の住居」と似ているが、この住宅は敷地の高低差に合わせて下へ引き伸ばされた結果、階未満のロフトのようなスペースがいくつか生まれた。住人の生活が、こうした隙間に上手く定着してくれることを期待している。

2F Plan

1:300

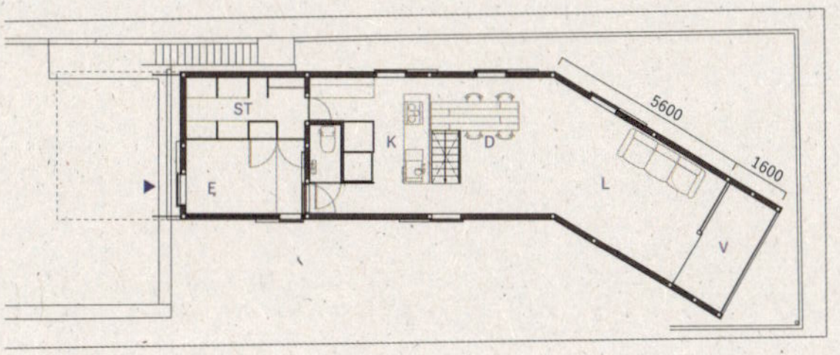

M2F Plan

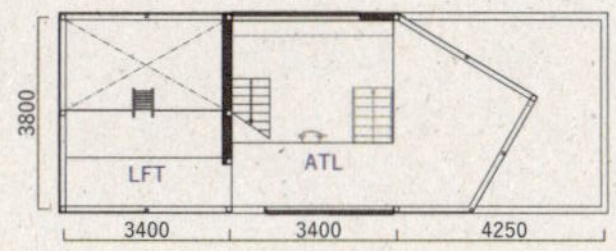

1F Plan

BR1:子ども室　ST:収納
CL:クローゼット　K:キッチン
BR2:寝室　D:ダイニング
ATL:アトリエ　L:リビング
LFT:ロフト　V:ベランダ
E:玄関

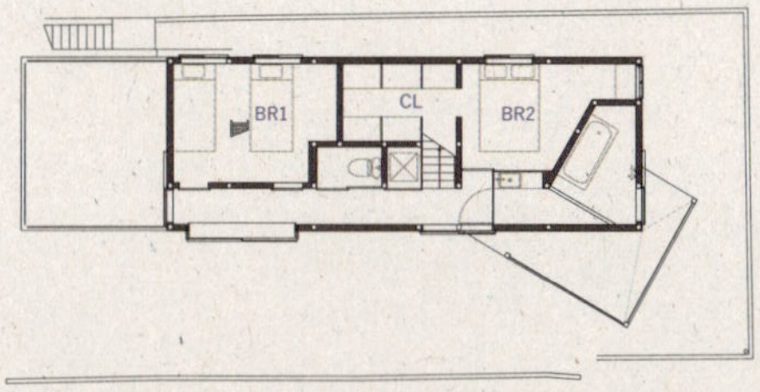

上:南東側外観｜左:中間階に位置するアトリエは四周に視界が広がる
中:北西側外観。前面道路側からは1階建てに見える
下:南側外観 上階のボリュームによる軒下空間は浴室前で洗濯物干し場として使用される

Section

1:200

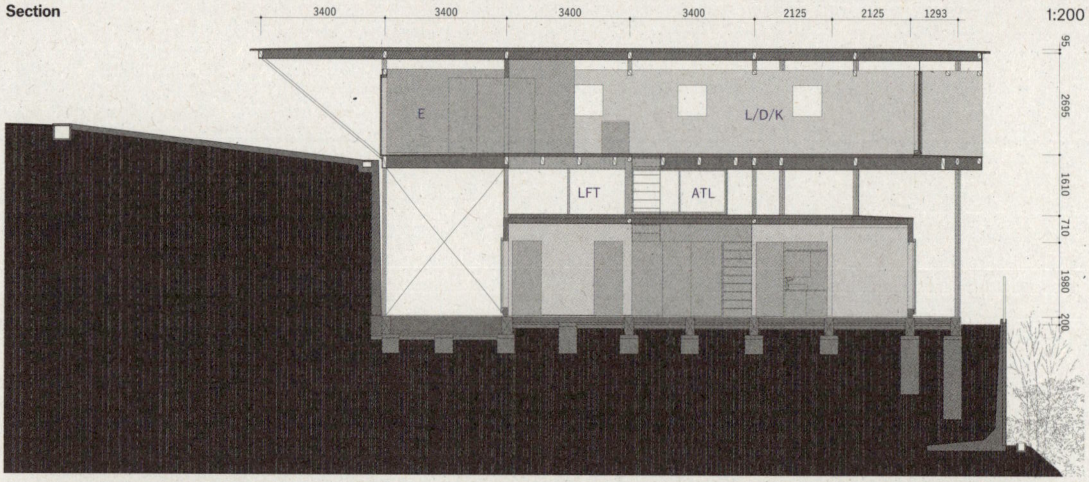

上左：西側外観。上部の道路に接するボリュームと、下部の庭に接するボリューム、
その間にできたスペースをガラスで囲って全周に向かって開き、ロフトやアトリエなど暮らしの余剰を呑み込むアクティブな場とした
上右：リビング。比較的低い天井高の圧迫感を避けるために、屋根は壁から分節することで、全周にハイサイドライトをつくっている

アルミサッシ改造取付詳細図

1:10

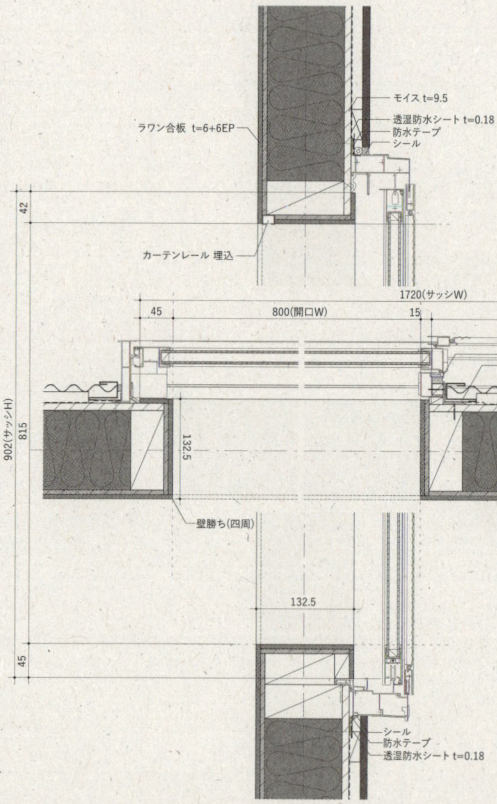

アルミサッシを片引きに改造

既製品の外付けアルミサッシの縦框を外壁に固定し、片引きとする方法は使い続けている。簡単な方法ではあるが内観/外観ともに整理され、性能も損なわれないので有用だ

Study Process

敷地形状や構造的要件から導き出された初期案が最終案まで引き継がれた

DRAWING -------- P. 114

House in Asagiri
Location: Akashi, Hyogo
Type: Single Family House
Main structure: Timber; 3-storey
Site Area: 232.10 m²
Building Area: 62.39 m²
(26.8% of max 60%)
Total Floor Area: 123.06 m²
(53% of max 200%)

SITE WALK_Asagiri

敷地は海に近い河岸段丘の上部にあり、河川が海に注いだ先には明石海峡大橋が掛かっている。敷地内部には高さ4mほどの擁壁を持つ段差があり、瀬戸内海をシンボリックに横切る橋を眺める良い眺望と、敷地内の高低差にどう対応するか、これから成長していく家族にどういった場を創るべきかが設計の目標となった

Construction Period

敷地は高低差が大きく、まずは杭打機をクレーンで吊り降ろすところからはじまった

Elevation

1:400

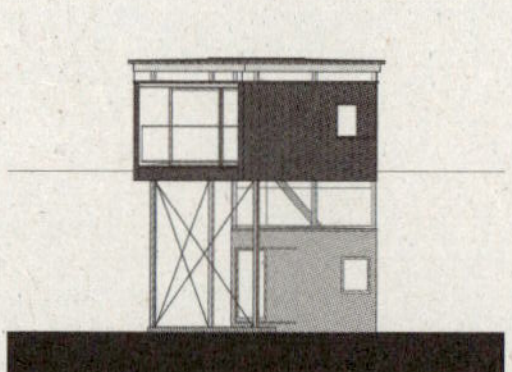

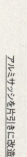

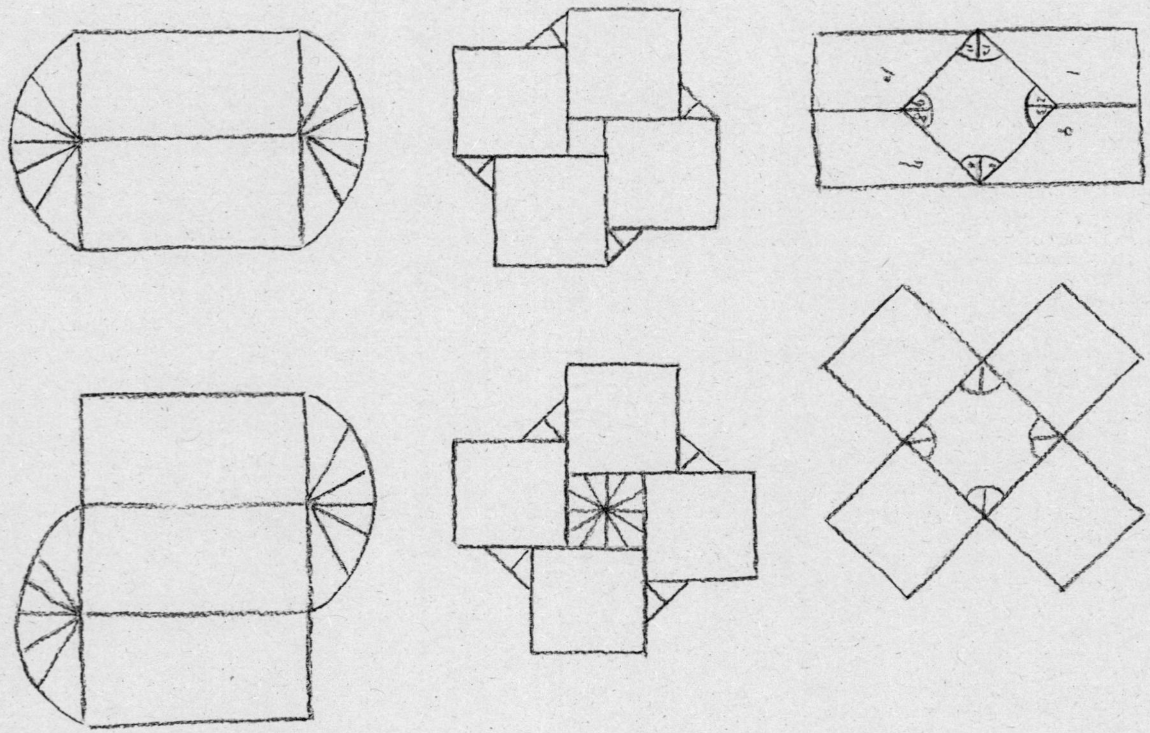

自律と他律のあいだで

In between Autonomy and Otherness

設計とは言うなれば、敷地や条件を愛する方法を見つけることだと言えます。予算や要望、周辺の状況や法規でがんじがらめになった状況をポジティブに整理し、周辺の環境を損なわず、むしろ良くするような建ち方、一石五鳥のように、建ち方ひとつですべてを解決するような方法をいつも探しています。ただ、建築は状況に即応するのでなく、長く暮らしに応答し続けていかないといけないので予算や要望等の他律的な要素だけでなく、建築の内在する論理や構造による自律的な在り方も大切だと考えています。僕らが幾何学的な、比較的シンプルな平面や断面を使っているのは、ある意味では暮らしと対立するような構造や形式を他者として招き入れていると言えるでしょう。「彦根の住居」[PP.140–141]では長円の外壁をまず建てて、その内部をリノベーションするかのように設計しています。当然住宅として上手く使えるように設計はされているのですが、いずれリビングの場所が変わったり、店になったりしても使えるような、そんな作りです。実際にリノベーションである「防府の住居と事務所」[PP.144–145]では斜めのグリッドを他者として招き入れています。「北摂の住居」[PP.146–147]は正方形と正三角形からなるコリンズ格子という強烈な幾何学を、「比叡平の住居」[PP.138–139]では断面方向に屋根勾配に使った40度を組み合わせて空間を立ち上げています。これらの住宅で試みていたのは、結晶的な、万華鏡の中のような空間を作り出すことによる、小さな住宅の中に、どこまでも続いていくような感覚です。

そうしてある意味「良くできた」住宅に受動的に暮らすのではなく、住人に能動的に暮らし、使いこなしてもらいたいと考えているのです。

地形にあわせて
わずかな平地から
家を乗せたり吊るしたり
デッキや軒下に広がる
それぞれの居場所と
手つかずの斜面

地形に合わせて
Adapting to the Topography

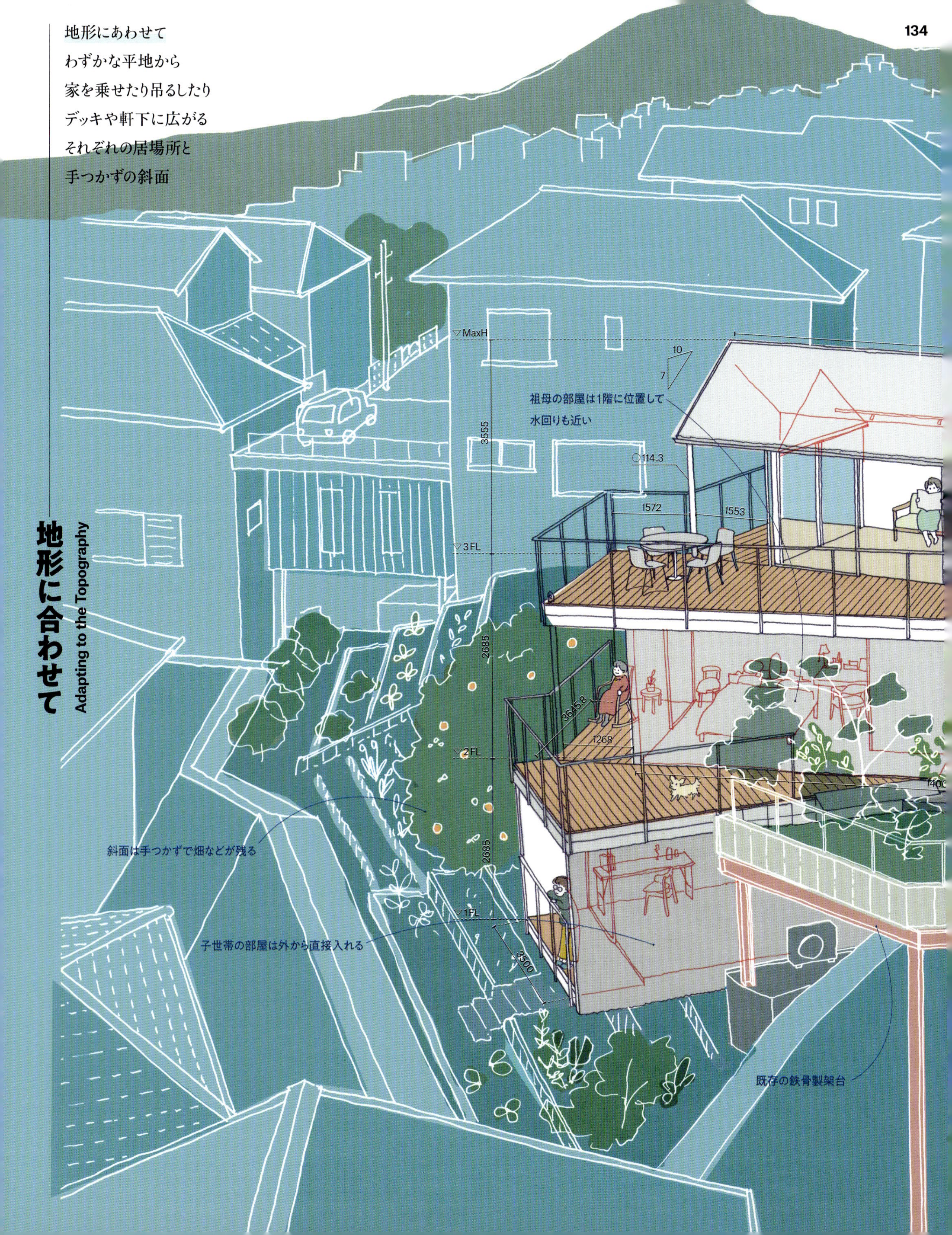

▽MaxH
10
7
祖母の部屋は1階に位置して
水回りも近い
○114.3
3555
1572
1553
▽3FL
2685
3645.8
1268
▽2FL
1400
斜面は手つかずで畑などが残る
2685
▽1FL
子世帯の部屋は外から直接入れる
3500
既存の鉄骨製架台

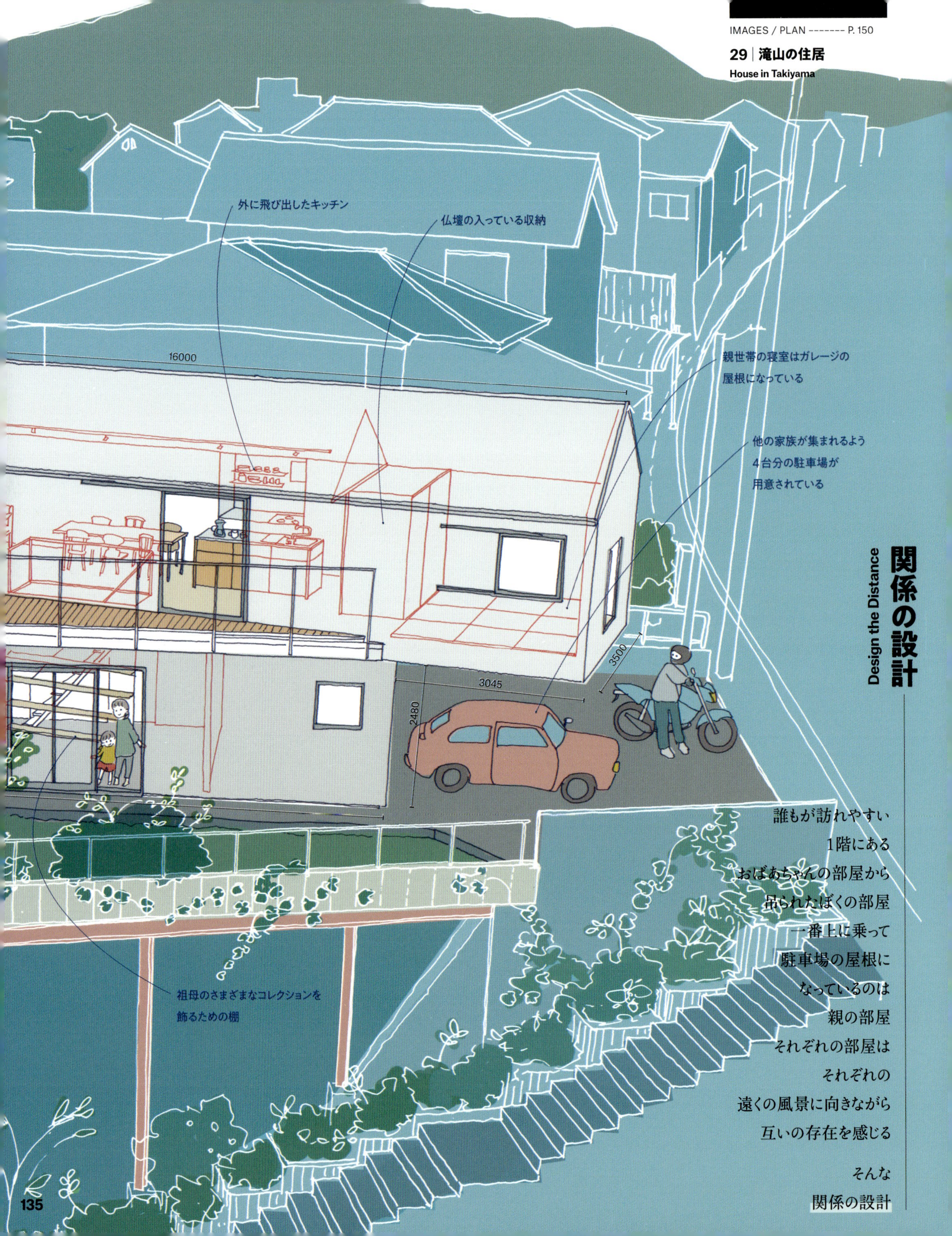

関係の設計
Design the Distance

誰もが訪れやすい
1階にある
おばあちゃんの部屋から
吊られたぼくの部屋
一番上に乗って
駐車場の屋根に
なっているのは
親の部屋
それぞれの部屋は
それぞれの
遠くの風景に向きながら
互いの存在を感じる

そんな
関係の設計

関係の設計

Design the Distance

関係の設計が
大事なこの家は
3人の成人した家族が住む
ちいさな家だけれど
それぞれの部屋が
それぞれの家に
思えるような
そんな距離感

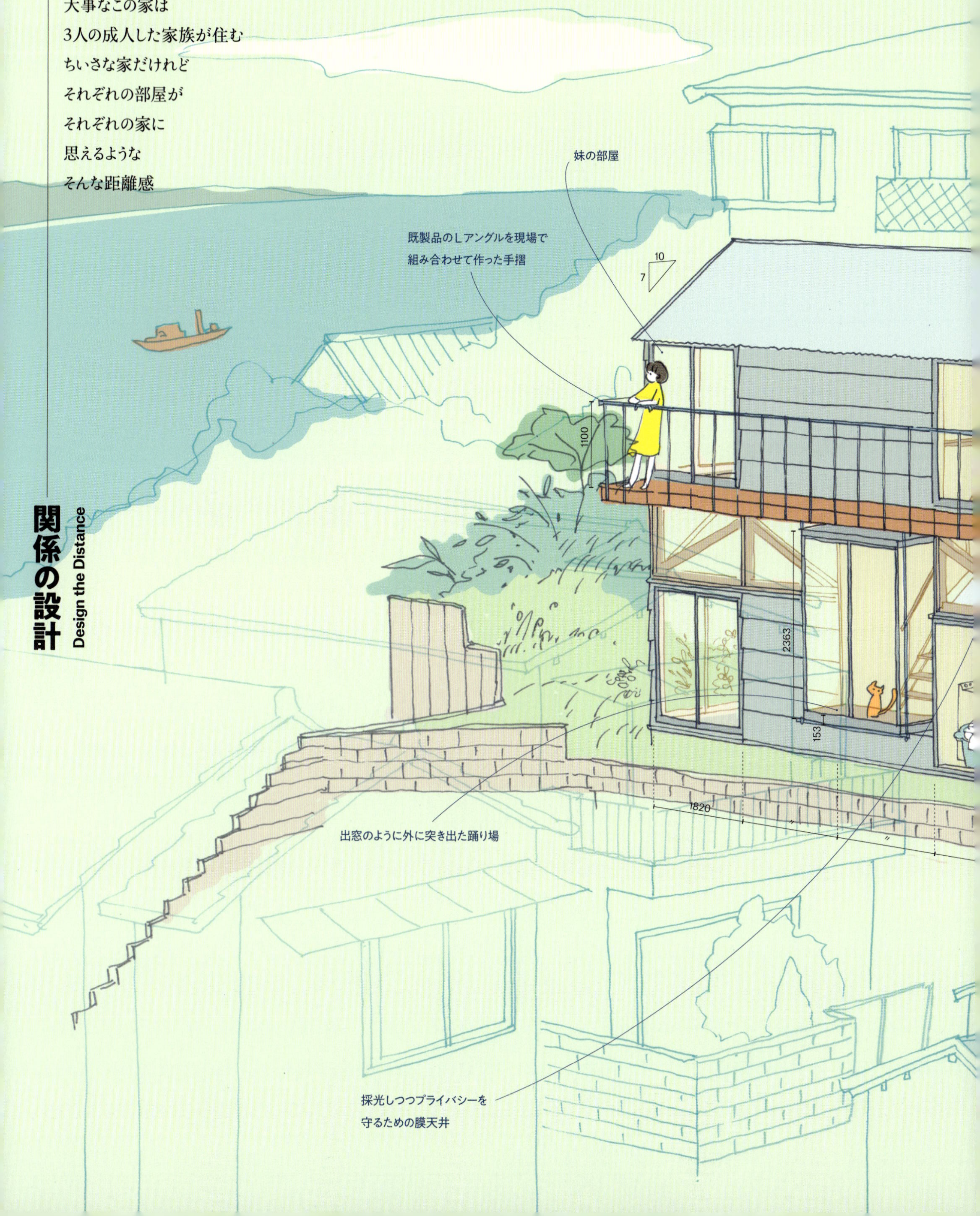

家型を並べて
House-Shaped Scape

2つの家が
縦に並んで
積まれているみたい
下の家は
上の家との間のすきまから
光を取り込み
斜面地に家々が
ぎゅうぎゅうと並んでいる
このまちに参加している
家型を並べて

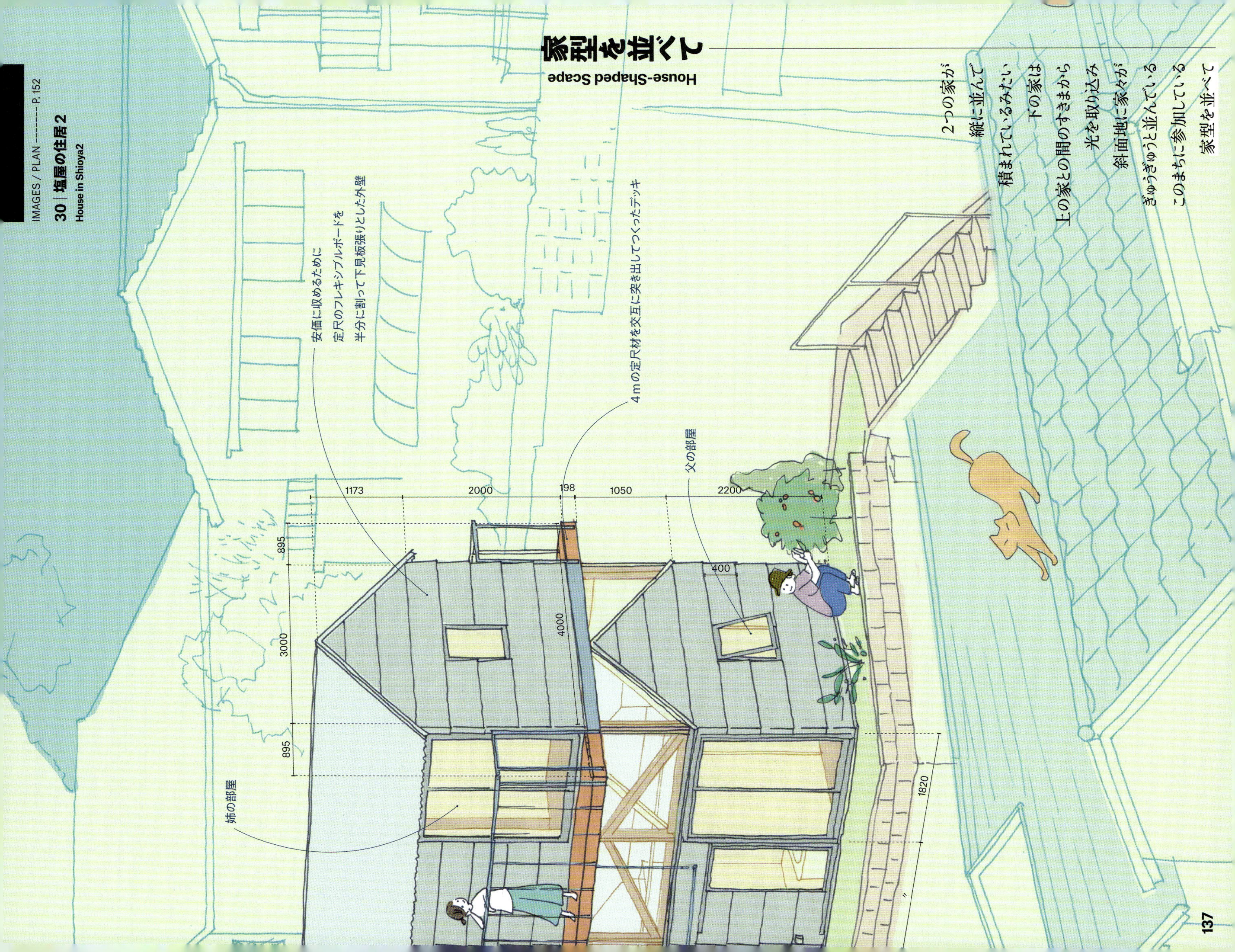

家型を並べて
建つこの家は
家の中にも家型の屋根が複製されて
上に広がった天井を見ると
ふたつの木の木陰に居るようにも
不思議な結晶の内部のようにも
思える

屋根のような天井を上がると
また部屋が

ひょっとすると
この階の天井の上にも
部屋が広がっているのかも

家型を並べて
House-Shaped Scape

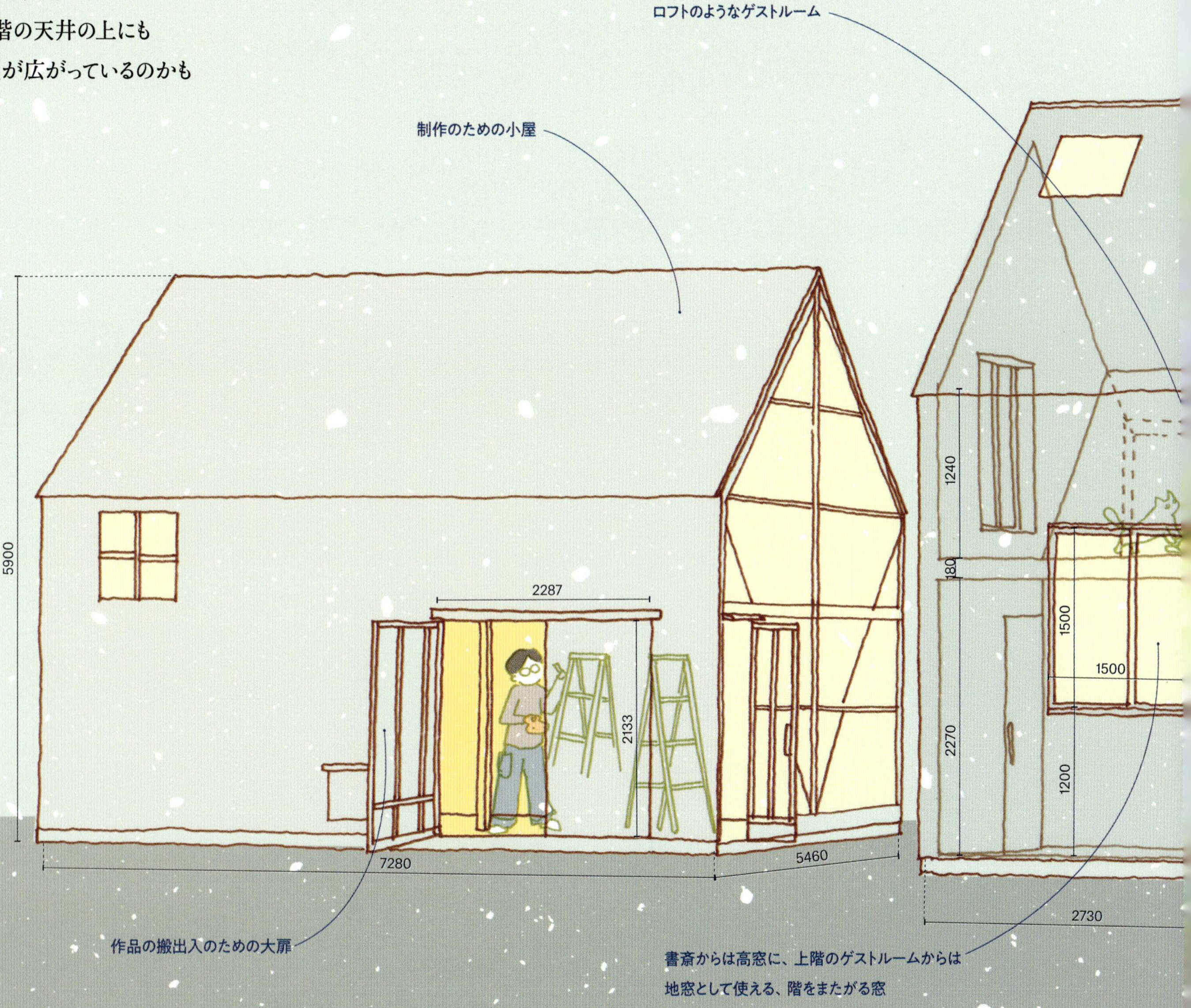
ロフトのようなゲストルーム
制作のための小屋
5900
2287
2133
7280
5460
1240
180
2270
1500
1500
1200
2730
作品の搬出入のための大扉
書斎からは高窓に、上階のゲストルームからは
地窓として使える、階をまたがる窓

31｜比叡平の住居
House in Hieidaira

大きさを見誤らせる
Beguile the Scale

100°
両親のための小屋
4420
4420
5735
6370
2275
4000
ちいさな小屋のイメージを強調する
窓の位置と大きさ

シンプルな家型に
まるでちいさな小屋のように
窓が置かれて
ひとびとの
心の中の
小屋の
イメージを利用して
ほんとうの
大きさを見誤らせる

大きさを見誤らせる

Beguile the Scale

大きさを見誤らせるように
ずらりと並ぶ窓は
同じ大きさで
まるでビルみたいだけれど
家の中は、外からは想像しなかった
高い天井の２階建て

窓からはまわりの風景が
等分に細切れにされて見える

窓辺に座るぼくらの頭は勝手に
窓から見えるほんの少しの緑を
つなぎ合わせて
草原をつくり出す

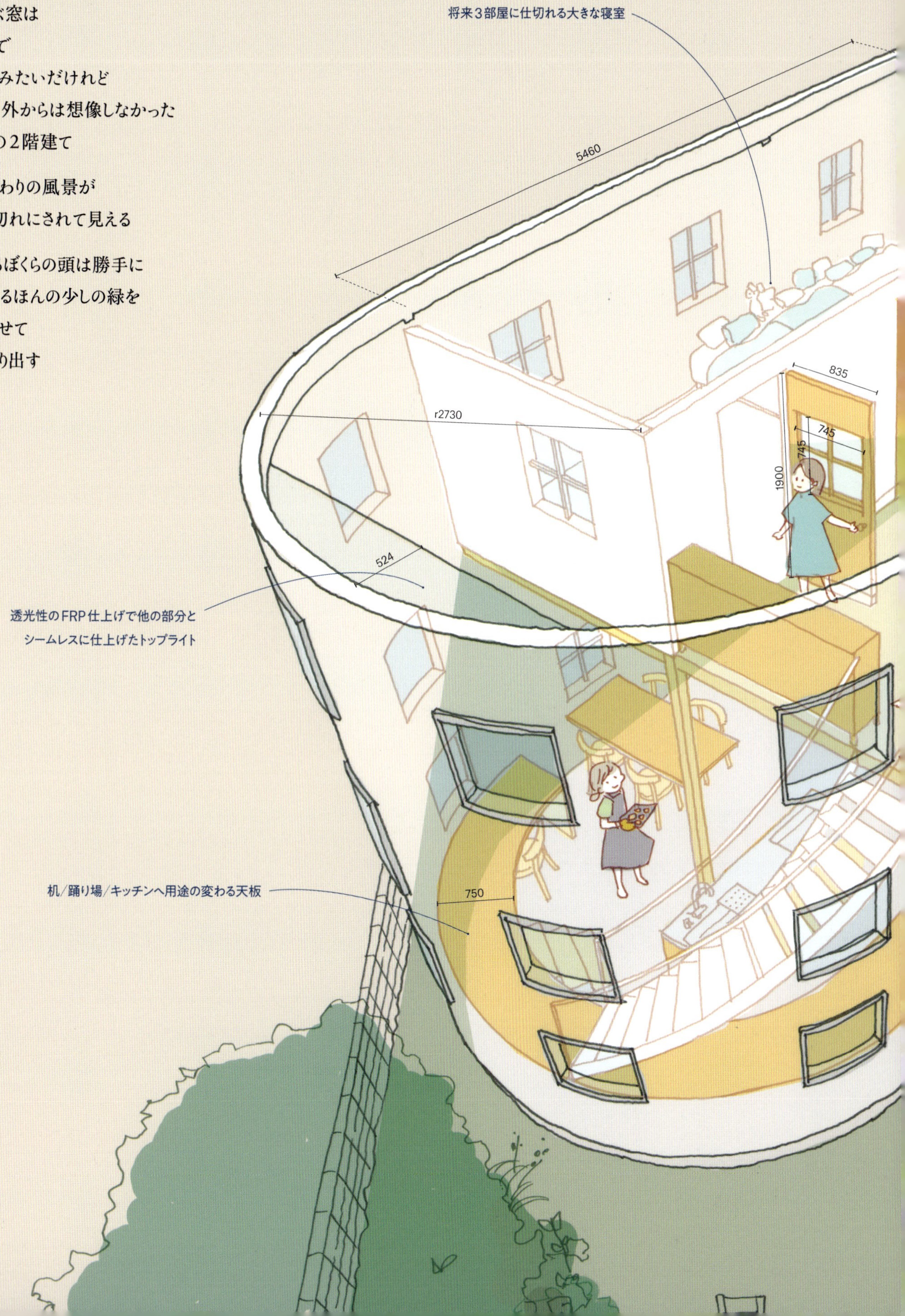
将来３部屋に仕切れる大きな寝室
5460
835
745
745
1900
r2730
524
透光性のFRP仕上げで他の部分と
シームレスに仕上げたトップライト
750
机/踊り場/キッチンへ用途の変わる天板

空き地をシェア

Create Space

まだまわりが立ち並んでない
住宅地は
これからどんな家々が
立ち並ぶだろうか

まわりから距離を取り
庭をつくり出すために
この長円形の家は
ななめに横たわる

そうやって周囲と
空き地をシェア

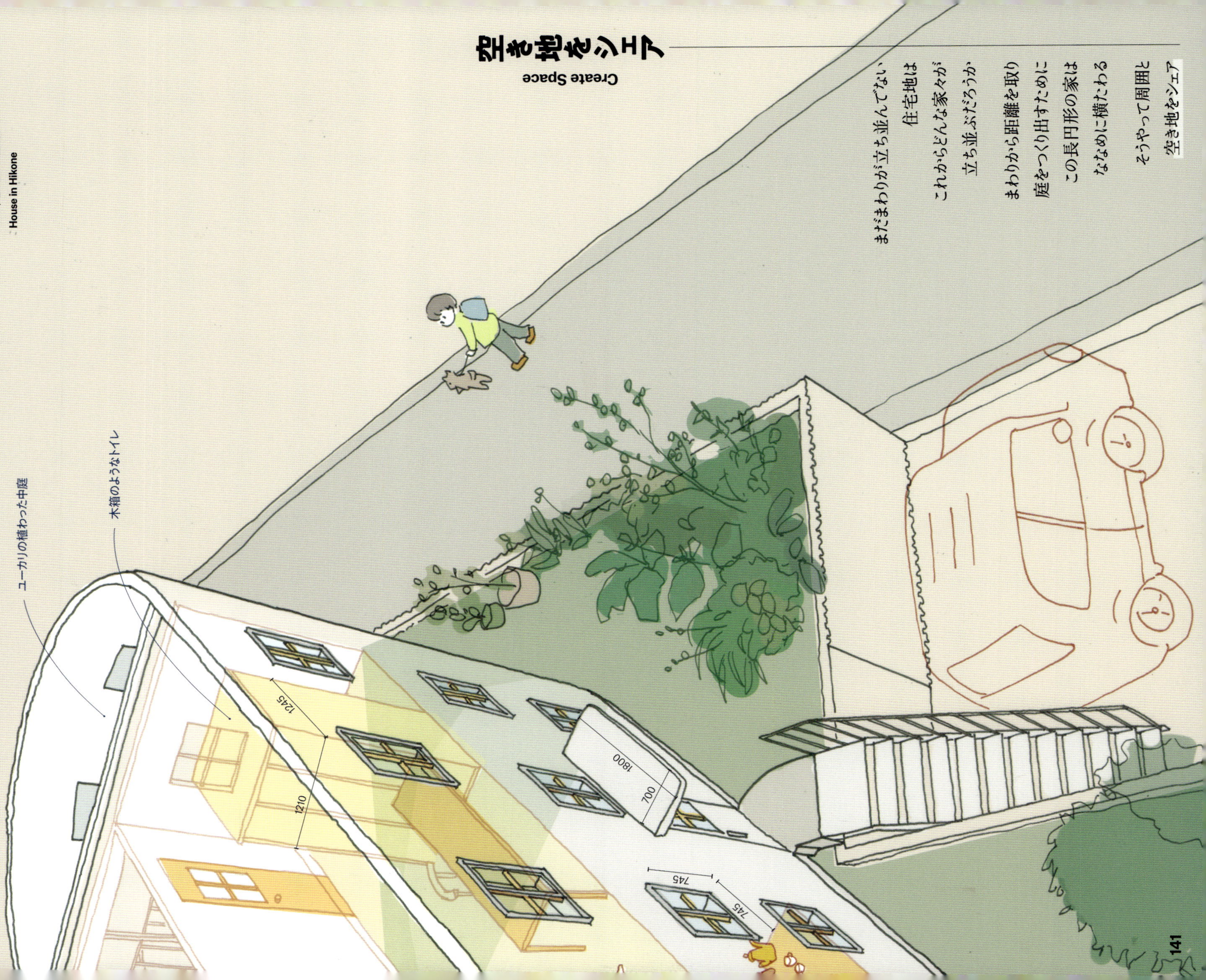

空き地をシェアするように
建つこの家は
対角線上に2つ並んだ
のっぽの家型

両隣に空き地をつくって
隣家の影を避けて
自分の影も隣家に
なるべく落とさない

2つの家型をつなぐ
階段室は
家の中だけでなく
北側の庭にも
そっと光を届けている

空き地をシェア

Create Space

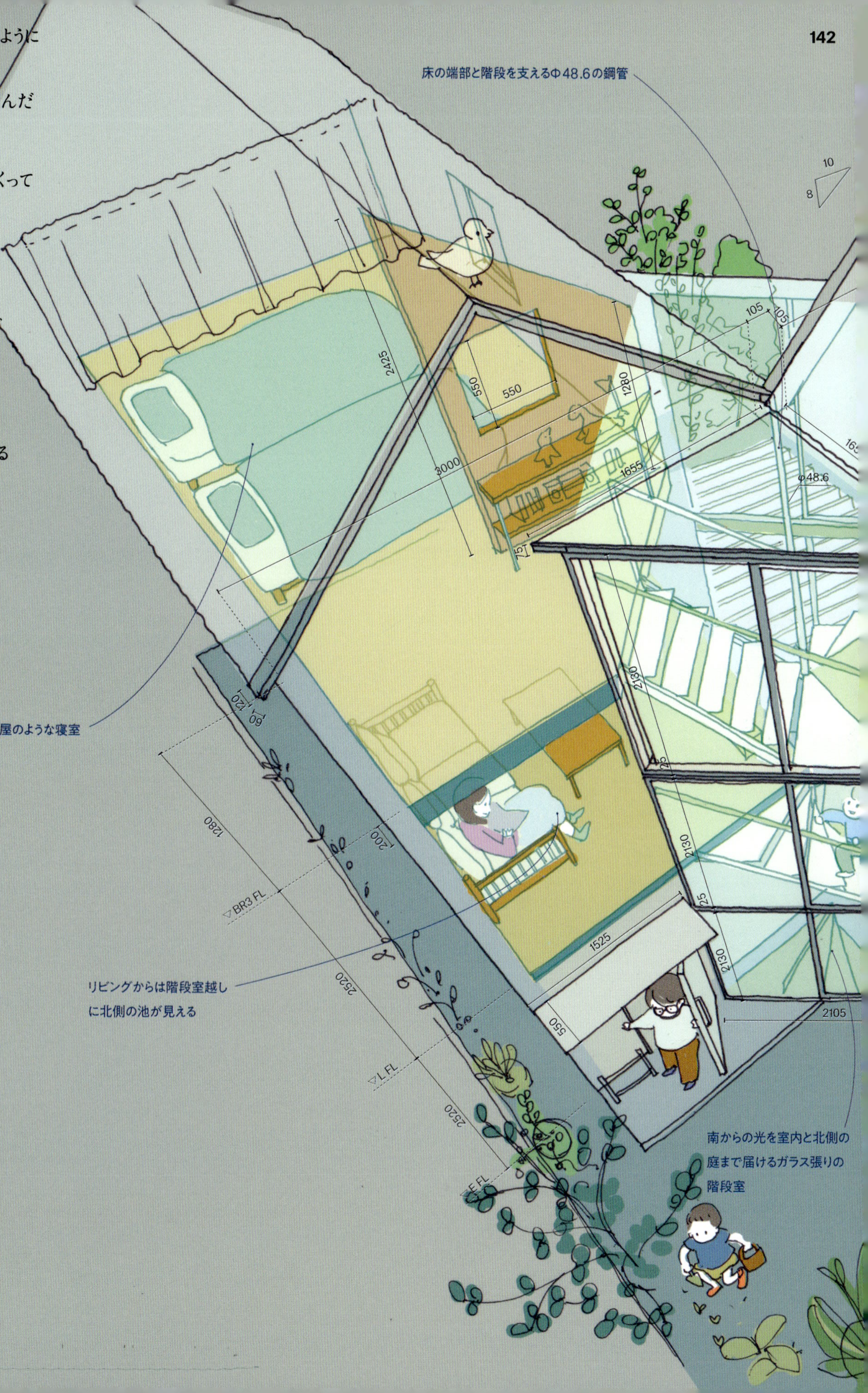

33｜明石の住居
House in Akashi

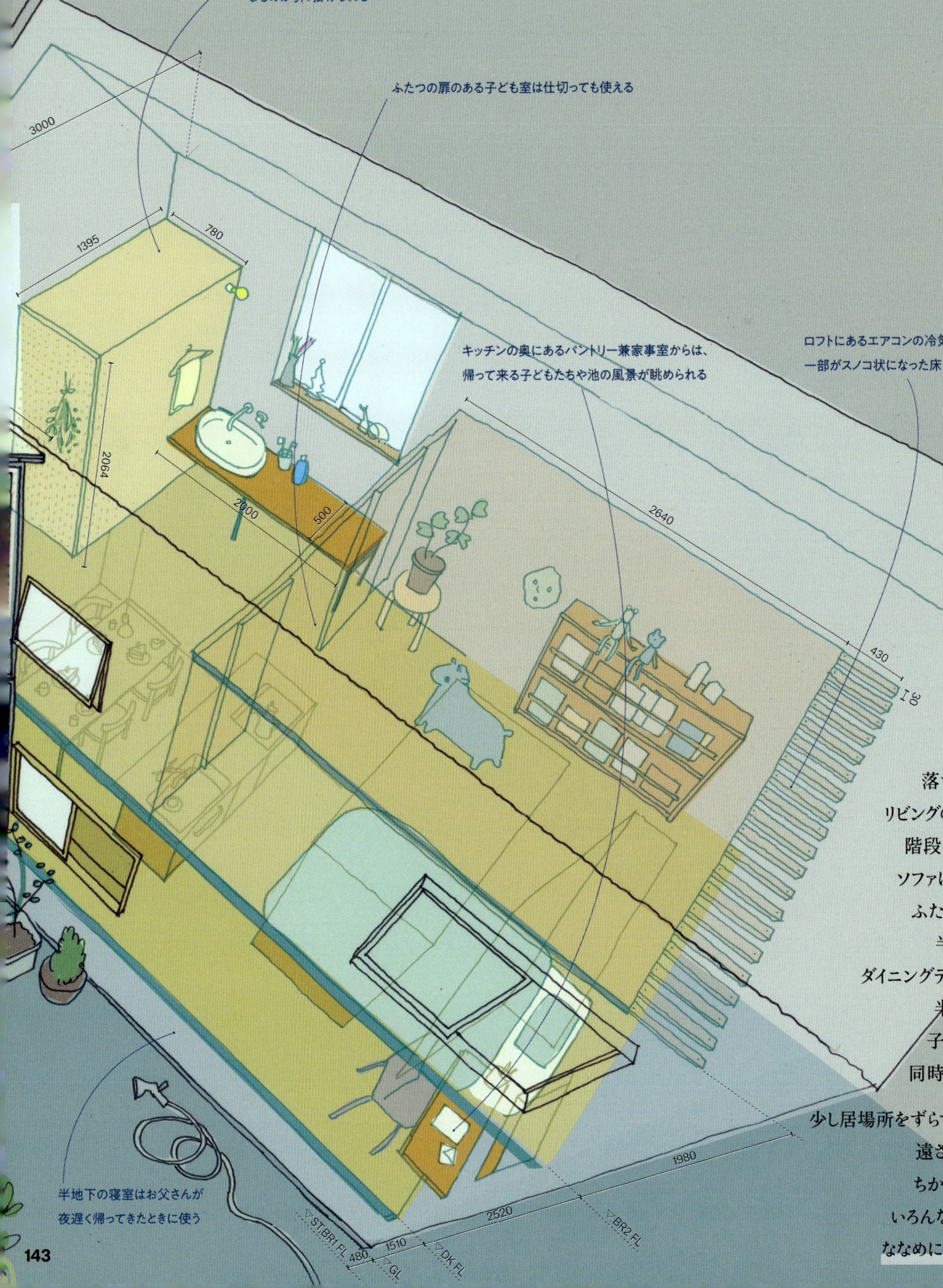
有孔合板でできたトイレの箱はさまざまなものが引っ掛けられる
ふたつの扉のある子ども室は仕切っても使える
キッチンの奥にあるパントリー兼家事室からは、帰って来る子どもたちや池の風景が眺められる
ロフトにあるエアコンの冷気を落とすために一部がスノコ状になった床
半地下の寝室はお父さんが夜遅く帰ってきたときに使う
3000
1395
780
2064
2000
500
2640
430
30
1980
2520
1510
480
▽ST,BR1 FL
▽GL
▽DK FL
▽BR2 FL

ななめにつながる
Diagonal Connection

落ち着いた
リビングの奥から
階段のそばの
ソファにうつると
ふたつの庭と
半階下の
ダイニングテーブルと
半階上の
子ども室が
同時に見える
少し居場所をずらすだけで
遠ざかったり
ちかづいたり
いろんな場所が
ななめにつながる

ななめにつながる
さまざまな居場所

きれいに立ち並んだ柱と屋根を
ななめに横切っていく壁

いっけん無駄な
軒下やおおきな廊下を
つくりながら

庭を
広すぎる元の建物を
切りわけて

その交点の開口で
つなげていく

ななめにつながる
Diagonal Connection

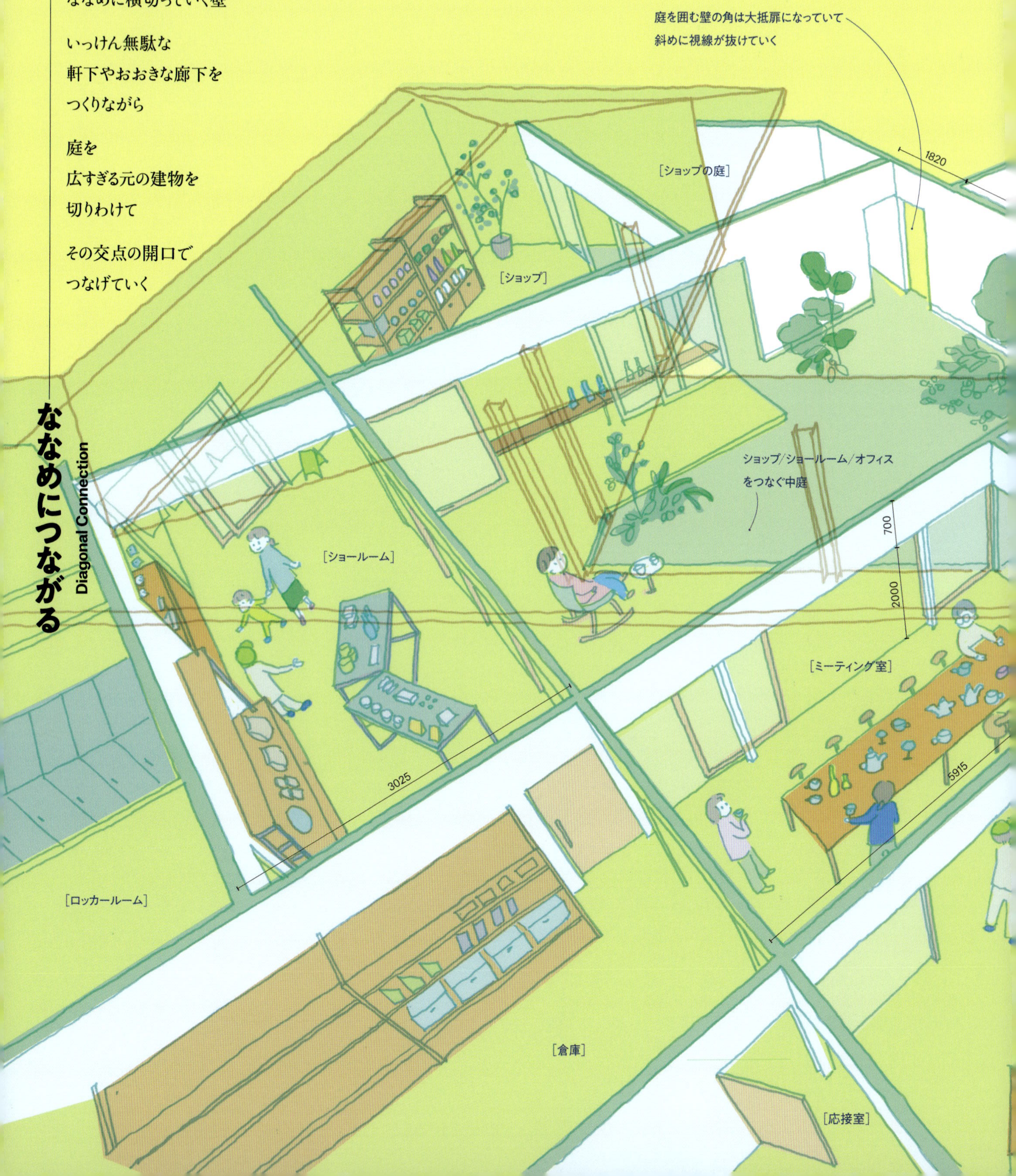
庭を囲む壁の角は大抵扉になっていて
斜めに視線が抜けていく
1820
［ショップの庭］
［ショップ］
ショップ/ショールーム/オフィス
をつなぐ中庭
［ショールーム］
700
2000
［ミーティング室］
3025
5915
［ロッカールーム］
［倉庫］
［応接室］

34｜防府の住居と事務所
House in Hofu

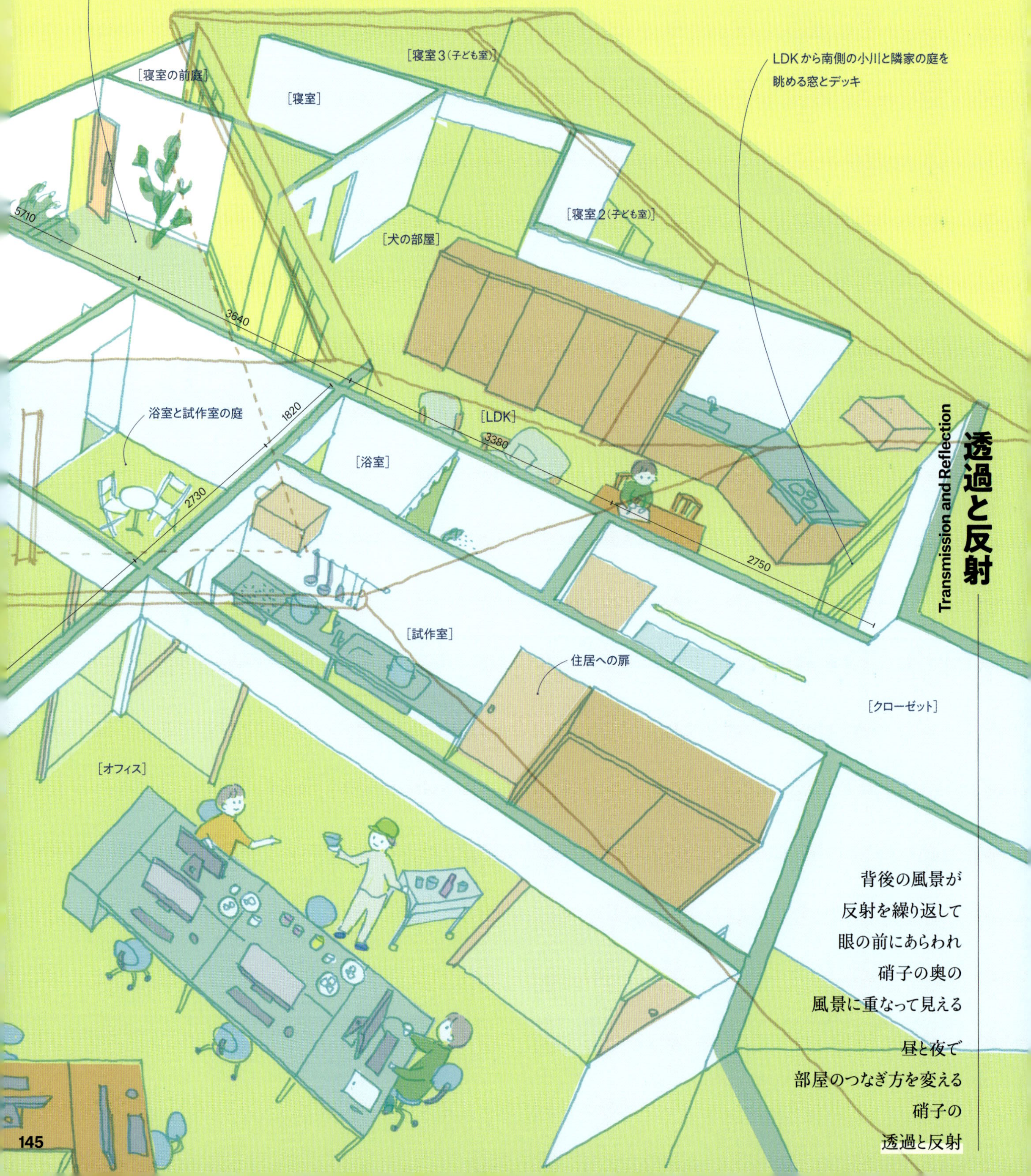

透過と反射
Transmission and Reflection

背後の風景が
反射を繰り返して
眼の前にあらわれ
硝子の奥の
風景に重なって見える

昼と夜で
部屋のつなぎ方を変える
硝子の
透過と反射

透過と反射
Transmission and Reflection

透過と反射を
くり返す硝子が
ななめに置かれて

眼の前の硝子に
ぼくの影は映らず
ぜんぜん
別の場所にいる
きょうだいが
横切って
2人に分身していく

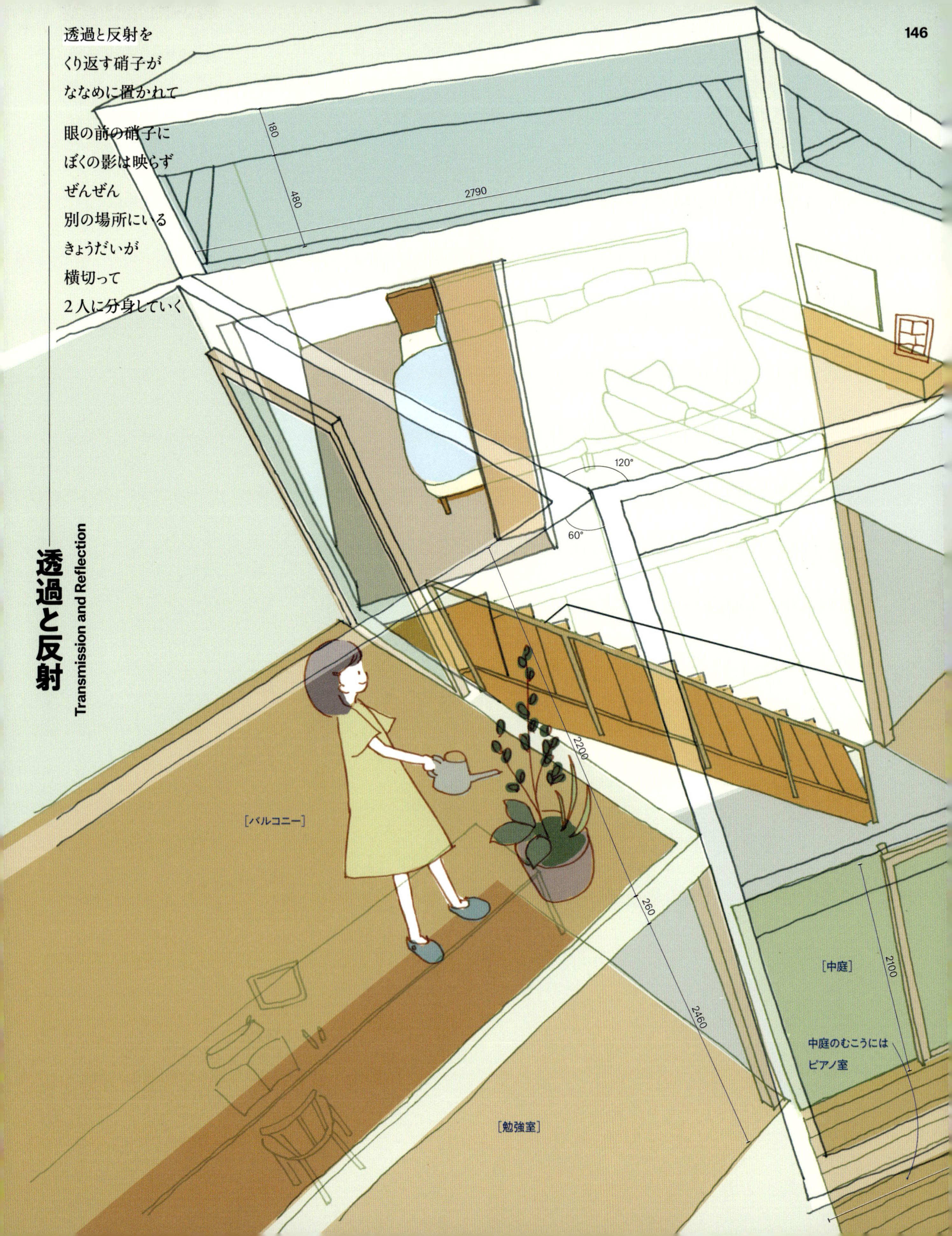

35｜北摂の住居

House in Hokusetsu

反復と連続

Repetition and Continuity

よく見知ったはずの家に
まだどこか
知らない部屋が
隠れている気がする

動くたびに変わる
万華鏡のように

さまざまな光で
満たされた部屋が
反復と連続

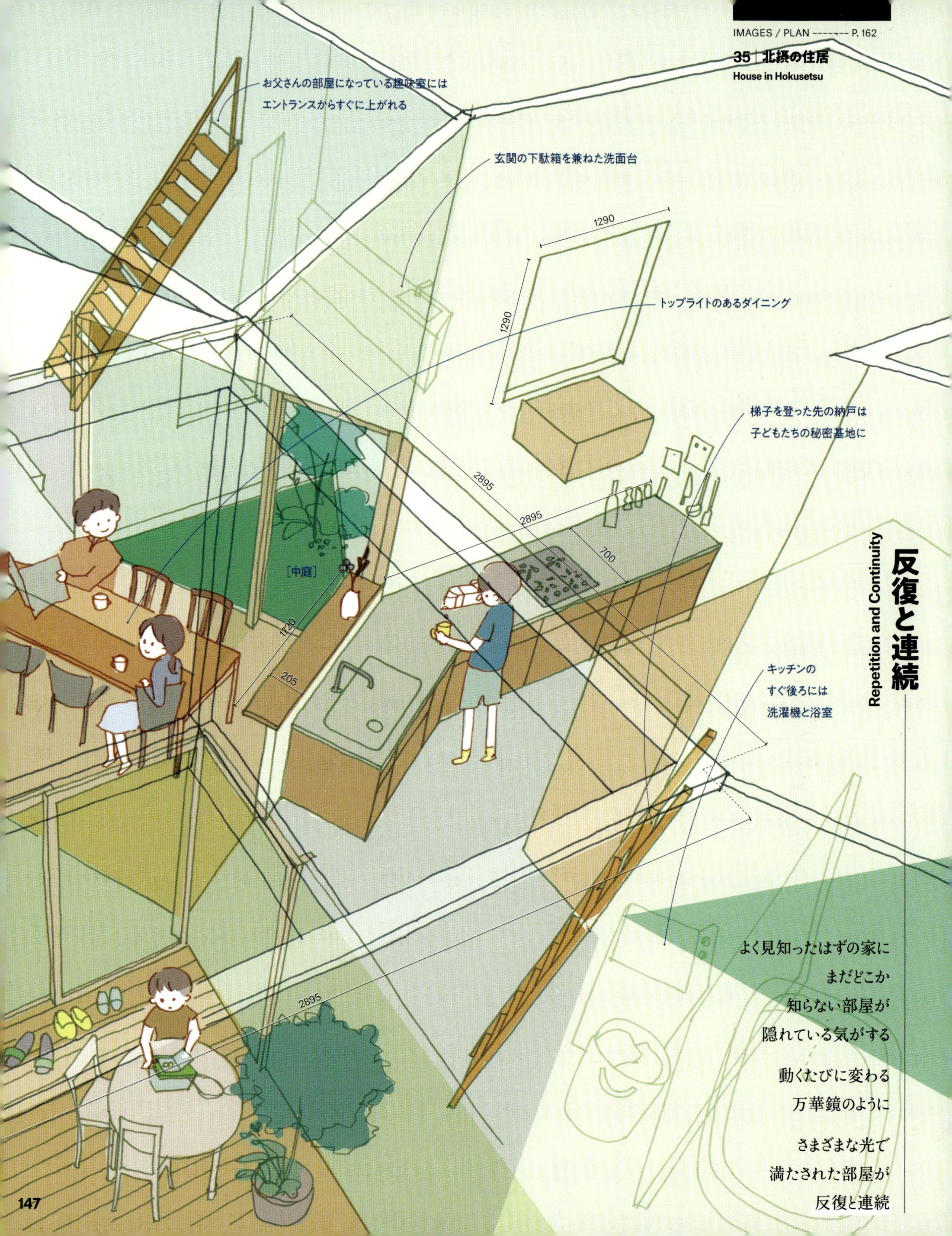
お父さんの部屋になっている趣味室には
エントランスからすぐに上がれる
玄関の下駄箱を兼ねた洗面台
1290
1290
トップライトのあるダイニング
梯子を登った先の納戸は
子どもたちの秘密基地に
2895
2895
700
[中庭]
1720
205
キッチンの
すぐ後ろには
洗濯機と浴室
2895

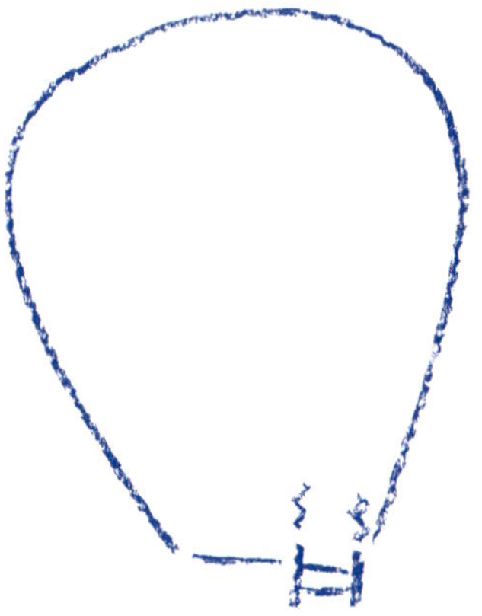

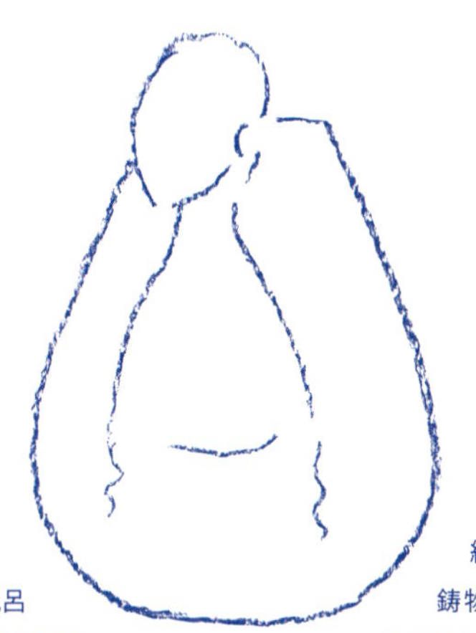

COLUMN

バスルームをつくるいくつかの方法

友人の家を設計した際は、泊めてもらって自分の設計したバスルームで過ごすことがある。大きな扉を開放しながら入る風呂は格別で、バスコートがある際は都会の真ん中や住宅地で、裸で半屋外で過ごす愉しみに浸かることができる。

すべての家にバスコートを付けられる訳ではないけれど、大きな窓を設置していれば機能的にも換気が行き届き、カビ等の発生が防げて掃除も簡単だ。視線が気になるような場所であればブラインドを下ろし、スラットの角度を調整すれば、浴室の奥まで光を反射して届けることができる。

仕上げはなるべく目地が発生しないように床、壁から排水口までをFRPで一体にしてしまう。石張りやタイル張りも良いものだけれど、FRPで防水した上に施工する必要があり、どうしても贅沢品となってしまって、あまり採用できない。ユニットバスは、組み立てによる部品の目地の掃除が気になるのと自由度が少なく、浴室を住宅の最も大事な部分の一つと考えている事もあってこれまで使ったことはない。

浴槽はホーロー仕上げが最も信頼が置ける。予算次第では樹脂製のものも使うが、やはり経年劣化が心配になる。鋳物ホーロー浴槽であれば冷めにくいが、重く、高価なのが難点で、鋼板製のものを採用することが多い。

浴槽を置くだけのシンプルな仕様の場合もあり、エプロンを立ち上げることもあるが一長一短で、エプロン無しで置いたように作ると、浴室を広く感じさせる効果があり、配管の取替なども簡易だ。エプロンを立ち上げると浴槽の下の掃除の手間は減り、冷めにくくなるが不具合が有ったときのメンテナンスは手間が掛かる。エプロンを取り外し式にするのも、シールが増えて掃除のことを考えると考えものだ。入り口はガラスである程度仕切り、カーテンとするのが最も手入れの手間がかからず、金額も抑えられるが、2本のカーテンレールにポリカーボネイト複層板を2枚吊って引違い建具のように使う事もある。ガラス丁番でガラス扉を作るのが最もシンプルで美しいが、比較的高額になるので、木製ガラス框戸とするのも選択肢の一つだ。

● 彦根の住居 ----------- IMAGES / PLAN --- PP. 156-157

この住宅の長円型平面によく合っているので
珍しく樹脂製浴槽を使っている

● 灘の住居 ------------ IMAGES / PLAN --- PP. 062-063

ガラスドアで仕切り、
その向こうのバスコートまで一体となるような浴室

● 白楽の住居 -----------IMAGES / PLAN --- PP. 026-027

浴槽の上端を地面と同じ高さに合わせるのも
露天風呂的な風情がある

● 石切の住居 ----------- IMAGES / PLAN --- PP. 126-127

露天風呂的な浴室。
プライバシーが必要な際はブラインドを下ろす

● 呉川町の住居 --------- IMAGES / PLAN --- PP. 118-119

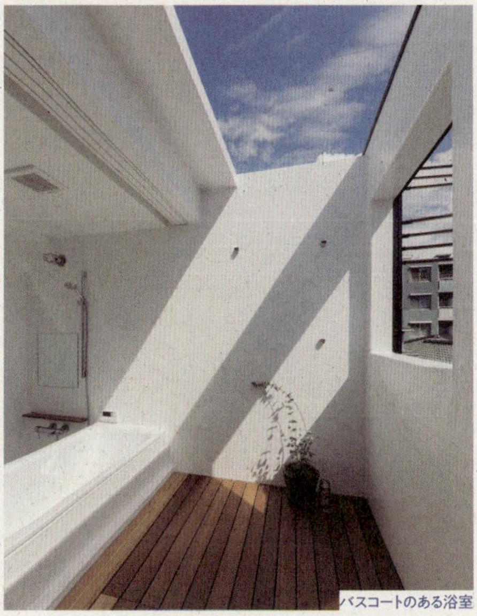

バスコートのある浴室

● 月見山の住居---------IMAGES / PLAN --- PP. 064-065

「室内にある庭」に浴槽を置いただけのような
露天風呂のような浴室

浴室排水口は基本的にFRPを巻き込んで押さえ、
排水蓋は制作するか、既製品を削っておさめている

● 比叡平の住居 -------- IMAGES / PLAN --- PP. 154-155

ガラスとカーテンで仕切るだけの簡素な浴室。
壁はローコスト化のためにキッチンパネルで仕上げている

● 六甲の住居 -------- IMAGES / PLAN --- PP. 122-123

浴槽はエプロンなしで露出。
シャワー水栓は配管部材を組み合わせてつくっている

● 譲葉山の住居-----IMAGES / PLAN --- PP. 124-125

FRPで浴槽も一体で制作した

● 武庫川の住居----IMAGES / PLAN --- PP. 032-033

木製框戸で仕切っている

● 武蔵小山の住居--IMAGES / PLAN --- PP. 096-097

ポリカーボネイト複層板を2本のカーテンレールで
引違いで吊って仕切っている

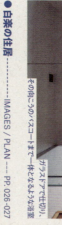

29｜滝山の住居

>>> P. 134

距離の設計／関係の設計

斜面地の建築の魅力は、自然の地勢と人間の知性が働きあった営為の集積にあると思う。この住宅は、道路に面した敷地から南に急激に下る斜面に建ち、祖母と親夫婦、息子の3世代4人が住む。建築技術者である父親と建築系の大学を出て工務店に勤める息子からは、家型で広々としたデッキをもち、シンプルであること、将来足腰が弱ることなどを見越して祖母の居室や浴室は道路に面した階に配することが求められた。斜面地ゆえ平均地盤面は道路面より下がり、高度斜線の制限もあって高層化して居住面積を確保することは難しく、杭が打てる箇所は限られていた。これらの課題を統合しつつ、各世代がよい距離感でこの敷地に住むことができる環境を目指した。

そこで、わずかな平地に配置したボリュームをずらしながら積層することで、下階の屋根が上階ではデッキとして利用され、上のボリュームによって下階では軒下空間が生まれる構成を考えた。各階はそれぞれ異なる眺望に向かって開き、各世代の居室と外部デッキを配置することで、小さな住宅の中に距離をつくり出している。

上：北東側外観 家族のための数台分の駐車スペースを確保し、わずかに残った平地をエントランスとしてエントランスの上にはリビングダイニングと親世帯の寝室を跳ね出すように載せている

下：キッチンから南側を見る。コンロ側は家型ボリュームから飛び出していて、大きな扉で隠すことが可能

3F Plan　1:300

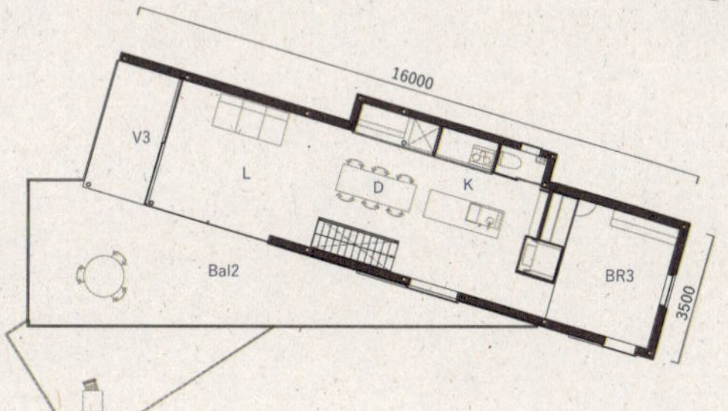

2F Plan

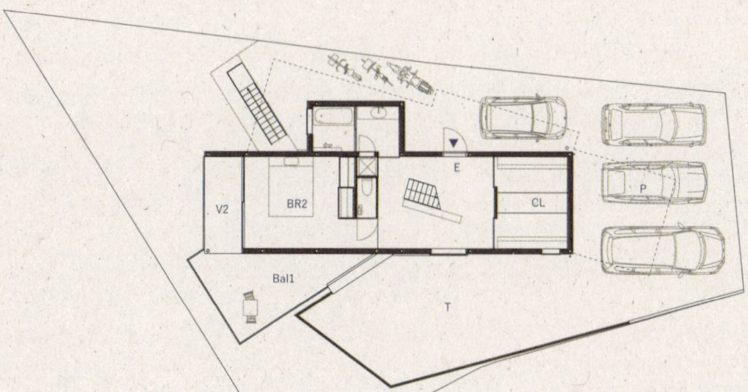

1F Plan

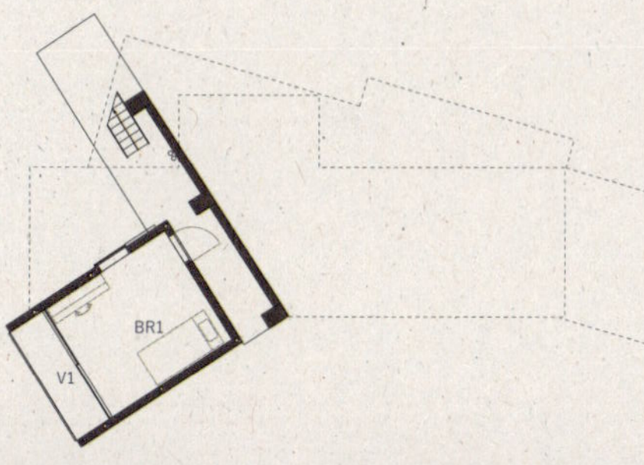

BR1：寝室（息子）
BR2：寝室（祖母）
BR3：寝室（親）
V：ベランダ
P：駐車場
CL：クローク
E：玄関
T：残存デッキ
Bal：バルコニー
L：リビング
D：ダイニング
K：キッチン

南側外観。中段に空中へ張り出した祖母の部屋。息子の部屋はその部屋から残存擁壁と直交し、残存デッキに沿うように吊り下げている。斜面に柱を落とせなかったために構造面では苦労したが、手付かずの斜面や軒下空間が生まれた

透視パース

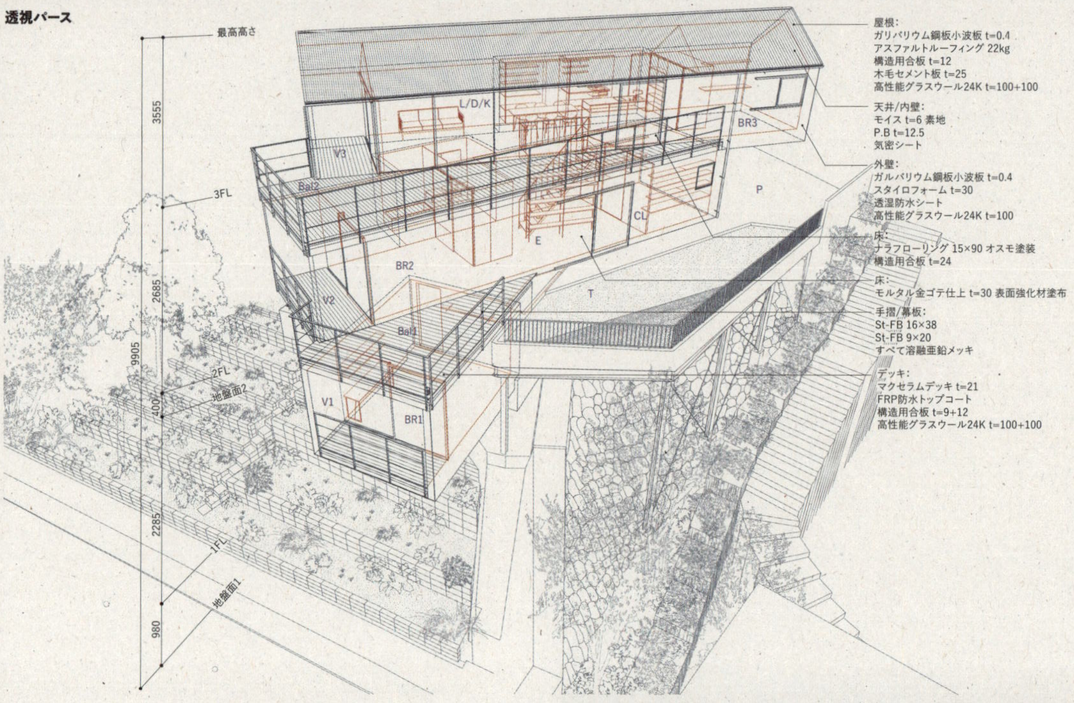

構造ダイアグラム

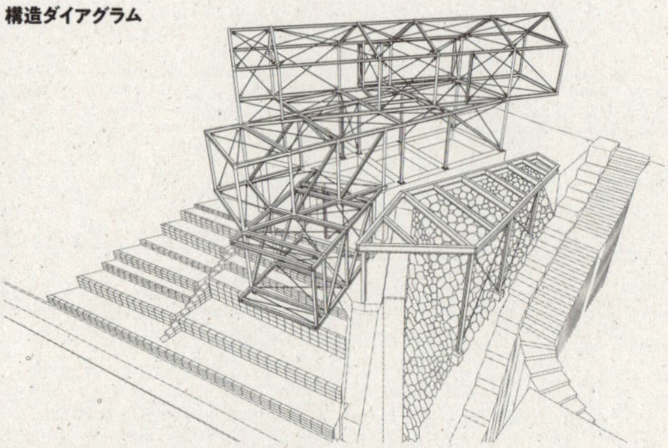

100角の鋼管柱とH型鋼梁による3つの箱を積層し、
外周にブレースを配置して大きなキャンチレバーを可能にしている。
平場部分の基礎と斜面の擁壁を一体として新設し、その上に乗る中段の箱が
上段の箱を支え、下段の箱は、中段の箱の先端部から吊られた構造となっている

南東側外観。各階はそれぞれ異なる眺望に向かって開き、
各世代の居室と外部デッキを配置することで、小さな住宅の中に距離をつくり出している

Study Process

①

②

③

④

①-④5台程度停めたいという駐車場の要件から、枝分かれしたボリュームを浮かせて2世帯を同1階に納める第1案。2世帯の距離感が問題となった

⑤

⑥

⑦

⑧

⑤-⑦各層にそれぞれの世帯を収め、デッキの積層とした案だが、クライアントから家型としたい、既存デッキを活かしたいという要望が伝えられ第1案と統合することに

⑨

⑩

⑪

⑧⑨最終案からは予算上の理由で無くなったゲストルームのためのハイサイドライトが2箇所ある。残していたほうがチャーミングだったかもしれない⑩⑪膨大なスタディの一部

DRAWING -------- P. 134

House in Takiyama
Location: Kawanishi, Hyogo
Type: Two-Family House
Main structure: Steel; 3-storey
Site Area: 282.52 m^2
Building Area: 100.78 m^2
(35.68% of max 50%)
Total Floor Area: 180.67 m^2
(63.95% of max 100%)

SITE WALK_Takiyama

敷地は1970−80年頃に丘陵地を切り開いて開発された高低差の激しい住宅地で、南側に眺望が広がっていた。複雑に擁壁を組み合わせられた敷地で、南側の擁壁は古く安全性が確認できないので、その上は庭として、柱などによって荷重をかけられない。東側には擁壁の上に鉄骨製の既存デッキが存在し、それを活かすために、擁壁の角度と既存鉄骨の角度を基準に設計することにした

Construction Period

Elevation

1:400

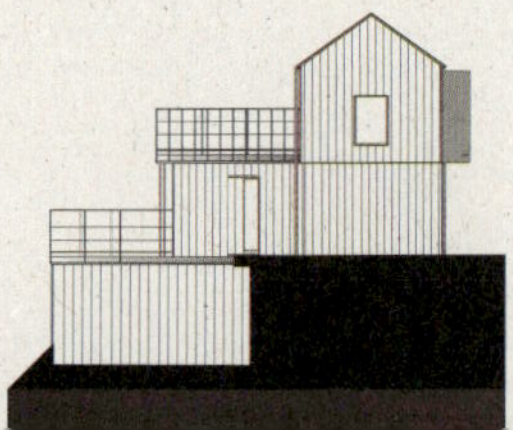

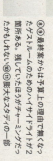

30 | 塩屋の住居2

>>> P. 136

切実な構造から生まれた形式の再解釈

僕らの事務所には、狭小地や斜面地、ローコストと、困難な条件での設計が多い。困難な条件でこそ設計の力が必要とされ、放置すれば住宅地は更新されずに荒廃していく。この敷地は重機が入らず人力での搬入、施工が必要で、ローコストであることが求められていた。そこでまず、小径の流通材での在来木造を前提としてスタディを進めた。南側の隣地は現在空き地だが、この先大規模な建築が建ち得る敷地だったため、北の道路側以外は将来立て込むことを前提として考えた。そこで、1階の天井高をなるべく高くしてぐるりと回したハイサイドライトからの採光を考えた。構造を検討するとハイサイドライト部に斜材を設ける必要があり、そのために必要な斜材の角度が屋根勾配と近く、2階床梁までの耐力壁を張ると家型を積んだように見えることに気付いた。必要性に迫られてできた構造を図像として再解釈することで、この住宅の息詰まるような機能性から逃れることができて、家型の屋根が連なるこの地域の風景にも合うように思えた。家型が積まれたような形式によって内部でも各階の独立性が高まり、独立した大人たちの家としてもふさわしい建ち方となった。

上:北側の坂の上から見下ろす | 下:南側の隣地から外観。家々の屋根の重なりの中に建っている

リビングから東を見る。
階段の踊り場は外に飛び出ていて乳白のガラスフィルムが張られている

階段から膜天井上を見る。ガラスが嵌っていてホコリなどが入らないようになっている

1F Plan

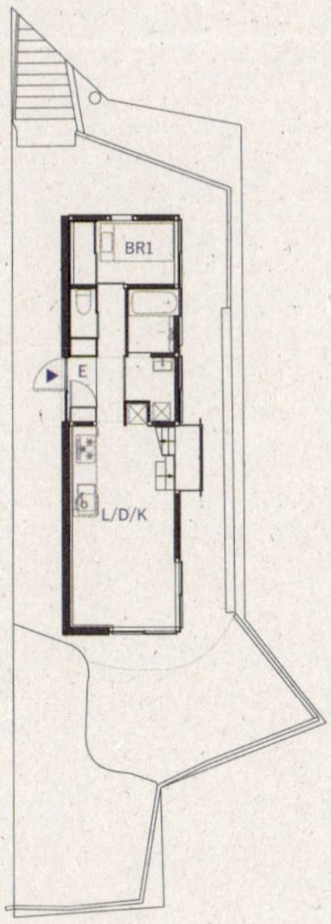

2F Plan　1:300

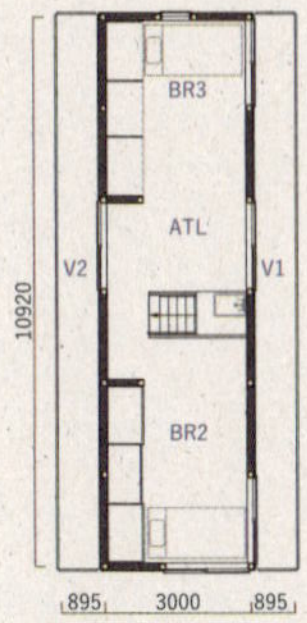

E:玄関
L:リビング
D:ダイニング
K:キッチン
BR:寝室
ATL:アトリエ
V:ベランダ

膜天井詳細断面図　1:8

プライバシーを守る膜天井

クライアントは、いずれ移り住むことが予想される年老いた父と、その娘である姉妹。1階道路側には、父の部屋と浴室など、プライバシーが必要な部屋を配置したが、1階道路側の部屋は坂の上からハイサイドライトを通してのぞかれることを防ぎ、光を拡散させて明るくするために、家型に梨地ビニールによる膜天井を張っている。その結果、上階と下階が近似したボリュームとなり、それぞれ独立した大人が集う、この住宅に適切な距離感をもたらす。

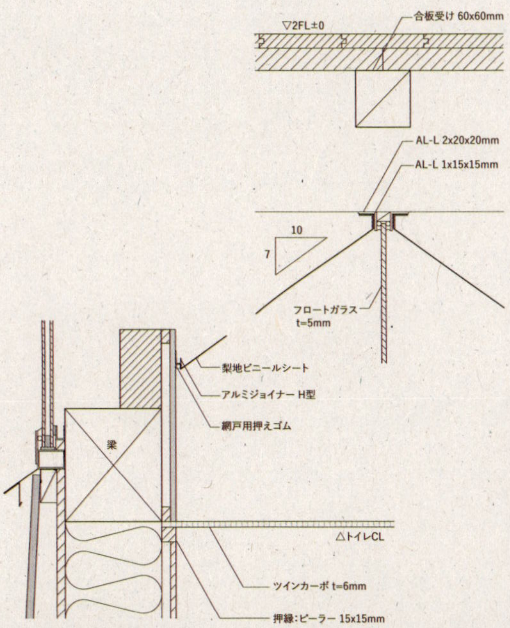

断面詳細パース

1:75

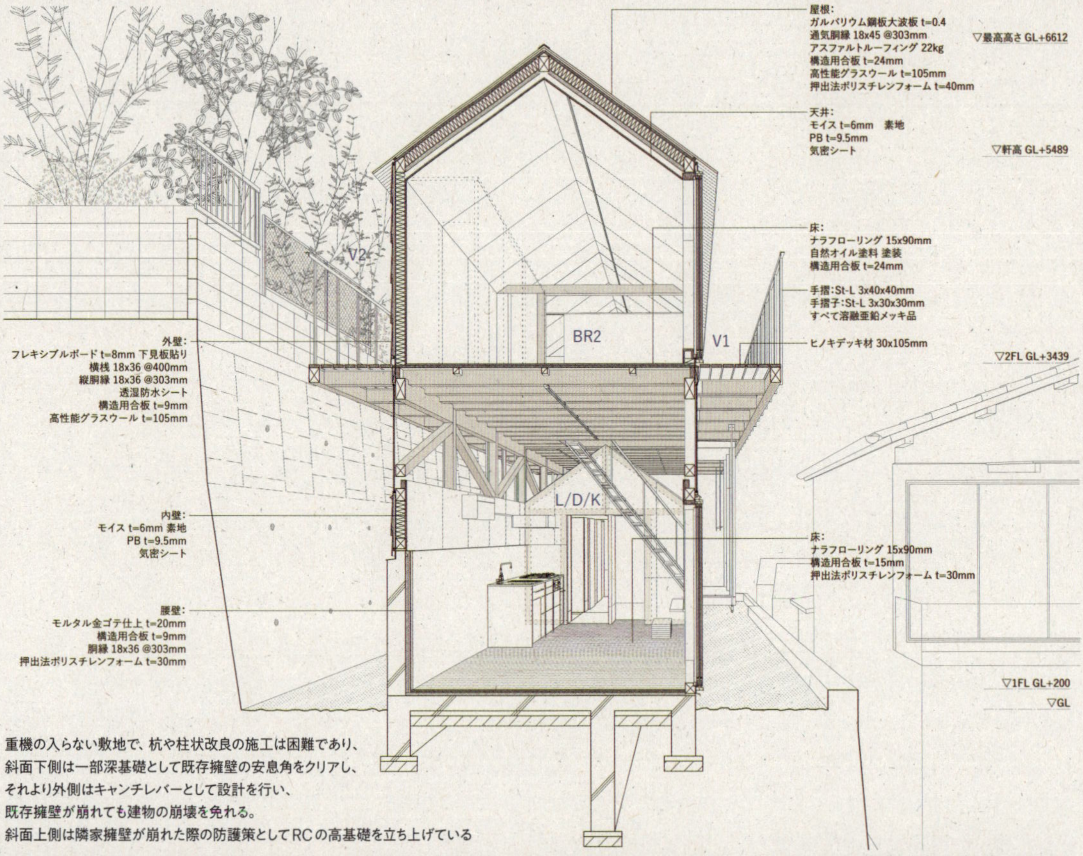
屋根:
ガルバリウム鋼板大波板 t=0.4
通気胴縁 18x45 @303mm
アスファルトルーフィング 22kg
構造用合板 t=24mm
高性能グラスウール t=105mm
押出法ポリスチレンフォーム t=40mm
▽最高高さ GL+6612
天井:
モイス t=6mm 素地
PB t=9.5mm
気密シート
▽軒高 GL+5489
床:
ナラフローリング 15x90mm
自然オイル塗料 塗装
構造用合板 t=24mm
手摺:St-L 3x40x40mm
手摺子:St-L 3x30x30mm
すべて溶融亜鉛メッキ品
ヒノキデッキ材 30x105mm
▽2FL GL+3439
外壁:
フレキシブルボード t=8mm 下見板貼り
横桟 18x36 @400mm
縦胴縁 18x36 @303mm
透湿防水シート
構造用合板 t=9mm
高性能グラスウール t=105mm
V2
BR2
V1
L/D/K
内壁:
モイス t=6mm 素地
PB t=9.5mm
気密シート
床:
ナラフローリング 15x90mm
構造用合板 t=15mm
押出法ポリスチレンフォーム t=30mm
腰壁:
モルタル金ゴテ仕上 t=20mm
構造用合板 t=9mm
胴縁 18x36 @303mm
押出法ポリスチレンフォーム t=30mm
▽1FL GL+200
▽GL

重機の入らない敷地で、杭や柱状改良の施工は困難であり、
斜面下側は一部深基礎として既存擁壁の安息角をクリアし、
それより外側はキャンチレバーとして設計を行い、
既存擁壁が崩れても建物の崩壊を免れる。
斜面上側は隣家擁壁が崩れた際の防護策としてRCの高基礎を立ち上げている

左・中：重機での搬入が難しい敷地だったことから、小径の鋼材を現地で組み合わせる形式の階段とした
右：構造材の斜材の形状に合せて家型に梨地のビニールを張ることで、ハイサイドライトからの光を拡散している

Study Process

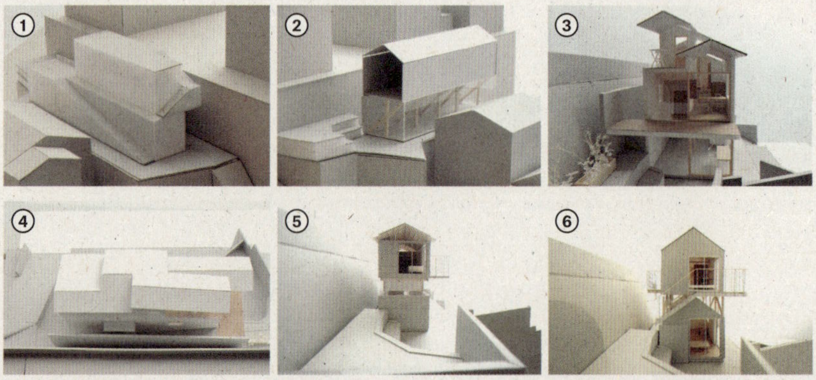
①
②
③
④
⑤
⑥

2世帯居住のため、2階までスロープを上げてもう一つ玄関を作る案①や、古い擁壁になるべく力をかけない案②、近隣の屋根の重なりを参照した案③④を検討したが、構造と予算等を勘案しシンプルな案⑤に。ハイサイドライト部の構造に斜材が必要となり、特徴的な家型を積んだような意匠が生まれた。最終案⑥まで、2世帯的に庭から2階に直接上がれる案だったが、防犯上の懸念があるとのことで実施段階で無くなった

DRAWING -------- P. 136

House in Shioya2

Location: Kobe, Hyogo
Type: Single Family House
Main structure: Timber; 2-storey
Site Area: 134.13 m^2
Building Area: 32.93 m^2
(24.55% of max 40%)
Total Floor Area: 66.69 m^2
(49.72% of max 80%)

SITE WALK_Shioya

敷地のある塩屋は南側に向かって下り、海への眺望がひらけ、異人館等も建つ地域で、丘陵に張り付くように起伏が激しく、狭隘な道や階段しかない町の、のどかな雰囲気に惹かれて住む人も多い。だが、以前から土地探しの相談を受けていたクライアントから、この敷地を購入したことを知らされた時は頭を抱えてしまった。敷地は狭隘な坂道の位置指定道路に面する古い擁壁の上で、隣地側の擁壁も安全性が保証できないものだった。道路と接続している階段も途中から所有者が異なり、道路にはみ出ている部分を切断しないといけない等、前途多難だった

Construction Period

材料を節約するために、4mの定尺材を互い違いに突き出してデッキの構造とした

Elevation

1:400

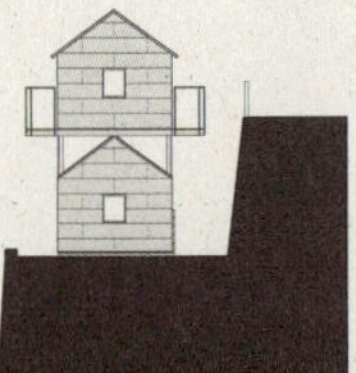

31 | 比叡平の住居

>>> P. 138

家型のイメージを利用して

この住宅ではアーティスト夫妻の住居、アトリエ、両親のためのスペースが求められていた。すべてをひとつの建物にまとめると、この住宅地には大きすぎ、アトリエは音や匂いも出るとのことだったので、まず夫妻の住まいとアトリエは分棟とすることにした。住人は、さまざまなものを複製する作品を作っている。そこからインスピレーションを得て、両親のスペースも独立した小屋として相似形の家型を3つ並べてつくることにしてみた。勾配屋根が義務づけられている地域だったこと、ローコスト性などから簡素な家型としたが、その受け入れられやすいアイコン性も採用理由のひとつだった。住棟は、より小さく見えるようアイコン的な家型の小屋のイメージを拡大したような窓の配置としている。2階の床をまたぐような大きな窓が、その配置によって実際より小さく見える。室内では家型の屋根面をさらに複製して組み合わせている。

家型は強い形式で、内部と外部が一致していると認識されやすい。家型の内部に家型が組み合わされていることにより、結晶のように単純だが多様な、どこまでも続いていくような空間をつくりだそうとした。

南東側外観。黒い住居棟の方が、灰色のアトリエ棟より大きいのだが、小さな小屋のイメージを利用して、実際より小さく見えることを狙っている

東側外観。窓辺に人が立つと、小さな人に見えたり、急に大きな住宅に見えたりする。左側の窓は2階の床をまたいでいる

1F Plan

2F Plan　1:300

ATL:アトリエ
E:玄関
L:リビング
D:ダイニング
K:キッチン
STD:書斎
R:多目的室
LFT:屋根裏
BR1:寝室
BR2:ゲストルーム

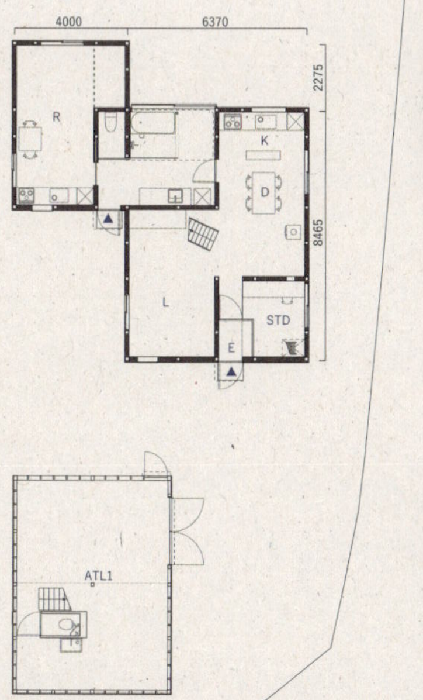

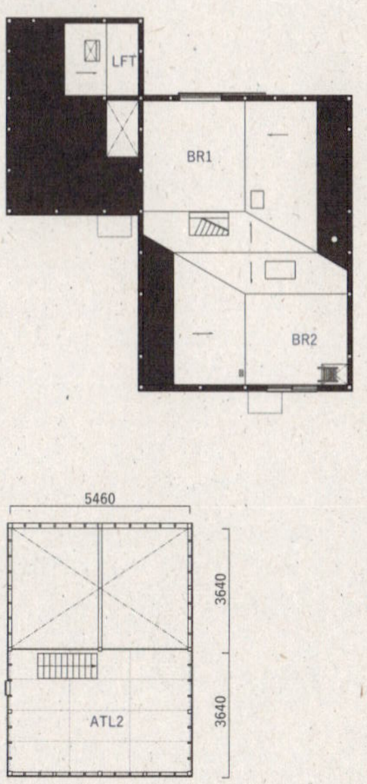

アトリエ。予算は極端に少なかったので、高圧木毛セメント板を構造/断熱/防火を兼ねて構造体に貼り付け、それをポリカーボネイト波板で覆うだけの簡素なつくりとしている

断面詳細パース

1:80

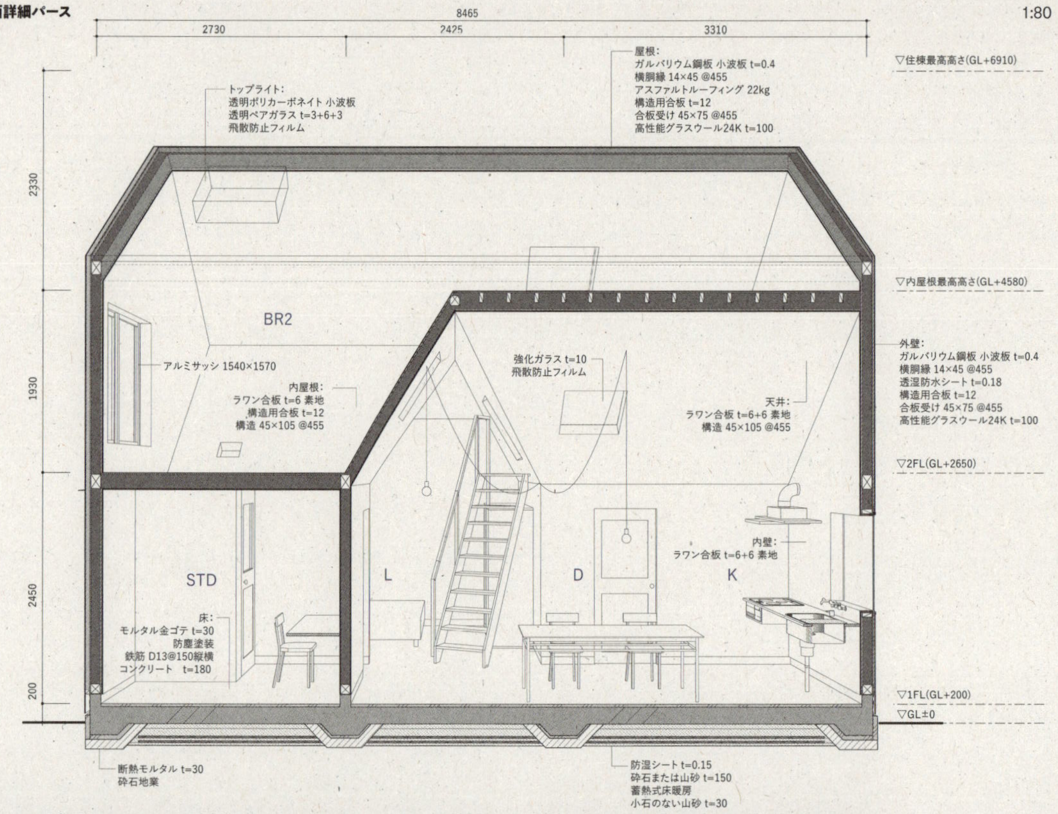

左:リビングからダイニングを見る。上部ボリュームが覆いかぶさって、2つの大きな樹の木陰のようにも思える
右:寝室 勾配天井の上は通常外部のように認識されがちなのだが、ここではさらにその上に室内空間がひろがっている。
そこに上がるとまた同じ勾配の天井面があり、トップライトが開いている。一度認識が裏切られたことにより、その上にもさらに室内空間がひろがっているようにも感じられる

Study Process

構造体も含めて相似形のボリュームを行き来することで、身体が大きくなったり小さくなったりするように感じられないかという案①。
クライアントからの要求面積が増えたため、現状の案②③へと変化した。斜めの開口をすり抜けながら階段で上下できるかを、簡易なモックアップで確認④

DRAWING -------- P. 138

House in Hieidaira
Location: Otsu, Shiga
Type: Atelier+Two-Family House
Main structure: Timber; 2-storey
Site Area: 490.74 m^2
Building Area: 116.02 m^2
(26.65% of max 40%)
Total Floor Area: 189.15 m^2
(38.55% of max 200%)

SITE WALK_Hieidaira

条例で勾配屋根が義務づけられた周辺の住宅地は切妻型の屋根が建ち並び、落ち着いた街並みをつくりだしているように思えたので、僕らもそれに倣いつつ、住宅地と山林の境にある敷地にふさわしい建ち方を探した

Construction Period

上棟時は窓の大きさと配置による錯覚が発生していないので実際とおりの大きさに見え、なにか間違えているかと焦った

アトリエ外壁構成

Elevation 1:400

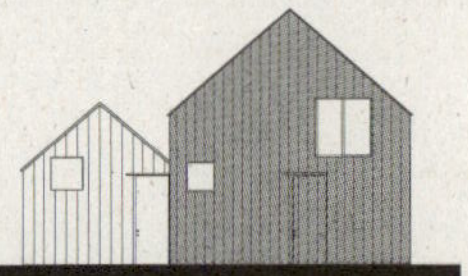

32｜彦根の住居

>>> P. 140

たくさんの窓を並べる

若い夫婦と子どもたちのための小さな住宅。敷地である住宅地は草原のような状態だったが、これから建売住宅が建ち並ぶ計画だと知り、周囲がどのような状態となっても、成立するような建ち方を探す必要があった。そこで、ここでは長円形の平面を敷地に対し斜めに配置して周囲から引きを取りつつ、計42個の窓を並べた。
たくさんの窓を均等に並べることで、不思議なことに内部から見えない部分は脳内で都合良く補完され、ある種の透明さが生まれる。生活のさまざまとは無関係に、だが適切な関係を取り結ぶよう均等に窓が配された外周部は、まるで別の用途であった建築をリノベーションしているかのようだ。それは廃墟が持つある種の清々しい質のようなものを、この住宅にもたらすのではないかと考えた。

2F Plan

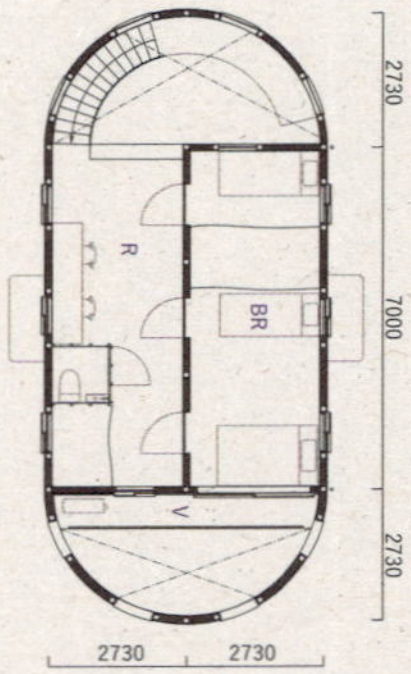

1:300

1F Plan

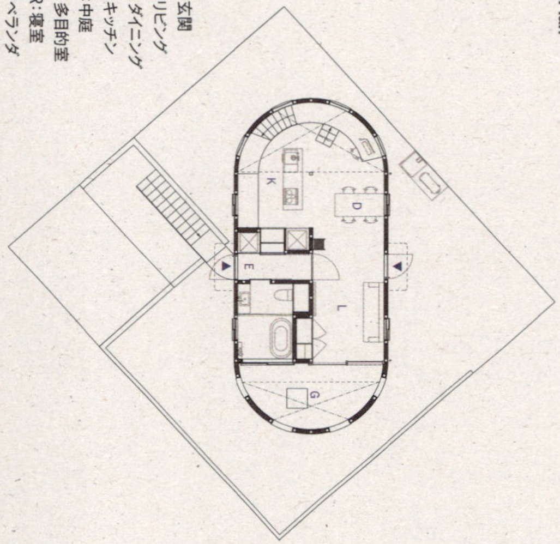

E:玄関
L:リビング
D:ダイニング
K:キッチン
G:中庭
R:多目的室
BR:寝室
V:ベランダ

上:西側外観｜中:北西側隣地から。数年後に隣地は予想通り隣家が建設された
下:リビングからダイニングを見る

上：リビングからエントランス方向を見る。箱の内部は風除室やサニタリー。箱の上はロフト。上階トイレからの黒い排水管が見える
下左：多目的室：木の箱の中はトイレ｜下右：ダイニングからリビング、奥の中庭を見る。白い長円形の壁に、木造の床や箱を挿入して生活の場をつくり出している。

2Fトイレ平面図 1:50

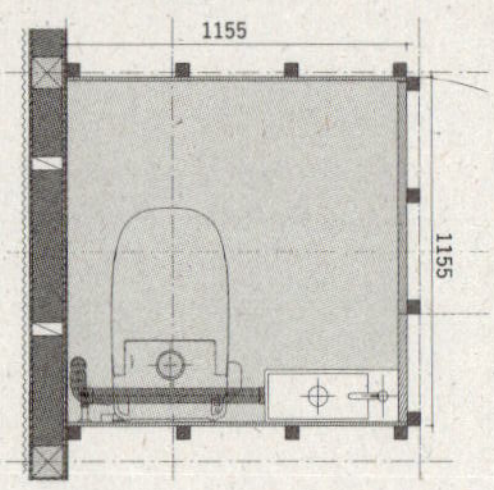
1155
1287
1155

トイレを最小限の大きさとする際は正方形平面とするのも1つの手だ。便器の前は狭いが横に広がりが出る。ここでは箱状に見えるよう扉の取手や大きさを調整している

配管検討断面図

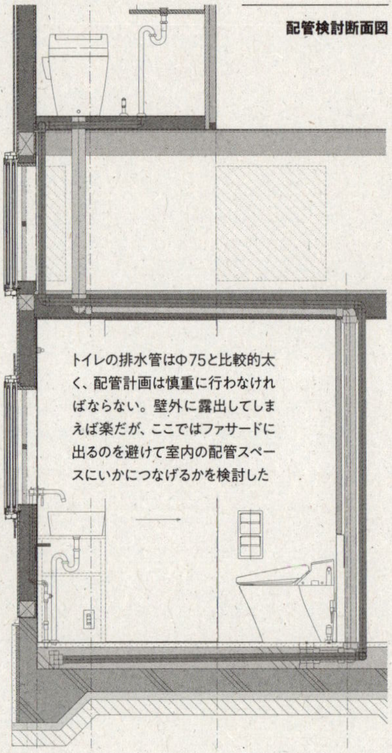

トイレの排水管はφ75と比較的太く、配管計画は慎重に行わなければならない。壁外に露出してしまえば楽だが、ここではファサードに出るのを避けて室内の配管スペースにいかにつなげるかを検討した

DRAWING -------- P. 140

House in Hikone
Location: Hikone, Shiga
Type: Single Family House
Main structure: Timber; 2-storey
Site Area: 200.30m^2
Building Area: 61.62m^2
(30.46% of max 60%)
Total Floor Area: 106.39m^2
(53.20% of max 200%)

SITE WALK_Hikone

開発されてしばらく経つ住宅地は草原のような状態だったが、周辺はその後どうなるのか予想がつかなかった

Construction Period

外部曲面壁はラスモルタル塗

FIX窓納まり詳細図 1:20

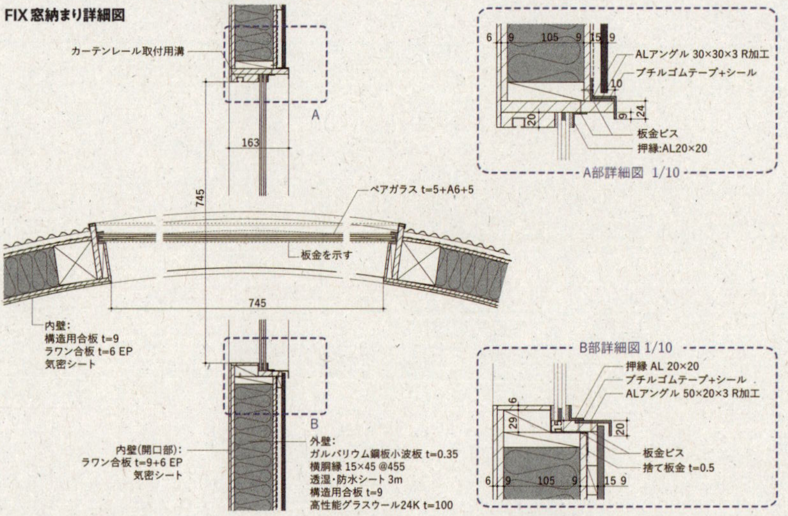
カーテンレール取付用溝
A
163
745
ペアガラス t=5+A6+5
板金を示す
745
内壁：
構造用合板 t=9
ラワン合板 t=6 EP
気密シート
B
内壁(開口部)：
ラワン合板 t=9+6 EP
気密シート
外壁：
ガルバリウム鋼板小波板 t=0.35
横胴縁 15×45 @455
透湿・防水シート 3m
構造用合板 t=9
高性能グラスウール24K t=100
ALアングル 30×30×3 R加工
ブチルゴムテープ+シール
板金ビス
押縁:AL20×20
A部詳細図 1/10
B部詳細図 1/10
押縁 AL 20×20
ブチルゴムテープ+シール
ALアングル 50×20×3 R加工
板金ビス
捨て板金 t=0.5

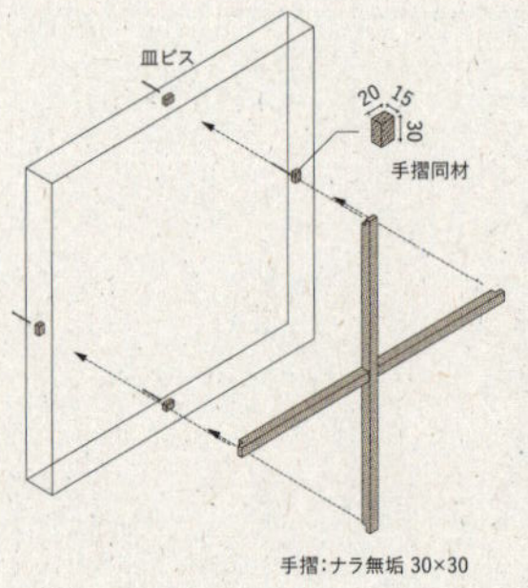
皿ビス
手摺同材
手摺：ナラ無垢 30×30

アルミサッシに十字格子をつけるのはこの住宅に限らず、多くの住宅で採用している。アルミサッシの無骨さを和らげ、転落防止にもなるので、窓の床からの高さが自由になる利点もある

Study Process

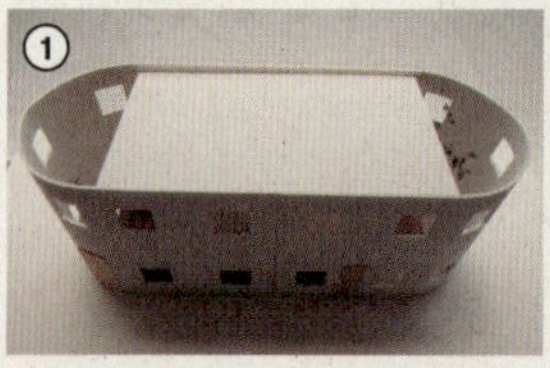

かなり早い段階で最終案の原型が立ち上がるが、まだ窓は2段①②。その後開口についてはスタディを続けた③。最終案の内部模型④

Elevation 1:400

33｜明石の住居

>>> P. 142

周辺環境を損なわない建ち方

僕らの設計する建築が、周辺環境を損なわない建ち方をいつも探している。特にこの住宅では配置が重要だと考えた。まず居室の採光を考えて南側に庭を取って敷地北東側にぐっと寄せて細長い建築を建てることを考えた。しかし北東側隣地に対して壁のように立ちふさがってしまい、庭には南西側隣地の住宅から影が落ち、道路からの視線にもさらされてしまう。そこで比較的開口の少ない家型のボリュームを対角に配置することでアプローチとなる北側の庭と、道路から奥に隠された南側の庭をつくり出すことにした。

2つのボリュームをヒンジのように立体的につなぐ、アルミサッシによる全面開口の階段室は室内に風と光を届け、冬には階段室を透かして北側の庭へも光を届ける。2つの庭と、上下に半階ずつずれた床の結節点である階段室に近づくにつれて視界がひろがり、遠ざかるにつれて落ち着いた居場所になっていく。そうやって小さな住宅の内外にさまざまな居場所をつくり出そうとした。

左：最上階のロフトのような寝室。四角い開口部は合板を吊るし変えて閉じる
右上：北側外観
右中：北側上空からの外観。太陽高度が低く自らの影が北側に落ちてしまう冬には階段室を透かして北側の庭へも光を届け、ガラス面で反射した光で隣家の影が落ちる南側の庭をも照らす
右下：キッチンからダイニング、階段の向こうのリビングと玄関を同時に見る。階段室に近づくと南北2つの庭とリビングと玄関など複数の場所の様子が同時に目に飛び込んでくる。逆に階段室から離れていくと、落ち着いた室内からは階段室越しに南側の自らの外壁と光のみが見える

LOFT Plan

1:300

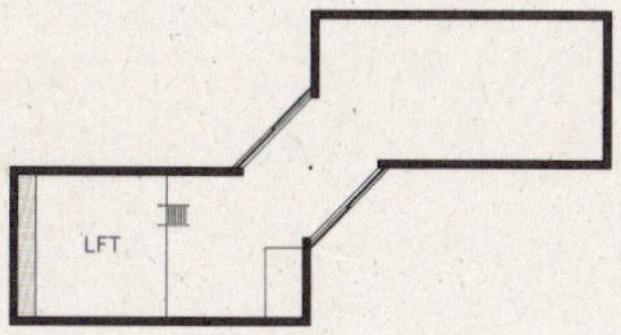

3F Plan

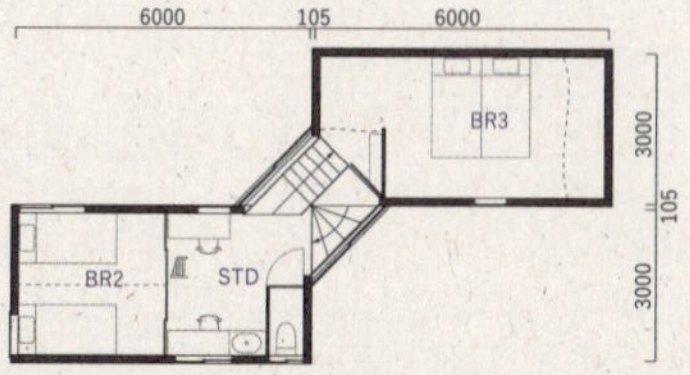

2F Plan

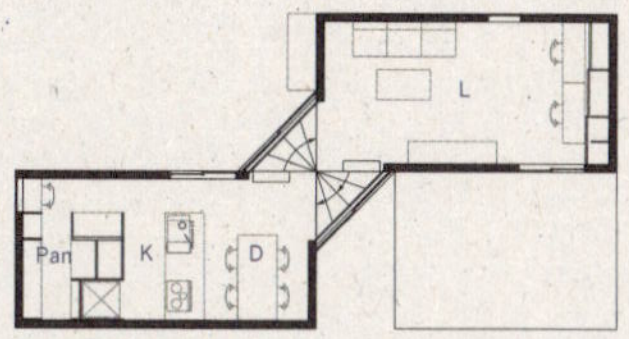

1F Plan

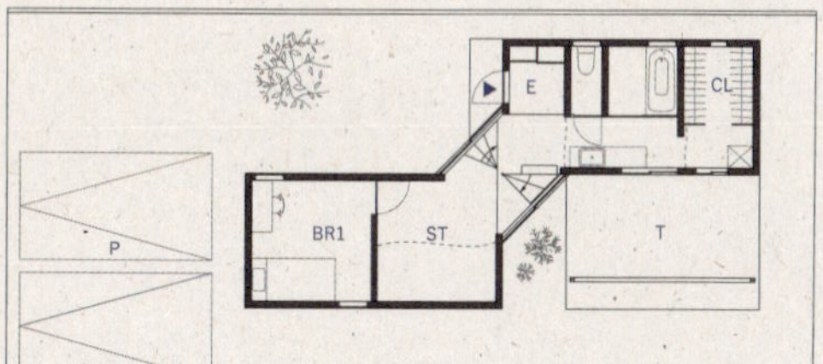

P：駐車場
BR1, 3：寝室
ST：ストレージ
E：玄関
CL：クローゼット
T：テラス
Pan：パントリー
K：キッチン
D：ダイニング
L：リビング
BR2：子ども室
STD：スタディルーム
LFT：ロフト

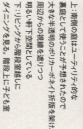

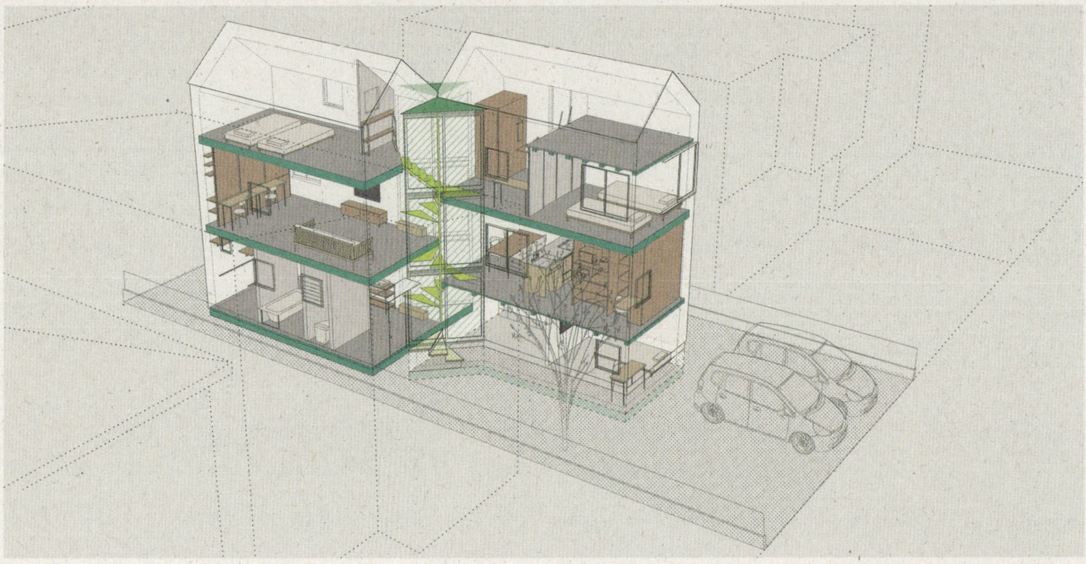

床を吊る階段｜構成図

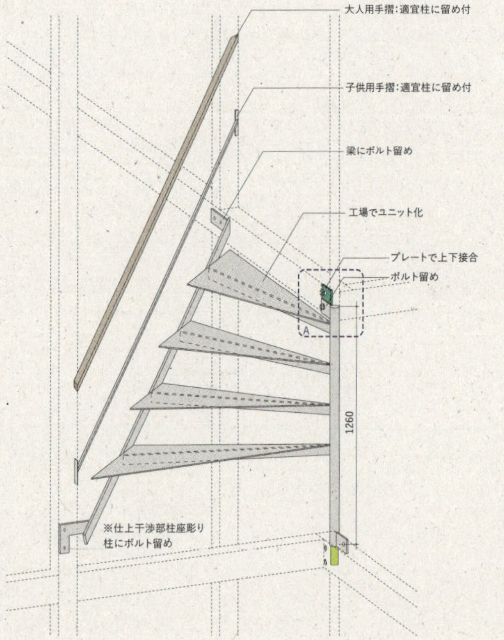

大人用手摺：適宜柱に留め付
子供用手摺：適宜柱に留め付
梁にボルト留め
工場でユニット化
プレートで上下接合
ボルト留め
A
1260
※仕上干渉部柱座彫り
柱にボルト留め

A部結合方法

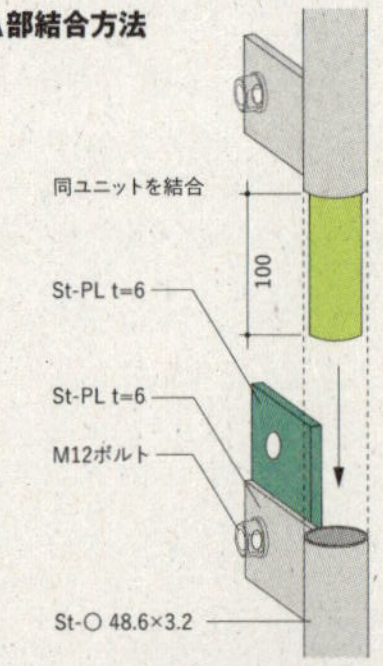

同ユニットを結合
100
St-PL t=6
St-PL t=6
M12ボルト
St-○ 48.6×3.2

上：南側の庭はユーティリティ的な裏庭として使うことが予想されたので大きな半透明のポリカーボネイト折版を架け、周辺からの視線を遮りつつ明るい軒下空間としている
下：リビングから階段室越しにダイニングを見る。階段上に子ども室

Study Process

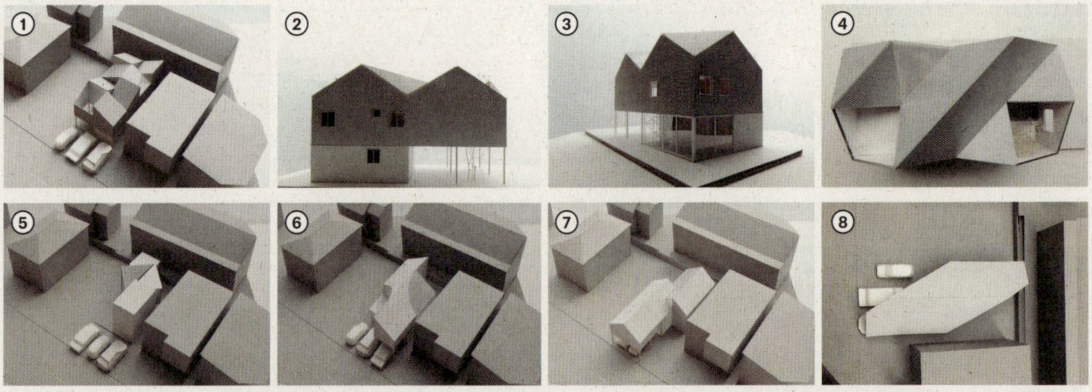

①
②
③
④
⑤
⑥
⑦
⑧

クライアントの要望を最大限取り入れた案①-④を考えてみたが予算オーバーの恐れがあった。南側隣地に建築を寄せ切ると、隣地に圧迫感を与えてしまうので、なんとか採光を確保しつつ、成立する案⑤-⑧を考えていたが、まだ予算に収まらない懸念があり、最終的には面積を最大限絞って3階建てとすることとした

DRAWING -------- P. 142

House in Akashi
Location: Akashi, Hyogo
Type: Single Family House
Main structure: Timber; 3-storey
Site Area: 171.89 m^2
Building Area: 38.56 m^2
(22.44% of max 60%)
Total Floor Area: 113.43 m^2
(65.99% of max 200%)

SITE WALK_Akashi

北西側の道路の向こうには溜池があり視界が広がっていて、南東側にはワンルームマンションが建っている。周囲には新しい家々が、北西の道路側に駐車場を取り、間口いっぱいに立ち並んでいる。しかしその配置によって、互いの家の採光を邪魔しあっているようにも思えた

Construction Period

階段の中心軸は補助的に梁を支えている

Elevation

1:400

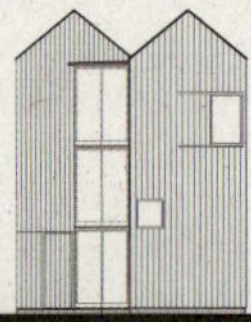

34｜防府の住居と事務所

>>> P. 144

斜め壁の挿入による空間の創造

築40年ほどの鉄骨平屋建ての建築を改装し、住宅と事務所、倉庫、店舗などにする計画。クライアントは1865年創業の醸造所を引き継ぎ、それまでの醤油や味噌のような醸造品以外に、培われた技術を活かして他の商品展開を手がけつつある。風情のある味噌蔵でこれまで通り醸造は続けながら、そこでは処理しきれない全国への発送や事務などの業務スペース、店舗の要素と、彼ら自身の住宅をつくり出す必要があった。

幸い改装前の建築は十分な広さがあったため、屋根はそのまま、外壁はブランドイメージや周囲との関係を意識して焼杉で覆うのみとした。その上で、既存建築のグリッドに対し45度振った壁を挿入した。それにより元来の建物の大きさを曖昧にし、へた地のような多様な軒下空間や中庭ができた。

この建築には不特定多数が出入りする。そのため倉庫/店舗から住宅までを壁や垂れ壁、透明な壁としてのガラスで境界をつくり、グラデーショナルな奥行きをつくり出した。

左：エントランス、香りをテーマにした植栽｜中：Shopから T2を通し、多目的室を見る。ガラスは反射を繰り返し、内部の様子を曖昧に伝える｜右：LDKよりT4を見る。その向こうには隣家の庭

1F Plan 1:300

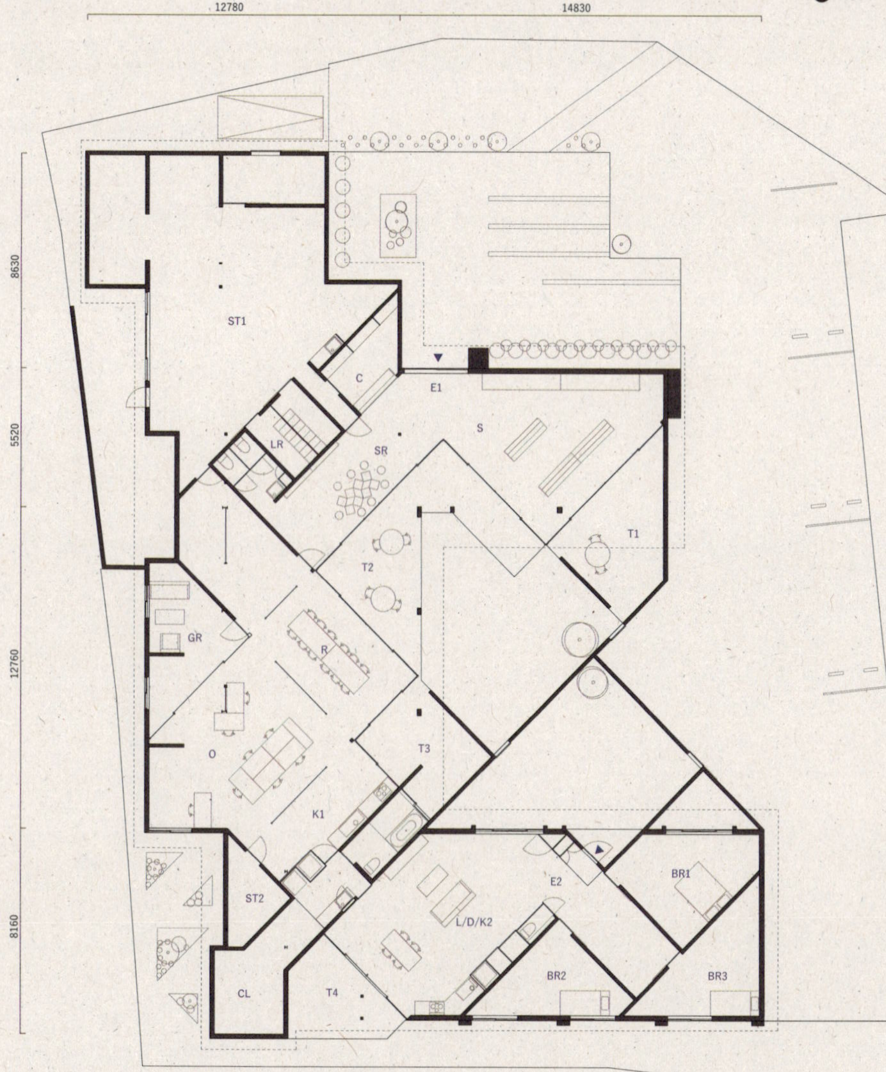

ST1：商品倉庫　LR：ロッカールーム　C：カウンター　E1：店舗入口　S：ショップ　SR：ショールーム　T：テラス　GR：応接室　R：ミーティングルーム　O：事務所　K1：試作室　ST2：倉庫　CL：クローゼット　L：リビング　D：ダイニング　K2：キッチン　E2：住居玄関　BR：寝室

アクソメトリック

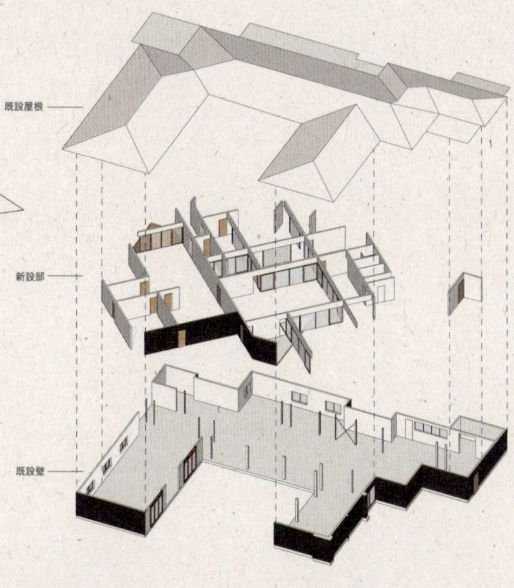

既存平面図

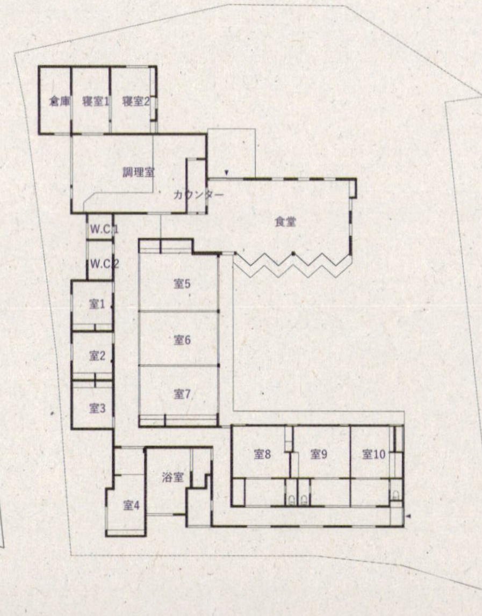

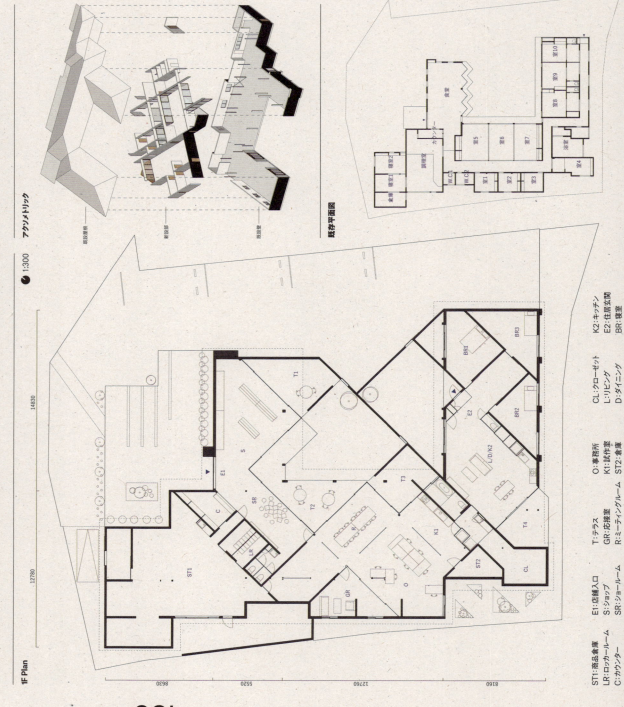

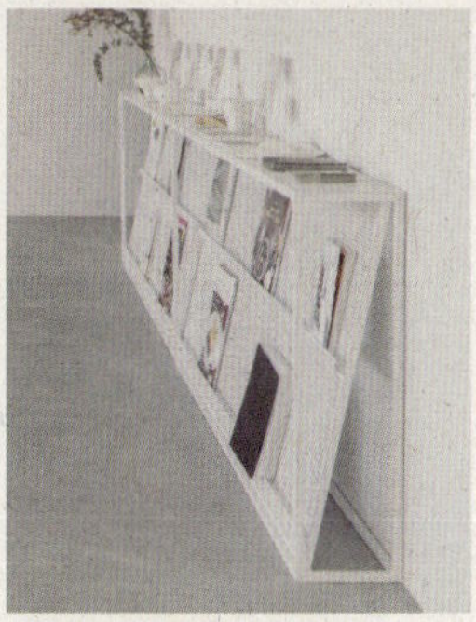

左：北東側上空より中庭側を見る。
既存建築から外壁面を後退させて
軒下空間をつくり出している
上：ショールーム展示棚は
パンチングメタル製
中：T2よりSHOPを見る。
建具を開放すると内外の境界は
曖昧になる
下：T2、新しく挿入した壁と
既存屋根によってつくられた軒下空間

DRAWING -------- P. 144

House in Hofu
Location: Hofu, Yamaguchi
Type: Office+Shop+House
Main structure: Steel; 1-storey
Site Area: 1230 m^2
Building Area: 460 m^2
(37% of max 60%)
Total Floor Area: 460 m^2
(37% of max 200%)

SITE WALK_Hofu

1時間に1.2本電車が来るような長閑な駅からほど近く、のびやかな県道沿いの敷地。料理屋に使われていた、鉄骨平屋建ての建築の改修で、南側には狭い水路を挟んで隣地の庭がひろがっていた

Construction Period

Elevation 1:400

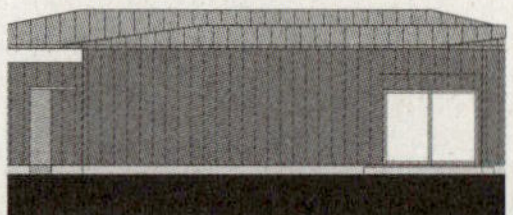

35｜北摂の住居

>>> P.146

自律した形式の自由さ

よく計画された住宅は、ともすれば暮らしに寄り添いすぎる。それは、とても快適なのだけれど、あらかじめ想定された生活を固定化してしまう気がしている。

諸条件を踏まえながら、自律した形式を考えた方が住人がより自由に、能動的に使えるのではないだろうか。

この住宅では要求されている部屋数が多かったので、12個の正方形をふたつの正三角形からなる菱型平面でつなぐように並べた。正方形部に要望された機能を収め、菱型部を移動空間等の余剰空間にしている。クライアントの要望で周囲に対して比較的閉じることにし、外周に3箇所、内部に2箇所の中庭を取り込んだ結果、室内空間は中庭やトップライトによって明るく、さまざまな光の状態がばら撒かれている。外の風景があまり見えないこともあって、部屋の行き来を繰り返すたびに自分の居場所を見失うような空間となった。この住宅の形式は、それぞれ各部が異なる性質を持ちながら互換性があり、動線も自由だ。生活の変化に合わせ、使いこなしていける自律した空間。プリズム状に反射を繰り返した空間が連なる、結晶質な迷宮のような住宅だ。

ダイニングからキッチン方向を見る。梯子の後ろ側の扉を開けると洗濯機置場。右側中庭の向こうに離れのようなピアノ室

1F Plan

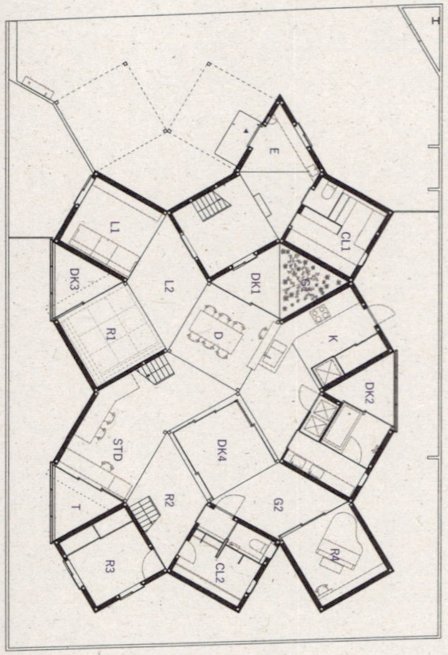

E:玄関
L:リビング
D:ダイニング
K:キッチン
R1:和室
R2:家事室
R3:子ども室
R4:ピアノ室
R5:予備室・趣味室
BR1:主寝室
BR2,3:子ども寝室
STD:勉強室
CL1:玄関収納
CL2:クローゼット
ST:納戸
Bal:バルコニー
G:中庭
DK:デッキ

2F Plan

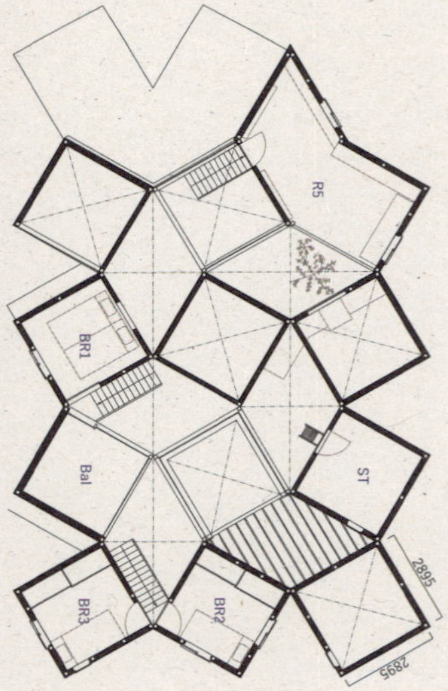

1:300

ガラスとFRPが絡み合う屋根詳細図

ダイニングのトップライトは
ポリカーボネイト複層板によって光が和らげられている。
トップライトとポリカーボネイトの間には熱の排出用の
換気扇や照明が仕込まれている

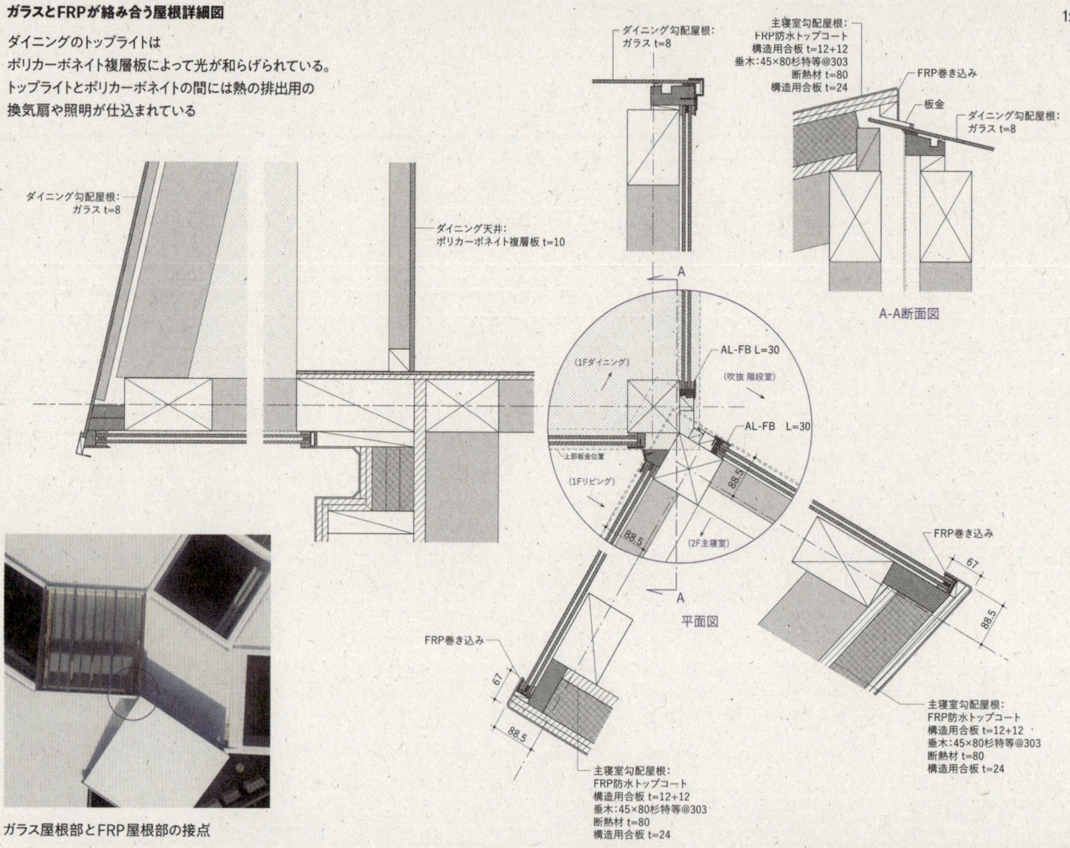

ガラス屋根部とFRP屋根部の接点

上左：ダイニング天井見上げ、さまざまな光の状態を作り出そうとした｜上中：バルコニーと主寝室につながる階段｜上右：予備室、趣味室
下左：ダイニングからリビング、和室を見る｜下右：ダイニングから和室、勉強室方向を見る

Study Process

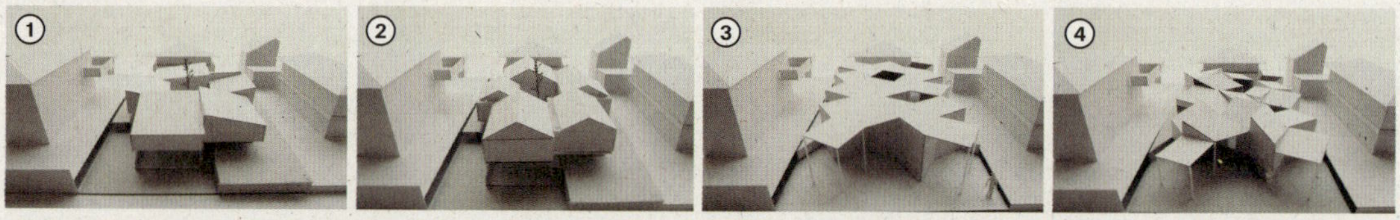

園部の住居の初期案と同様に考えはじめてみた①②が、プライバシーの考え方や部屋数の多さに対応できず、別案を探ることにした③④。最終案に近づいてきて、屋根の掛け方を検討。通風採光のために屋根を持ち上げつつ、通りから見た時の印象としてフラットルーフだった既存住宅の雰囲気を引き継ごうとしている

DRAWING -------- P. 146

House in Hokusetsu
Location:Hokusetsu, Osaka
Type: Single-Family House
Main structure: Timber; 2-storey
Site Area: 165.15 m^2
Building Area: 121.38 m^2
(73.5% of max 80%)
Total Floor Area: 321,09 m^2
(177.3% of max 349.8%)

SITE WALK_Hokusetsu

60年代に開発されたニュータウンの一角である敷地はゆったりとした配置で、フラットルーフのモダニズム住宅が立ち並んでいて、その雰囲気を踏襲しようと考えた

Construction Period

構造的には木造のダブルグリッドとし、それぞれの正方形平面をそれぞれ柱で支えるように構造を計画した結果、平面の特異さに比べ、穏やかな室内風景となった

Elevation

1:400

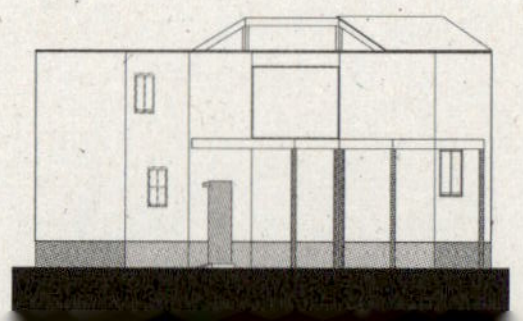

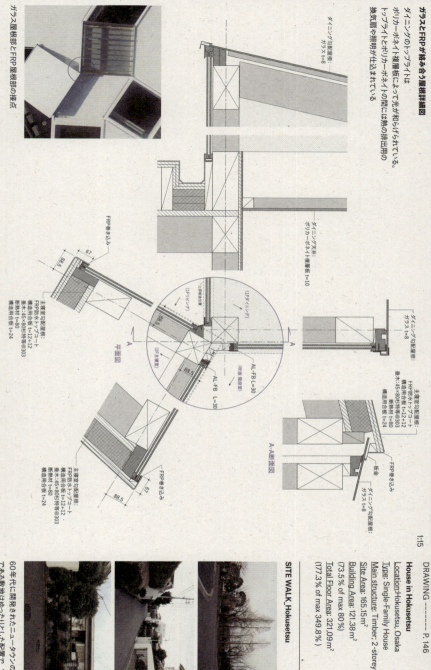

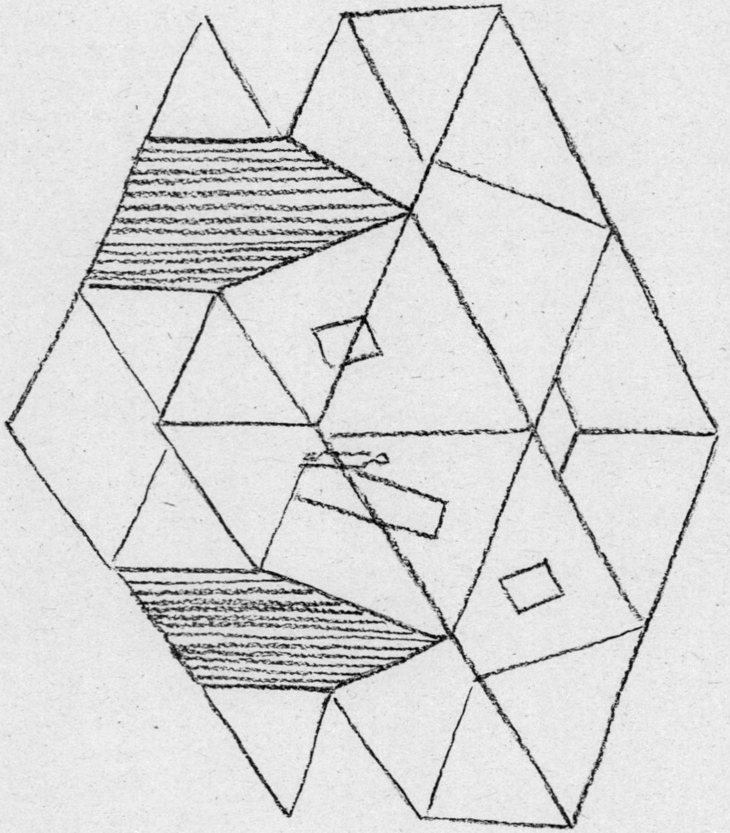

おわりに

イラストの両脇に記されたキーワードは
次の住宅につながり、
一冊を通じてぐるっと一周します。
つくられた時期の異なるそれぞれの住宅が、
つらなってできた円環で、
スイッチバックで山を登っているのではなく
同じところをまわり続けていたのか
という気もしますが、
少しづつでもらせん状に
上昇しているのであれば、と願っています。

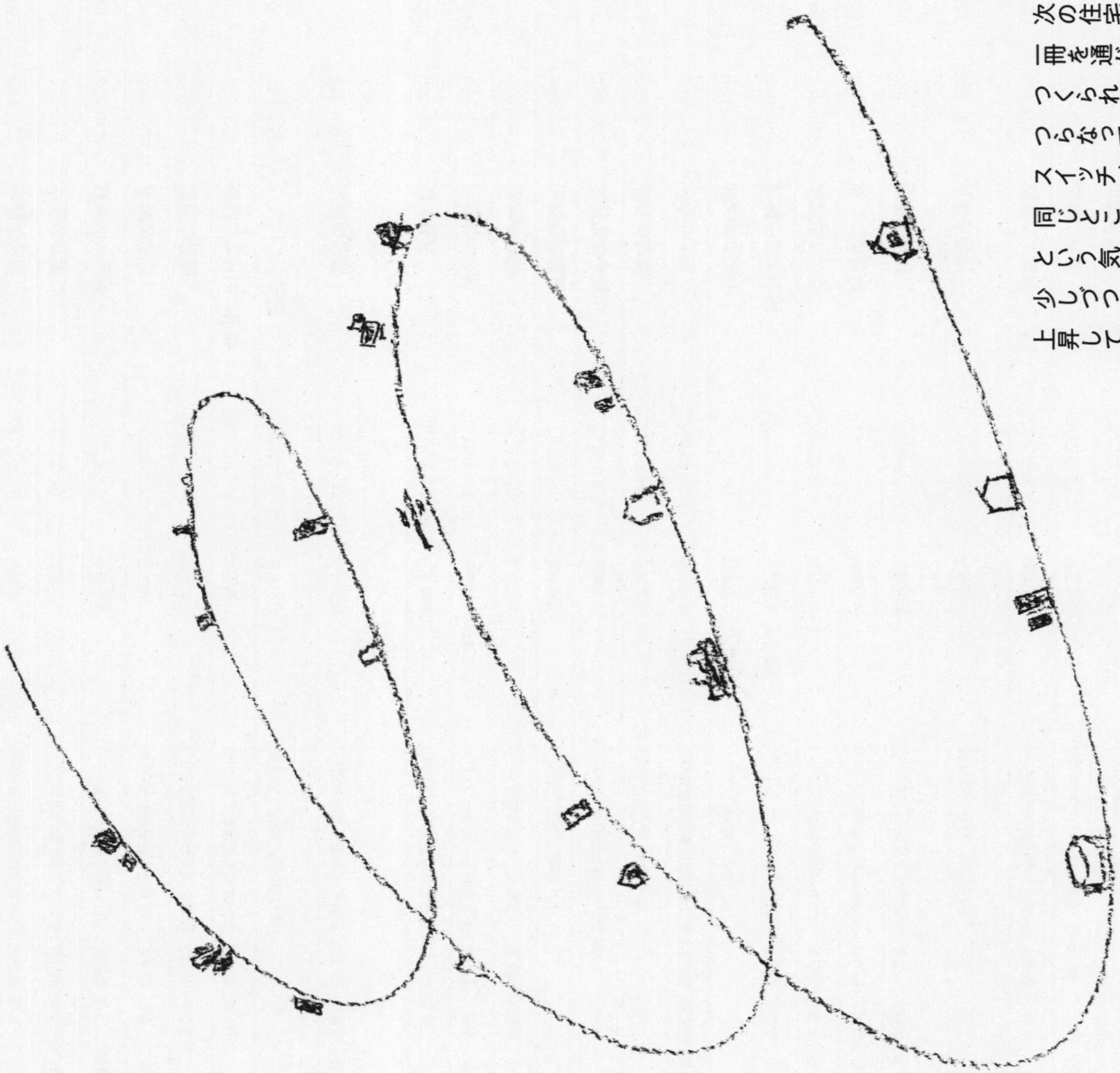

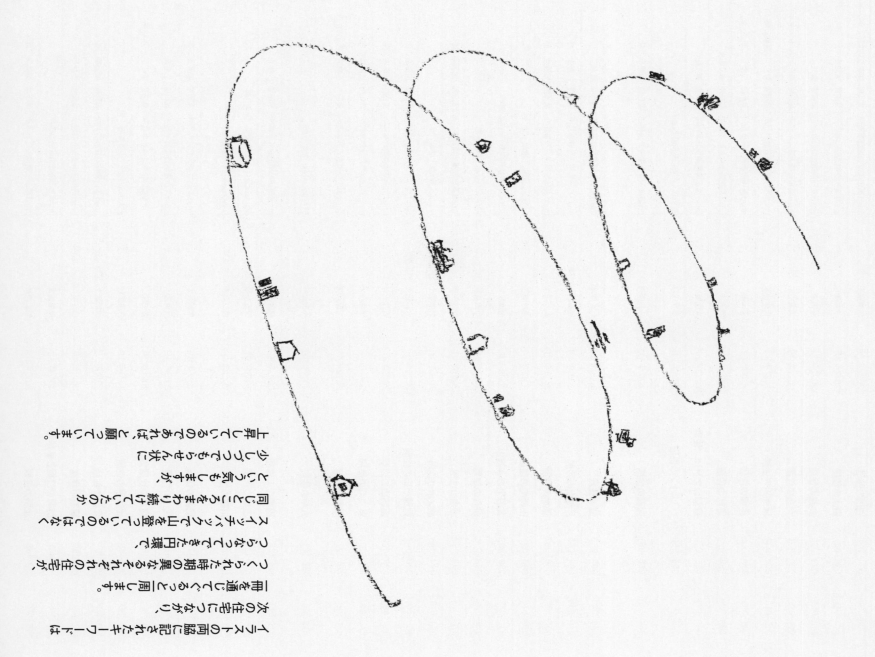

イラスト頁	データ頁	タイトル	竣工年月	担当者	構造設計
006-007	022-023	**宮本町の住居**	2017年2月	星安康至/佐藤伸彦	tmsd 萬田隆構造設計事務所｜萬田隆/加藤泰二郎
008-009	024-025	**白川の住居**	2022年7月	内納耀平	tmsd 萬田隆構造設計事務所｜萬田隆/曲萌夏/西野祐介
010-011	026-027	**白楽の住居**	2017年2月	今井康恵	tmsd 萬田隆構造設計事務所｜萬田隆/加藤泰二郎
012-013	028-029	**少路の住居**	2022年3月	安田陽	tmsd 萬田隆構造設計事務所｜萬田隆/童双
014-015	030-031	**大島の住居**	2021年9月	岡勇志	tmsd 萬田隆構造設計事務所｜萬田隆/春日良介/小林充
016-017	032-033	**武庫川の住居**	2021年3月	佐藤伸彦	tmsd 萬田隆構造設計事務所｜萬田隆/童双/加藤泰二郎
018-019	034-035	**高槻の住居**	2018年7月	安田陽	tmsd 萬田隆構造設計事務所｜萬田隆/加藤泰二郎
038-039	054-055	**香椎の住居**	2024年10月	岡勇志	tmsd 萬田隆構造設計事務所｜萬田隆/春日良介
040-041	056-057	**京都のアトリエ/住居**	2020年6月	大山智司	tmsd 萬田隆構造設計事務所｜萬田隆/春日良介
042-043	058-059	**ハミルトンの住居**	2015年7月	石井千尋	BLIGH TANNER Rod Bligh
044-045	060-061	**園部の住居**	2017年4月	今井康恵	tmsd 萬田隆構造設計事務所｜萬田隆/加藤泰二郎
046-047	062-063	**灘の住居**	2020年2月	佐藤伸彦	tmsd 萬田隆構造設計事務所｜萬田隆/童双
048-049	064-065	**月見山の住居**	2016年4月	岡勇志/渡部剛士	tmsd 萬田隆構造設計事務所｜萬田隆/加藤泰二郎
050-051	066-067	**垂水の住居**	2019年1月	星安康至	tmsd 萬田隆構造設計事務所｜萬田隆/加藤泰二郎
070-071	086-087	**山崎町の住居**	2012年2月	濱崎容子	S³Associates｜橋本一郎
072-073	088-089	**北野町の住居2**	2008年12月	白須寛規	デザイン・構造研究所｜大氏正嗣
074-075	090-091	**伊丹の住居**	2012年9月	小田真平	S³Associates｜橋本一郎
076-077	092-093	**豊中の住居**	2015年1月	佐藤伸彦	tmsd 萬田隆構造設計事務所｜萬田隆/加藤泰二郎
078-079	094-095	**松ノ木の住居**	2014年9月	渡部剛士/姫野友哉	S³Associates｜橋本一郎
080-081	096-097	**武蔵小山の住居**	2020年8月	今井康恵/佐藤伸彦	tmsd 萬田隆構造設計事務所｜萬田隆/加藤泰二郎
082-083	098-099	**諏訪山の住居**	2016年10月	石井千尋	tmsd 萬田隆構造設計事務所｜萬田隆/加藤泰二郎
102-103	118-119	**呉川町の住居**	2014年7月	黒越啓太	tmsd 萬田隆構造設計事務所｜萬田隆/加藤泰二郎
104-105	120-121	**鎌倉の住居**	2022年4月	河原彩花	tmsd 萬田隆構造設計事務所｜萬田隆/小林充/春日良介
106-107	122-123	**六甲の住居**	2011年11月	小田真平	S³Associates｜橋本一郎
108-109	124-125	**譲葉山の住居**	2015年10月	黒越啓太	tmsd 萬田隆構造設計事務所｜萬田隆/小林充
110-111	126-127	**石切の住居**	2013年1月	姫野友哉/濱崎容子	S³Associates｜高橋俊也/橋本一郎
112-113	128-129	**川西の住居**	2013年8月	渡部剛士/小田真平	S³Associates｜橋本一郎
114-115	130-131	**朝霧の住居**	2017年11月	黒越啓太	tmsd 萬田隆構造設計事務所｜萬田隆/加藤泰二郎
134-135	150-151	**滝山の住居**	2019年4月	岡勇志	tmsd 萬田隆構造設計事務所｜萬田隆/小林充
136-137	152-153	**塩屋の住居2**	2021年3月	安田陽	tmsd 萬田隆構造設計事務所｜萬田隆/春日良介/小林充
138-139	154-155	**比叡平の住居**	2010年3月	白須寛規	S³Associates｜小澤雄樹
140-141	156-157	**彦根の住居**	2014年5月	渡部剛士/姫野友哉	tmsd 萬田隆構造設計事務所｜萬田隆/加藤泰二郎
142-143	158-159	**明石の住居**	2021年4月	横江望/Randi Jensen	tmsd 萬田隆構造設計事務所｜萬田隆/童双
144-145	160-161	**防府の住居と事務所**	2017年6月	黒越啓太	tmsd 萬田隆構造設計事務所
146-147	162-163	**北摂の住居**	2015年11月	佐藤伸彦	tmsd 萬田隆構造設計事務所｜萬田隆/加藤泰二郎

共同設計/協力	施工担当者	写真クレジット
-	西友建設｜松村充浩	新建築社
造園:植物事務所COCA-Z/ファブリック:fabricscape	コハツ｜衣川隆博	阿野太一
造園:植物事務所COCA-Z	青｜片岡大/石坂勇貴	新建築社
-	住僖｜宮崎安弘	新建築社
造園:植物事務所COCA-Z	川下建設｜中山孝史	阿野太一
造園:植物事務所COCA-Z	住僖｜前田亮太	新建築社
造園:植物事務所COCA-Z/ファブリック:fabricscape	尚建企画｜笹原尚樹	新建築社
ファブリック:fabricscape	久木原工務店｜久木原圭一/石平雄大	
ファブリック:fabricscape	アムザ工務店｜東寛隆	阿野太一
Phorm Architecture + Design Paul Hotston, Yohei Omura 家具:Roy Schack/ファブリック:Studio Akane Moriyama	MCD Construction	Christopher Frederick Jones Steve Minon(P. 059右下)
造園:植物事務所COCA-Z	尚建企画｜笹原尚樹	笹倉洋平 大竹央祐(P. 060下段) 新建築社(P. 061外観)
造園:植物事務所COCA-Z	岩鶴工務店｜佐々木博司	阿野太一
造園:植物事務所COCA-Z	ヴィーコ｜酒田恭子	新建築社
造園:植物事務所COCA-Z	コハツ｜衣川明彦	新建築社
造園:植物事務所COCA-Z	笹原建設｜笹原英穂	鈴木研一
ファブリック:NUNO	大澤工務店｜大澤良介	繁田 諭
-	コハツ｜衣川隆博	鳥村 鋼一
造園:植物事務所COCA-Z	コハツ｜衣川隆博	新建築社
造園:植物事務所COCA-Z	広橋工務店｜廣橋利昭	新建築社
-	ダブルボックス｜灰田務	新建築社
ファブリック:fabricscape	岩鶴工務店｜佐々木博司	鈴木研一
-	木村工務店｜大村建	新建築社
-	葉山工務店｜岩中邦義	新建築社 タトアーキテクツ(P. 121上左)
-	大澤工務店｜大澤良介/水田喜祥	鈴木研一 笹倉洋平(P. 123上段)
造園:植物事務所COCA-Z	住僖｜堀内行治	新建築社
造園:植物事務所COCA-Z/ファブリック:Studio Akane Moriyama	ヒロタ建設｜古野晴康	新建築社
-	[分離発注] 内装:キョーワテクノ｜設備:坂田設備｜電気:小玉電気｜鉄骨:港明鉄工	新建築社
造園:植物事務所COCA-Z	コハツ｜衣川隆博	新建築社
造園:植物事務所COCA-Z	コハツ｜衣川明彦	新建築社
-	住僖｜前田亮太	新建築社
-	高橋工務店｜内田誠二	繁田 諭
-	アムザ工務店｜東寛隆	新建築社
造園:植物事務所COCA-Z	コムウト｜池田健	阿野太一
造園:植物事務所COCA-Z	福光住建｜池田眞	新建築社
造園:植物事務所COCA-Z/照明:NEW LIGHT POTTERY	ヒロタ建設｜紙森健太郎/銭谷清	新建築社

自由な住宅の設計

2024年10月15日｜初版第1刷発行

[著者]
島田陽

[発行者]
三輪浩之

[発行所]
株式会社エクスナレッジ
〒106-0032東京都港区六本木7-2-26
https://www.xknowledge.co.jp/

本書に関するお問い合わせ先

[編集]
Tel: 03-3403-6796
Fax: 03-3403-0582
info@xknowledge.co.jp
[販売]
Tel: 03-3403-1321
Fax: 03-3403-1829

[イラスト頁]
今井康恵／タトアーキテクツ

[データ頁]
河原彩花／タトアーキテクツ

[ブックデザイン]
刈谷悠三＋角田奈央／neucitora

[印刷・製本]
シナノ書籍印刷

島田 陽｜しまだ・よう

1972年 神戸生まれ
1995年 京都市立芸術大学環境デザイン科卒業
1997年 同大学大学院修了
1997年 タトアーキテクツ/島田陽建築設計事務所設立
現在 京都市立芸術大学教授

「六甲の住居」でLIXILデザインコンテスト2012金賞、
第29回吉岡賞受賞
「石切の住居」で日本建築設計学会賞大賞（2016）
「ハミルトンの住居」でNational Commendation,
AIA National Architecture Awards
「宮本町の住居」で
Dezeen Awards 2018 House of the Year受賞等

[主な著書]
『島田陽 住宅／YO SHIMADA HOUSES』（ADA EDITA Tokyo）
『日常の設計の日常』（LIXIL出版）等